"促进我国文化产业发展的财税政策研究" 课题组

牵头单位：
浙江省财政学会、财税政策研究室

课题参加单位：
吉林省长春市财政科研所、辽宁省沈阳市财政科研所、陕西省西安市财政局、河南省焦作市财政局、山东省潍坊市财政局、财政部科研所外国财政研究室

课题指导： 王朝才　金慧群

课题负责人： 吕旺实　莫红民　余丽生

课题组成员：

浙江省财政学会、财税政策研究室：
冯健　陈优芳　虞斌　卢名辉

吉林省长春市财政科研所：
胡延生　李晓玲　沈东明　王康　郑阳　申世杰

辽宁省沈阳市财政科研所：
吴景峰　姜东　赵梅

陕西省西安市财政局：
卫良汉　孙华　程雪门　葛淑英　鲁岚　周建武
江锐　贾婧

河南省焦作市财政局：
申相臣　张继东　付战峰　李新龙

山东省潍坊市财政局：
刘锡　田孙超　孙杰

财政部科研所外国财政研究室：
王桂娟　李欣　于雯杰

促进文化产业发展的
财税政策研究

**The Policy Research of Public Finance and
Taxation in Promoting Cultural Industry**

浙江省财政学会 编

ZHEJIANG UNIVERSITY PRESS
浙江大学出版社

前　　言

党的十七届六中全会通过了《中共中央关于深化文化体制改革推动社会主义文化大发展大繁荣若干重大问题的决定》，明确了发展文化产业是社会主义市场经济条件下满足人民多样化精神文化需求的重要途径，提出要加快发展文化产业，推动文化产业成为国民经济的支柱性产业。党的十八大提出，要推动文化产业快速发展，促进文化和科技融合，发展新型文化业态，提高文化产业规模化、集约化、专业化水平。这充分反映了加快发展文化产业，是新时期新阶段文化建设一项十分重大而又紧迫的战略任务，是社会主义市场经济条件下满足人民群众多样化、多层次、多方面精神文化需求的必然选择，也是推动经济结构调整、加快经济发展方式转变的重要抓手，对于推动经济社会发展、增强综合国力、实现社会主义现代化，具有十分重大的现实意义。

从当前看，我国文化产业发展保持了较好的发展势头。近年来，我国文化产业增加值年均增长速度超过 20%，在国民经济中所占比例逐步增加，初步显现出成为国民经济支柱性产业的潜力。但从总体上看，文化产业在我国还处于初级发展阶段，规模总量小、底子薄，仅靠自身积累很难快速发展。同时，由于文化产业投资周期长、成本高、风险大，吸引社会资本进入的难度较大，进一步发展壮大受到制约。因此，在文化产业的起步阶段，在发挥市场对文化产业进行科学配置作用的基础上，需要注重发挥政府的保障性功能。

财税作为政府调控的物质基础和重要工具，支持加快文化产业发展是其题中之意。在加快文化产业发展过程中，财税如何加强体制机制创新，明确政策扶持导向，完善政策扶持手段，以解决文化产业发展过程中面临的矛盾和问题，促进文化产业快速健康发展是当前我们迫切需要解决的重要课题。

2012 年，由浙江省财政学会、财税政策研究室牵头，吉林省长春市财政科研所、辽宁省沈阳市财政科研所、陕西省西安市财政局、河南省焦作市财政局、山东省潍坊市财政局、财政部科研所外国财政研究室参加，联合承担了中国财政学会、财政部科研所下达的"促进我国文化产业发展的财税政策研究"协作课题。同时，为了更好地完成课题研究，牵头单位浙江省财政学会、财税政策研究室还组织了浙江省部分院校和有关单位参加了本课题研究,举办了一次"促进文化产业发展的财政政策研究"协作课题研讨会,从文化产业发展的现状、存在的问题及下一步推进文化产业发展的思路等角度进行了深入的交流和探讨。在课题组全体同志的共同努力下,顺利完成了课题研究任务。整个课题由1个总报告、7个分报告和11个专题报告组成,由牵头单位负责编辑出版。本书的出版得到了浙江大学出版社的大力支持,在此谨表谢意。

由于编者水平有限,本书如有不妥和不完善之处,敬请读者批评指正。

编　者

2013 年 8 月

目　录

上　篇

下　篇

上篇
SHANG PIAN

促进我国文化产业发展的财税政策研究

"促进我国文化产业发展的财税政策研究"协作课题组

内容摘要：文化产业作为 21 世纪的朝阳产业，在我国已经成为企业、社会和政府关注的焦点。为了促进文化产业的快速有序健康发展，各级政府相继出台了一系列的政策。其中，财政作为政府政策实施的财力保障，对于促进文化产业发展具有非常重要的作用。本文从理论上分析了文化产业的内涵、财政扶持文化产业发展的作用机理和必要性，总结了我国促进文化产业发展的财税政策实施情况，并剖析了存在的问题，在梳理和借鉴国外促进文化产业发展的财税政策的经验基础上，针对性地提出了我国财税促进文化产业发展的总体思路和具体对策。

　　文化是文明的标志，是一个国家经济社会发展影响力和软实力的表现，体现了一个国家的综合实力，而文化产业的发展是文化发展的重要方面，大力发展文化产业，提高文化产业的市场竞争力和影响力，是国家经济社会发展的必然要求。党的十七届六中全会通过的《中共中央关于深化文化体制改革推动社会主义文化大发展大繁荣若干重大问题的决定》，提出发展文化产业是社会主义市场经济条件下满足人民多样化精神文化需求的重要途径，要按照全面协调可持续的要求，推动文化产业跨越式发展，使之成为新的经济增长点、经济结构战略性调整的重要支点、转变经济发展方式的重要着力点，为推动科学发展提供重要支撑。党的十八大报告提出，文化实力和竞争力是国家富强、民族振兴的重要标志。要坚持把社会效益放在首位，社会效益和经济效益相统一，推动文化事业全面繁荣，促进文化产业快速发展。这明确了我国文化产业发展的目标要求，指明了文化产业的发展方向。财税政策作为国家宏观调控的重要经济杠杆和经济手段，如何在市场机制作用的前提下，有效发挥财税职能作用，助力文化产业又好又快发展，是当前亟须研究的重要课题。

一、文化产业内涵的界定和财税支持文化产业发展的政策依据

(一)文化产业的内涵

借鉴现代产业经济学中关于产业指的是生产和经营同类产品的企业群的定义,可以将文化产业理解为生产和经营文化产品和服务的企业行为和活动的总和。该定义包括了以下几层内涵:一是文化产业产品和服务具有精神和文化的属性;二是文化产业采取企业化的经营方式,必然追求经济效益;三是文化产业的生产方式与其他产业部门一样,可以采取工业化、社会化大生产的方式。

从文化产业和文化、文化事业的内在关系看,三者之间有着不可分割的必然联系。文化产业源于文化,发展于文化工业,有别于文化事业。文化产业显现的是文化的经济属性,文化事业显现的是文化的公共属性。

从文化产业与文化的关系看,文化产业从属于文化范畴,文化是"源",文化产业是"源之泉"。文化是文化产业的基础,文化产业是文化的发展,是文化与产业的结合,没有文化就无所谓文化产业。文化的多样性、丰富性、先进性、时代性决定了文化产业发展的前景性、市场的竞争性、大众的普及性、内容的广泛性;而文化产业又推动了文化的发展,丰富了文化的内涵,扩大了文化的影响力。

从文化产业与公益性文化事业的关系看,两者相互依存、相互补充,又在一定条件下的相互转换。一方面,文化产业与公益性文化事业之间存在并列的关系,文化产业包括新闻出版、影视制作、文化创意等,文化事业包括文化保护、文化交流、文化馆、图书馆、博物馆等,两者共同构成文化的内涵,共同推动文化的发展和繁荣。另一方面,文化产业与公益性文化事业之间存在包含与被包含的关系,两者的划分没有天然的界限,可以互相转换,如城市公园,政府免费向社会开放,就属于文化事业,而政府把公园作为旅游景点收费,就属于文化产业;有些即使可以转换,但政府为了公共职能的需要也不允许转换,如博物馆,政府可以办成文化产业向社会收费以维持运行,但政府为了文化的传承、提高居民的文化素质,应该而且必须免费向公众开放,把博物馆办成政府财政提供保障的文化事业。有些文化产业由于受政府财力的限制先办成文化产业,将来随着财力的增长,又完全可能转为文化事业,如城市游泳馆、足球场

等文化体育场所;有些文化产业由于缺乏市场竞争机制先办成文化事业,将来完全可以推向市场办成文化产业,如文化演出团体等。

(二)财税支持文化产业发展的依据

在社会主义市场经济条件下,要充分发挥市场机制在资源配置中的基础性作用,凡是市场能够作用或作用比较好的,政府就不要介入或少介入,公共财政的基本原则是不与民争利。只有市场失灵而公众又有需求的领域,政府公共财政才主动积极介入。文化产业所具有的公共性、社会效益性、正外部性等特点,决定了政府公共财政适度介入文化产业领域、支持文化产业发展的必要性。政府制定和出台支持文化产业发展的财税政策符合公共财政发展要求,财税支持文化产业发展是有依据的。

1. 文化产业发展注重社会效益。文化产业是文化和产业的结合,必须注重社会效益。党的十六大指出,"发展各类文化事业和文化产业都要贯彻发展先进文化的要求,始终把社会效益放在首位"。党的十七大提出,要推进文化创新,增强文化发展活力,"始终把社会效益放在首位,做到经济效益与社会效益相统一"。十七届六中全会进一步提出,发展文化产业"必须坚持社会主义先进文化前进方向,坚持把社会效益放在首位、社会效益和经济效益相统一"。在我国社会主义制度下,根据我国文化产业发展方向的要求,发展文化产业必须在保证社会效益的前提下,注重经济效益,把社会效益和经济效益有机结合起来。文化产业的社会效益性,决定了政府公共财政支持文化产业发展的必要性。只有政府财政支持、国家政策鼓励,一些社会效益好而经济效益一般,甚至没有多少经济效益的文化产业才能发展。

2. 文化产业具备正外部效应。物质文明和精神文明要两手抓、两手都要硬,这是我国社会主义现代化建设始终坚持的方针。物质文明是基础,精神文明是保障,没有精神文明,物质文明就会偏离方向,失去动力。而文化产业提供的是精神产品,引领社会发展方向,帮助社会成员形成正确的世界观、人生观、价值观,提高国民的整体素质和辨别是非能力,推进和谐社会建设,拥有无形的精神力量,是其他社会产品无可比拟和不可替代的。显然,文化产业的精神产品属性决定了文化产业的正外部效应,即文化产业从事的经济活动能给他人带来的利益,具有正外部性。根据外部效应理论,为了确保正外部效应和资源配置效率,避免正外部效应带来资源配置的扭曲,对文化产业正外部效应得不到补偿的利益,政府公共财政应通过财政补贴等形式给予弥补。

3. 文化产业存在市场失灵的风险性。市场经济是风险经济,风险无处不在,而市场经济又通过市场竞争的作用,自动地调节经济风险,以确保资源的有效配置。但市场在资源配置过程中,也存在市场失灵或市场缺陷,这种市场失灵任由发展,会导致市场资源配置的扭曲,破坏市场秩序和市场运行规则,因而需要政府的调控,以实现经济的平稳运行。文化产业虽然有经济效益,有些文化产业甚至经济效益高,但文化产业也是高投入、高回报、高风险的产业,投资的规模大、回报周期长,一般企业不愿意投资或没有能力投资。而文化产业又是社会不可或缺的,既能满足国民文化生活需求,又是一个国家经济实力和世界影响力的体现。在这种情况下,发展文化产业需要政府有形之手的作用,以发挥政府的调控作用。

4. 文化产业发展的幼稚性。根据幼稚产业保护理论,如果一种产业是该国尚未发展成熟的新兴产业,在暂时还没有能力与国外较为发达的同类产业竞争时,国家可以采取保护和扶持政策。从我国文化产业发展的实际情况看,我国文化产业处于初级发展阶段,总量规模小,创新能力相对较弱,尚不具备与文化产业发达国家竞争的能力,属于国家可以保护和扶持的新兴产业。财政作为政府调控经济发展的重要手段,在保护和扶持文化产业发展过程中应该发挥出应有的作用。

二、我国促进文化产业发展的财税政策措施和存在的主要问题

近年来,我国积极完善财税政策,加大财政投入,促进文化产业快速发展。2011 年,我国文化及相关产业增加值为 13479 亿元,比 2010 年增长了21.96%。文化产业增加值占当年国内生产总值(GDP)的比重达 2.85%,比上年提高 0.1 个百分点,文化产业增加值在国内生产总值中的比重稳步提高。

(一)财税促进文化产业发展的实践

1. 完善财税政策体系。为了深化文化体制改革,推动文化产业的发展,近年来,我国不断出台相关政策来支持文化产业的发展,具体有《关于印发文化体制改革中经营性文化事业单位转制为企业和支持文化企业发展两个规定的通知》(国办发〔2008〕114 号)、《关于支持文化企业发展若干税收政策问题的通知》(财税〔2009〕31 号)、《关于文化体制改革中经营性文化事业单位转制为企业的若干税收优惠政策的通知》(财税〔2009〕34 号)等。这些政策在文化产业的发展过程中就增加财政投入、设立健全专项资金及管理制度、有关税收优惠

等方面作了比较具体的规定,为各级财税部门支持文化产业的发展提供了有效的依据。

2.设立文化产业发展专项资金。2007年,按照国务院要求,中央财政设立"扶持动漫产业发展专项资金",当年安排2亿元,重点支持动漫市场监管、优秀动漫原创产品创作生产和动漫公共技术服务体系建设等关键环节。2008年,中央财政预算安排文化产业发展专项资金10亿元,除继续支持动漫产业发展外,还重点支持新闻出版、电影等文化产业发展。2010年,制定《文化产业发展专项资金管理暂行办法》,从制度上加强了对文化产业发展专项资金的管理。同时,随着形势的需要,文化产业发展专项资金的扶持广度和深度也在日益扩大。2012年,对文化产业发展专项资金的支持范围进行了大幅度调整,重点新增了推进文化体制改革、构建现代文化产业体系、促进金融资本和文化资源对接等领域。

3.成立文化产业投资基金。2011年,中国文化产业基金由财政部注资引导,吸收国有骨干文化企业、大型国有企业和金融机构认购设立,基金规模达200亿人民币。基金主要以股权投资方式,投资新闻出版发行、广播电影电视、文化艺术、网络文化、文化休闲及其细分文化以及相关行业等领域。该基金由专门机构进行管理,实行市场化运作,以股权投资等方式,推动资源重组和结构调整,促使国家文化发展战略目标的实现。同时各地也纷纷成立文化产业发展投资基金,据有关机构显示,到2011年年底,中国文化产业相关基金数量已经超过100余支,已经披露募集资金总量超过1300亿人民币。这些基金的成立,为文化产业的发展提供了强大的动力。

4.加大税收优惠力度。一是对相关文化行业和从事文化产业的个人轻税或减免税。主要有:对图书、报纸等销售适用13%增值税低税率;对纪念馆等文化单位举办文化活动免征营业税;对个人的稿酬所得减征30%个人所得税;等等。二是对转制文化企业的给予一定的税收优惠。主要有:经营性文化事业单位转制为企业,自转制注册之日起免征企业所得税;由财政部门拨付事业经费的文化单位转制为企业,自转制注册之日起对其自用房产免征房产税;党报、党刊将其发行、印刷业务及相应的经营性资产剥离组建的文化企业,自注册之日起所取得的党报、党刊发行收入和印刷收入免征增值税;对经营性文化事业单位转制中资产评估增值涉及的企业所得税,以及资产划转或转让涉及的增值税、营业税、城建税等给予适当的优惠政策。三是支持文化企业发展的税收优惠。主要有:对电影企业取得的与电影相关的收入免征增值税和营业税;出口图书、报纸、期刊、音像制品、电子出版物、电影和电视完成片按规定享受增值税出口退税政策；文化企业在境外演出从境外取得的收入免征营业税；文化产业中按规定认定的高新技术企业，减按 15% 的税率征收企业所得税，文化企业开发新技术、新产品、新工艺发生的研究开发费用，允许按国家税法规定在计算应纳税所得额时加计扣除；符合相关规定的出版、发行企业库存呆滞出版物，可以作为财产损失在税前据实扣除；为生产重点文化产品而进口国内不能生产的自用设备及配套件、备件等，按现行税收政策有关规定，免征进口关税。

(二)"一省五市"财税促进文化产业发展的主要做法

浙江省、长春市、沈阳市、潍坊市、焦作市、西安市分属我国东西不同地区，各地的经济基础和发展水平不一，但"一省五市"从实际出发，加大了对文化产业的财政投入和政策支持，有力地促进了文化产业的发展。

1. 设立专项资金。浙江省从 2006 年起，省财政每年安排文化产业发展专项资金，由最初的每年 4000 万元提升到当前的 1 亿元，年均增幅达到 16.5%。着重支持文化单位转换经营机制和对产业发展有显著作用的技术改造和设备更新项目，文化产业基础设施建设和改造项目，重点文化产业基地、文化产业示范区块及示范企业，重点文化活动、文化品牌，具有示范性、导向性的文化产品生产和文化服务项目。长春市从 2009 年开始，市财政每年设立 500 万元专项资金，用于扶持和引导文化产业，努力将其培育成继汽车、农产品加工、轨道客车之后的第四大千亿级支柱产业。沈阳市从 2011 年起，每年在文化产业发展专项资金中安排 2000 万元资金专项扶持市属艺术院团发展；投入专项资金630 万元用于支持精品舞台剧目的创排、参赛及演出；每年列支 2000 万~3000万元作为动漫产业发展专项基金，对骨干文化企业和重点文化产业项目进行重点扶持。潍坊市市级文化产业资金由 2011 年的 1200 万元增加到 2012 年的2200 万元，增长了 83%，着力支持发展高端、高质、高效的文化产业；安排文艺创作奖励资金，鼓励文艺创作，重奖文艺精品，支持创作对提升潍坊城市形象、拓展旅游品牌有重大作用的影视作品。西安市于 2006 年设立文化产业发展专项资金，投资规模从初期的 1800 万元逐年增加到 2012 年的 1 亿元，7 年增长 5.6 倍，重点支持了西安动漫、大唐芙蓉园水幕电影、曲江影视、大唐西市、关中民俗博物院、印包产业基地建设等重大文化产业项目。曲江新区于 2007年设立 2 亿元的文化产业专项资金，用于扶持文化企业、文化项目、会展、影视、博物馆建设等；2012 年该专项资金规模达到 3 亿元。焦作市自 2008 年起，每年设立文艺精品创作生产专项资金和文化产业发展专项资金 2000 万元，采取贴息、补助、奖励等方式支持文化产业发展,扶持有发展前景和竞争力的产业项目,以带动社会资本投入文化产业。

2. 创立投资基金。浙江省省级财政出资 1 亿元,参股设立东方星空文化投资基金,支持对国有电影院线公司、网络传媒公司、影视剧制作企业进行股权投资。目前基金规模达到 5 亿元,是设立之初的 5 倍,实际投资金额 3.5 亿元,累计对外投资项目 9 个,财政出资的引导作用和放大效应明显。沈阳市设立文化企业贷款担保资金,并与沈阳恒信担保有限责任公司签订了委托运作协议,重点为中小文化企业创业、扩大生产经营规模、设备引进、产品研发、艺术创作等提供贷款担保。截至 2011 年年底,共为中小文化企业完成贷款担保额度 7140 万元。西安市不断改进和创新财政投入方式,累计投资 2.04 亿元,按照不同的项目类别,分别采取了奖励补助、股权投资、贷款贴息的形式,对 73 个项目进行了重点扶持,很好地发挥了重点项目在文化产业发展中的示范带动作用。西安市财政投资 1 亿元,参股成立了陕西省再担保投资有限公司,为中小文化企业融资发展提供了有力保障。2010 年组建成立了西安投资控股有限公司,把文化产业作为财政支持的重点,注册资本 9.8 亿元,通过优先股权投入、项目运营等方式,重点支持了翠华山—南五台、太平—朱雀森林公园、户县涝陂湖文化旅游项目。西安曲江新区投入 30 亿元,设立包括大明宫文物遗址保护基金、法门寺慈善基金、楼观台道文化基金、曲江文化企业扶持基金、曲江"巨人"动漫人才奖学基金、创意文化奖励基金等 8 大基金。曲江文化产业担保公司,年担保额度达 20 亿元;曲江文化产业风险投资公司,年投资达 10 亿元以上。西安高新区大力支持创意企业自主创新能力,2009—2012 年,财政每年安排专项资金 3000 万元,用以扶持创意产业的发展,主要用于支持原创动画片播出发行奖励、企业文化产品和服务出口奖励、原创作品奖励、原创游戏奖励、原创企业奖励、创意先锋奖励、房租补贴、贷款贴息、公共技术支撑服务平台运营企业补贴、吸引人才奖励、培训补贴等。潍坊市专门设立文化产业投资风险基金,组建潍坊市国信文化产业投资有限公司,引导向大型企业和金融机构募集资金,由投资公司运营基金资产、基金托管人保管金融资产,有偿支持文化企业做大做强。建立潍坊文化产权交易所,打造山东省首家文化产权交易平台、文化产业投融资平台,以盘活文化资源,为文化企业提供融资服务。同时,建立金融机构小微企业贷款风险补偿政策,引导金融机构扩大文化产业领域内的小微企业贷款,构建起多渠道、多层次的融资体系。

3. 培育市场主体。自 2003 年被确定为全国文化体制改革综合试点地区以来,浙江省稳步推进文化体制改革。一是推进出版发行、广播影视等领域的企业化改革。将新闻出版的经营部分彻底改制为企业集团,将广电集团、浙报集团改制为企业化管理的事业单位,通过引进战略投资者,将省电影公司改造成股份有限公司。二是支持文化事业单位市场化改革。2009 年以来,省财政通过一定的补助资金,支持省级文化系统的省歌舞剧院、省曲艺杂技团、省话剧团三个艺术院团和五个经营性事业单位逐步进行了市场化改革。长春市通过积极筹措资金努力推进文化体制改革,为转制企业尽快走向市场创造条件,为文化产业注入生机和活力。自 2007 年将市电影公司等 9 家单位列为首批改制试点单位以来,为使改制单位尽快走向市场,市财政先期垫付了 4600 万元改制成本,解决了改制单位解除劳动合同的补偿金、转制前拖欠职工的工资、养老保险费、失业保险金、医药费、采暖费及应付账款等棘手问题,确保了改制工作的顺利推进。沈阳市坚持市场化运作,突出向市场倾斜的扶持理念。支持举办第九届东北印刷包装技术设备产品展览会、第四届东北文博会等重要文化产业活动。其中,东北文博会推出文化产业项目 280 余项,参展商及观众突破 200 万人次,总签约额达 300 亿元,创展会历史新高。西安市 2007 年全面完成了国有文化企业的改革改制,西安秦腔剧院、歌舞剧院等 8 家市属国有文化企业移交曲江新区,不仅实现了国有文化企业走向市场、成为市场主体,而且完成了曲江新区对文化企业的有效整合,为文化产业聚集、形成合力起到了积极作用。2011 年,按照全市文化体制改革工作部署,完成了西安日报、西安晚报的改革重组工作,顺利实现了西安报业集团挂牌运营。2012 年,西安电视台、西安广播电台改革合并方案经市委、市政府研究通过,步入实施阶段,为两台更好地走向市场、发挥新闻媒体的舆论宣传和导向作用创造了条件。

　　4. 落实税收政策。浙江省、潍坊市、焦作市财税部门积极贯彻落实国家有关优惠政策的精神,对经营性文化事业单位转制为企业,自转制注册之日起至 2013 年年底止免征企业所得税,出口图书、报纸、期刊、音像制品、电子出版物、电影和电视完成片按规定享受增值税出口退税政策。同时,积极推动拥有自主知识产权的文化企业申报高新技术企业,对通过认定的高新技术企业及时落实所得税优惠政策。西安市认真落实国家文化产业的各项政策措施,对凡符合国家关于高新技术企业税收优惠政策规定的文化企业,可享受相应的待遇,并按 15% 税率征收企业所得税;对政府鼓励的新办文化企业,自工商注册登记之日起,免征 3 年企业所得税;允许投资人以商标、品牌、技术、科研成果等无形资产作价入股组建文化企业;为生产重点文化产品引进先进技术或进口所需要的自用设备等,按现行税法规定,免征进口关税和进口环节增值税;对因自然灾害等不可抗拒或承担国家指定任务而造成亏损的文化单位,经批准,免征经营用土地和房产的城镇土地使用税和房产税。

(三)存在的主要问题

当前,我国文化产业发展面临着一些制约因素,其中,财税方面存在的主要问题有:

1. 资金投入有待改善。一是支持文化产业发展的投入依然较低。2012年国家财政支持文化产业发展的资金为 34 亿元,占中央本级支出的 0.18%,投入文化产业发展的资金与文化产业发展的实际需求相比还有较大差距。二是资金来源渠道偏窄。中央和地方投入文化产业的唯一渠道是一般公共预算,还未实现资金来源的多元化的格局,从而限制了财政资金支持文化产业发展的规模和作用。三是投入体系不健全。中央和地方设立的文化产业专项资金各自为政,不衔接,不挂钩,缺乏系统性,财政投入资金存在重复设立、政策目标不明确、层次不清等问题,从而限制了财政投入政策实施的总体效果。

2. 引导投资能力有待增强。一是引导方式有待创新,产业投融资能力总体较弱。从全国范围看,各地对文化产业的扶持主要还是以财政直接投资方式为主,其他的支持方式相对不多,鼓励社会资本投资文化产业、促进实现文化产业投资主体和投资渠道多元化的引导手段相对单一。二是文化产业投资基金的作用有待进一步发挥。我国文化产业投资基金起步比较晚,虽然部分省市已经设立和运作文化产业投资基金,但国家级的文化产业投资基金直到2011 年才成立,总体上,我国文化产业基金发展还处于初创阶段向成长阶段过渡时期。对文化产业投资基金的思想认识还不到位,文化产业基金的管理人才比较匮乏,激励机制有待优化,退出机制有待进一步摸索,文化产业基金的运营模式还处于探索阶段,要真正发挥作用尚需时日。三是引导没有全覆盖。财政资金引导社会资金投入文化产业,在资金分配过程中主要针对国有文化企业,比如,有些财政资金明确使用方向是转制的文化企业、骨干企业等国有企业。而一些急需资金支持的中小民营企业却由于准入门槛高,投资文化产业的空间有限,申请专项资金扶持的机会少,产业专项资金对中小企业的引导能力非常有限。

3. 税收政策制度有待完善。一是缺乏系统性。国家出台了一系列的税收优惠政策,但政策之间"各自为战",衔接性不强,导致政策面覆盖不全、优惠政策规定比较笼统等弊端,使政策无法适应文化产业大发展的需要。现行的税收政策只涉及部分文化产业,比如,在数字和动漫产业、会展业以及新媒体等行业,缺乏体现新兴行业特点的税收政策。税收的优惠手段也比较单一,主要集中在定期减免上。二是缺乏长远性。现行的税收优惠政策与文化体制改革紧密相连,税收的优惠政策到 2013 年即执行到期。而文化产业发展的特殊性,决定了要实现文化产业繁荣,就需要未来很长时间的不懈努力。现行税收优惠政策偏重于短期效应,不利于文化企业的预期和长期发展,将会影响政策的执行效果。三是缺乏公平性。目前税收优惠政策主要涉及某些特定类型的企业,制定了从增值税、企业所得税到房产税等一系列优惠政策,税收优惠政策的适用范围有所限制,并不是适用所有文化企业,不利于文化产业公平竞争,也不利于鼓励社会资本投资文化产业。四是企业税负相对较重。文化产业属于知识经济和创意经济,其资产大多体现为知识产权、品牌价值、人力资源等无形资产。在这些无形资产的开发和交换过程中,由于我国文化企业绝大多数都属于营业税纳税人,这些投入在企业纳税时并不能抵扣,从而增加了文化企业的税收负担。

三、国外财税促进文化产业发展的经验借鉴

(一)国外促进文化产业发展的做法

1. 财政直接投入扶持文化产业发展。各国投入模式主要分间接和直接两种模式。这里说的直接模式是指以政府直接投入为主。据国际货币基金组织(IMF)统计,2007 年,政府娱乐、文化和宗教支出占总支出比重最高的是冰岛(8.90%);超过 3% 的有 15 个国家和地区:意大利、卢森堡、西班牙、中国香港地区、丹麦、以色列、新西兰、中国澳门地区、马尔代夫、克罗地亚、拉脱维亚、立陶宛、乔治亚、哈萨克斯坦、埃及。

2. 设立文化产业基金推动文化产业发展。财政资金通过文化产业基金形式支持文化产业发展是不少国家的做法,有的国家的支持政策甚至是以基金方式为主,通过专门的机构和人才来筛选项目,提高财政资金的效率和效果。美国联邦政府主要通过国家艺术基金、国家人文基金和博物馆图书馆学会等进行直接资助,资助金额每年约 2.5 亿美元,加上其他文化单位如史密斯学会、肯尼迪中心、公共广播有限公司等渠道的资助,联邦政府的资助总金额每年约 10 亿美元。韩国以国家财政资金为主设立文化产业基金,建立多层次、全方位的资金扶持体系,多渠道筹措文化产业发展资金,确保文化产业的发展。韩国设立专项基金包括文艺振兴基金、文化产业振兴基金、信息化促进基

金、广播发展基金、电影振兴基金、出版基金等,利用基金举办各种文化活动、设立各种奖项,鼓励文化创新。日本政府拨出财政款项与非营利的民间团体共同出资成立各种文化产业基金,包括艺术文化振兴基金、特殊法人日本艺术文化振兴基金、国家文化交流基金等,扶持文化产业发展。加拿大政府以财政资金为引导,通过各种文化理事会对文化产业进行帮扶。理事会每年为本国艺术家和表演团体、演出商提供资助,以鼓励和促进文化艺术产业的发展。政府为此设立了各种文化基金作为资助经费的来源,其中包括演出基金、边远地区艺术开展基金、表演艺术管理基金、艺术节基金、对外文化交流基金等。

3. 利用税收政策促进文化产业发展。一是对文化产业从业人员给予税收优惠。为吸引国内和国际文化产业人才,不少国家通过提高起征点和免税额度、允许按平均收入纳税、提高费用扣除比例等手段减免税收。例如,丹麦在税法中明确规定减少在丹麦工作的外籍专家的个人所得税。韩国对在国内文化产业工作的外国人给予 5 年的所得税减免。爱尔兰规定,如果从事有文化价值和艺术价值的创意性和原创性工作,经过认定的艺术家,每年 25 万爱尔兰镑以下的收入免税,收入超过该数额的,50% 的收入免税。德国、法国、英国、希腊、卢森堡、荷兰、丹麦等国都允许艺术家将收入在不同年度内平均。欧美文化产业发达国家针对文化人员特定费用扣除额最高可达所得的 60%。二是对文化产业给予税收优惠。对文化产业给予税收优惠是刺激文化产业发展十分有效的方式,主要采取减免税、税收抵扣、税收返还等方式。不少国家对文化产业都给予税收减免的优惠,减免幅度大多在 10%~25% 不等,减免税的范围从企业所得税、增值税、销售税到遗产税等。如美国对从事文化产业开发的非营利机构免征各项税收,对一般文化企业的研发投入给予费用扣除和减免所得税的双重优惠。美国许多州都会给予电影和电视业其制作费用 10%~25% 的税收抵扣。加拿大规定,由加拿大公司出版的书籍,每本书可以抵扣其出版费用的 30%,但最高限额是 3 万加元。美国密歇根州对在州内投资摄制、预算超过 5 万美元的影视片实行 42% 的税收返还政策,优惠力度位居全美之首。三是对特定区域给予税收优惠。很多国家的很多城市已经或着手划出一定区域作为文化发展核心区域,区域内的人员和文化活动都可以得到更大程度的税收优惠。这方面美国发展得比较迅速,根据美国艺术中心报告,100多个美国城市已经或正在划定其城市某一区域为文化区域,给予不同程度的更大力度的税收优惠,比较突出的州有罗德岛、马里兰、肯塔基和马萨诸塞。四是对文化产业实施差别税率。各国在对文化产业及其从业人员普遍给予税收优惠的同时,还对特定的文化产业给予进一步的税收优惠。例如,英国规定一些大学出版社如牛津大学出版社和剑桥大学出版社的经营全部免税;英国公司向其他征收增值税的国家进口图书,所支付的税金可向相应部门索回;书报刊享有免征进口税的优惠。法国为提高本国艺术品的国际竞争力,规定艺术品业可以享受特殊的增值税减税待遇。

4. 实施政府采购支持文化产业发展。对于投入较大的高新文化产业和历史性传统文化产业,各国政府普遍采用购买产品的方式提供支持。比如,日本为了支持中小文化企业的发展,政府通过政府购买的形式购买具有一定地域特色的民间文化产品和文化服务。

(二)借鉴

1. 财税支持重点突出。一是重点支持优势文化产业。首先是对于具有地方和民间特色的各种文化遗产与传统文化工艺给予大力支持,以鼓励地方和民间文化的传承、保护与发展,加快其产业化进程。其次是把支持重点放在了各国有竞争优势的产业上。二是重视支持人才的培养。各国政府十分重视支持文化产业的发展和创新,希望在新兴的高端文化产业上争得一席之地,跟上和引领世界文化产业的发展方向。三是支持文化产品的出口。各国政府为增强本国企业的海外竞争力,十分重视支持文化产业的海外发展,一般给予各种财税政策的支持。日本政府利用财政、税收和金融等各项政策激励本国文化产业"走出去"参与国际竞争,在海外文化贸易方面给予政策倾斜。四是投资文化基础设施建设。各国在促进文化产业发展上都重视新建文化艺术院所,扩建和改造基础文化设施,支持交易平台、产业和交易环境建设。

2. 扶持方式具有针对性。各国在扶持文化产业发展时,不同类型的文化产业,所扶持的方式不尽相同。根据文化产业的市场发育程度,在财政政策的运用上采取直接财政补助与通过资助非营利性组织(团体)的间接财政资助,采取两者有机结合的财政支出方式,为文化产品发展保驾护航。从美国、法国、英国等国家看,非营利性文化产业以财政拨款为主,营利性文化产业以税收优惠为主。

3. 积极引导社会资本投入。财政支持是实现文化多元化融资的有力保障,同时利用市场要素,充分发挥财政"四两拨千斤"的作用,引导社会资金投向文化产业是不少国家的做法。很多国家以财政资金为主设立文化产业基金,吸引社会和公共资金,多渠道筹措文化产业发展资金;还以动员社会资金为主,政府"陪同融资"为辅的方式形成投资组合,确保文化产业的发展。

四、财税促进文化产业发展的总体思路

党的第十八次代表大会对文化产业发展提出了新的更高要求,新形势下财税如何更好地发挥职能作用,促使"文化产业成为国民经济支柱性产业",迫切需要从战略高度全局角度理清思路、总体把握。

(一)突出扶持文化产业发展重点

要把握好突出重点与统筹兼顾的关系。当前,我国仍处于社会主义初级阶段,经济发展总体水平不高而且发展很不平衡,财政的承受能力还相当有限,财政既要统筹兼顾,全面支持文化产业的发展,又要突出重点,从我国文化产业的发展阶段和实际情况出发,充分考虑财政承受能力,集中适当的财力,着力支持制约文化产业发展的关键环节和重点领域,以点拓面,促进文化产业大发展。今后一个时期,在支持文化产业发展方面,重点要做好以下几个方面:一要加强对重点文化产业的支持。根据文化产业振兴规划,要加强文化创意、出版发行、文化会展、数字内容和动漫等产业的支持。二要培育骨干文化企业。在重点文化产业中选择一批成长性好、竞争力强的文化企业或企业集团,加大政策扶持力度,推动跨地区、跨行业联合或重组,尽快壮大企业规模。三要积极推进文化与科技的融合。加强数字化、网络化技术的广泛运用,大力发展新兴文化业态,提高文化企业装备水平和科技含量,加强高新技术改造传统产业,形成以企业为主体、市场为导向、产学研相结合的文化创新体系,推动文化原创能力的进一步提高。四要加快文化产业园区和基地建设。支持建设若干辐射全国的区域文化产品物流中心,建设一批文化创意、影视制作、出版发行、印刷复制、演艺娱乐和动漫等产业示范基地,支持和加快发展具有地域和民族特色的文化产业群。五要积极推进建立健全文化市场体系。积极加强文化产品和要素市场建设,加快发展现代流通组织和建立现代流通形式,逐步打破条块分割、城乡分离的市场格局。要继续努力构建贯通城乡、快捷高效的文化产品流通网络,积极创新商业模式,增加文化消费总量,提高文化消费水平。加快发展资本、产权、人才、信息、技术等文化生产要素市场。六要支持文化体制深化改革,进一步解放和发展文化生产力,激发全社会的文化创造活力。

（二）把握好政府与市场的关系

文化产业的经济属性和目前所处的发展阶段决定了必须由政府和市场共同发挥作用。从文化产业的经济属性看，通过市场机制的作用，不仅可以使文化的经济价值得到集中彰显，还可以使文化产业发展壮大。通过市场化配置，文化生产要素可以根据市场需求进行组合，促使文化资源向社会效益与经济效益显著的文化生产部门和产品集聚，实现人力、资金、物资、技术等资源的最佳结合，推动文化产业结构的调整、优化和升级，增强文化产业的整体实力。从长远看，发展文化产业首先要牢固树立市场的观念，尊重市场规律，发挥市场作用。而理论和实践均表明，在产业发展的初级阶段，政府的引导、支持和鼓励对于培育文化市场、规范产业发展、壮大文化企业具有重要作用。从目前看，文化产业在我国还是弱势产业，规模总量小、底子薄，仅靠自身积累很难快速发展。同时，由于文化产业投资周期长、成本高、风险大，难以吸引社会资本进入，进一步发展壮大的难度较大。因此，在文化产业的起步阶段，在发挥市场对文化产业进行科学配置作用的基础上，需要注重释放政府的保障性功能。总而言之，只有把政府这只"看得见的手"和市场这只"看不见的手"紧密结合起来，实现政府和市场的良性互动，才能推动文化产业持续快速健康发展。

（三）理顺中央与地方扶持职责

在扶持文化产业发展过程中，要理顺中央与地方的扶持职责，理清各自的扶持重点，形成不同层次、不同侧重点的扶持政策体系，避免中央和地方政府间的扶持错位和资源配置的重复浪费。从中央角度看，主要应该致力于文化产业宏观发展环境的改善和区域的统筹协调发展。理论和实践均表明，良好的发展环境是产业快速形成并健康发展的重要基础。一方面，应注重加强文化基础设施"硬环境"建设，特别要加强对文化产业发展具有共性促进作用的文化基础设施建设。另一方面，要积极推进文化体制改革，完善激励机制和政策，加快税收优惠体系公平性、动态性和系统性建设，改善文化产业发展环境。同时，要鼓励东部地区率先发展，中部地区加快文化产业崛起，西部地区结合地方特色和资源优势，着力增强文化产业自我发展能力，努力形成东中西部优势互补、良性互动的区域文化产业协调发展新格局，促进区域文化产业协调发展。从地方角度看，更应该注重加强对文化产业"点"的支持，具体而言就是要加强对文化产业的项目建设。要支持项目带动发展战略的实施，加快文化产业项目库建设，支持重点项目的合理布局和有序开发，实现动态跟踪和常态化管理,加快建设一批具有重大示范效应和产业拉动作用的重大文化产业项目。通过文化产业项目建设有效发挥文化的辐射和带动作用,努力培育骨干文化产业和打造文化产业品牌。

(四)提高扶持政策的针对性

根据企业生命周期理论,企业不同成长阶段的成长特征、制约因素具有显著的差异。因此,财政扶持政策应该根据企业成长的阶段性特征提供差异化的扶持措施,使得企业在不同的成长阶段都有相应的支持措施,从而提高扶持政策的针对性。从一般规律看,文化企业发展将经历初创期、成长期和成熟期三个阶段。在初创阶段,文化企业的规模都比较小,融资能力较弱,文化企业的发展主要依赖产品的生产和销售。此时,财政政策对文化企业的扶持重点应该是无偿资助为主,额度不一定大,范围可以广,重点用于文化企业的市场推广、人才培训的补贴,以提高文化企业的成活率。在成长阶段,文化企业的主要任务是规模的快速扩展和市场的进一步开拓,该阶段文化企业已经具备一定的规模和实力,融资能力也相对较强。此时,财政应该通过信用担保、贷款贴息政策工具,调动各类资金参与文化企业发展,推动文化企业向成熟期发展。在成熟阶段,文化企业的主要任务是从资本市场上获取资金和开发新产品以培育新的利润点。此时,财政政策主要支持文化企业的研发和配合其上市,以进一步推动文化企业的发展壮大。

(五)坚持加大投入与提高扶持绩效并举

从财政政策支持文化产业发展的实践看,我国对支持文化产业发展的财政投入相对不足,占财政支出的比重相对较低,支持文化产业发展的力度相对不够,因此,必须建立文化产业投入长效机制,加大财政投入,为文化产业发展提供强有力的保障。但加快推进文化产业发展,不仅要加大财政投入,更要创新财政投入方式和加强管理,提高财政扶持绩效。不加大财政投入,文化产业发展就会相对滞后;而不创新投入方式和加强管理,财政支持文化产业发展的作用就得不到有效发挥。一要不断创新投入方式。当前,随着我国经济的快速发展,一方面,民间资本日益雄厚,资本市场涌现出一大批有能力投资文化产业的企业和机构,但缺乏相应的机制加以引导;而另一方面,由于财政投入方式与现行文化管理体制、文化发展形势没有很好地对接,财政投入的杠杆效应没有得到很好的发挥。面对新形势,必须按照市场经济要求和公共财政理念,更新观念,创新方式,将有限的财政资金释放出巨大的杠杆效应,促进投资主体和渠道的多元化,构建完善的投融资体制。因此,财政支持文化产业发展可以考虑更多地采取贷款贴息、保费补贴等方式,带动银行等金融机构和社会资本投入。二要加强扶持资金的管理。要加强文化扶持资金的制度建设,规范文化补助资金的申报、审核和拨付管理,保证文化补助资金的合理性、规范性和科学性。建立健全财政投入资金的绩效管理机制,明确绩效目标,加强绩效评审,建立跟踪监控机制,加强绩效评价结果的应用,从而保证文化资金的使用效应。

五、促进我国文化产业发展的财税政策建议

(一)拓宽投入渠道,建立稳定的投入增长机制

一要进一步加大国家财政的文化经费投入,在预算安排上要尽可能达到总体事业经费的合理比例,形成稳定的经费保障机制,确保对文化建设的财政投入逐年增长,为文化产业的发展奠定基础。二要进一步拓宽文化产业的投入渠道,努力增加政府非税收入用于文化产业的投入,可以考虑彩票公益金用于支持文化产业的发展。三要加强财政投入文化资金的统筹。进一步整合扩大文化产业专项资金规模,合理整合文化产业相关领域的财政扶持资金,进一步发挥财政投入的引导和统筹效应。

(二)改进投入方式,设立财政奖补政策

为了加快文化产业转型升级,提升文化产业竞争力,各地可以积极探索建立财政奖补政策,推动文化产业发展。一是建立财政补贴政策。设立投资性补贴。对文化企业购置新设备,给予设备购入款项一定比例的补贴,以提高企业购置设备的积极性。设立税收收入奖励性补贴。对新设的文化企业,前两年给予营业税、所得税等地方分成部分给予奖励性返还,后三年给予部分奖励性返还,满五年后根据主要税种所纳地方收入增长部分给予部分奖励性返还。二是设立专项奖励政策。对有国家级影响力的影视作品、展览展会、书籍动漫等给予一定的专项奖励;对取得国家级品牌称号的文化企业给予一定的奖励;对达到一定规模的文化企业给予一定的奖励。

(三)完善税收优惠体系,减轻税收负担

从实际情况看,要切实减轻文化企业的整体税负,必须进一步完善增值税和所得税税收优惠体系。一是加快推进"营改增"改革。加快"营改增"改革方案在全国范围内尽快展开。同时,应该结合文化产业的经营特点,完善增值税的相关规定,以扩大改革对文化产业的效应。不仅要完善增值税征税范围的扣除规定,将文化企业的厂房、不动产以及运输车辆纳入抵扣范围,同时将纳入营业税征管的特许权、技术转让等行为和知识产权、品牌等无形资产纳入抵扣范围,消除重复征税,降低企业税负,而且要实行差别税率,对此可以参考本次"营改增"试点改革方案,结合不同文化产业的特点,对提倡的高雅文化实行低税率。譬如,对图书出版业要降低税率,对歌舞厅等娱乐性消费行为给予高税率。此外要增强小规模纳税人扶持力度。在认定标准上,可以考虑降低一般纳税人的认定标准,扩大一般纳税人的规模和比重。在起征点上,应保持动态调整。2011年,我国提高了增值税和营业税的起征点,增值税和营业税的起征点分别提高了3倍和4倍,均为5000~20000元,但仍有可以提高标准的空间,并且要将起征点调整与经济发展水平相挂钩。二是建立针对性的文化企业所得税优惠体系。对影视制作、音乐、报纸、专著出版等具有较强外部性和公共性的特定行业,或者在特定区域如影视城、文化产业区内从事的特定行业所取得的收入,给予一定的税收减免。技术人才是文化创意产业的核心,特别是文化企业的初创期,需要投入大量的人工和培训成本,因此,对人才的引进和培训费用应该参照外购与自行开发的无形资产开发成本,运用企业摊销扣除,同时,对技术人员取得的收入给予减征或免征所得税。对一些开发周期长、风险大的文化产品的文化企业,可以比照高新技术企业所得税优惠政策,在税率、扣除费用上给予优惠;同时,允许文化企业提取一定比例的创意开发基金和风投准备金,提高企业抗风险能力。三是完善从事文化产业的个人所得税。文化产业人才特别是高端人才成才缓慢,培养时间较长,因此,按照现行个人所得税法对从事创意性和原创性工作的文化产业人才所取得的收入征收个人所得税有其不合理之处。可以参照国外经验,通过提高起征点和免税额度、允许按一定年限的平均收入纳税、提高费用扣除比例等手段减免税收,鼓励培育文化产业人才。

(四)创新融资方式,发挥财政"四两拨千斤"作用

除了直接投入外,财政还应通过贴息、保费补贴等方式,利用资本市场拓

宽文化企业融资渠道,引导金融资本和其他社会资本投入文化产业,形成以政府投入为引导,以企业投入为基础,以民间资金为主体,以股份制形式融资和外来资金为补充的多元化投融资机制。一是发挥信用担保的方式,引导商业银行给予贷款支持。可以借鉴世界其他国家扶持文化企业的经验和做法,针对我国文化企业的特点,进一步加强研究,采取信用担保等方式,鼓励商业银行加大信贷支持,鼓励发行企业债券,鼓励担保和再担保机构开发适应文化产业的贷款担保服务。二是设立小额贴息贷款。对从事微利项目、符合相关规定的中小文化企业所贷的小额贷款,给予财政贴息资金。为了鼓励地方支持小额贷款贴息政策的实施,中央财政可以按地方年度新增贷款担保基金总额的一定比例,从中央贴息资金预算中安排拨付一部分作为风险补偿资金。三是充分发挥产业投资基金的作用。可以充分发挥财政预算资金的引导作用,发挥资本市场的优势,通过金融机构自身良好的融资平台,调动社会闲散资金,建立多渠道的社会投入机制,更好地扶持我国文化产业发展。对已成立文化产业投资基金的地区,要加快人才培养,优化激励机制,完善推出机制,使基金能更好更快地发挥作用;对没有成立文化产业投资基金的地区,可以参考国家成立文化产业基金的模式,借鉴成熟资本市场产业投资基金的运作模式,由财政部门发起设立文化产业投资基金,与金融机构合作,面向银行、非银行金融机构和大型企业等机构投资者定向募集,委托专业机构管理基金资产,以此发挥财政资金的引导作用。

(五)完善政府采购制度,支持文化产业发展

政府采购支持文化产业发展不能停留于简单的购买层面,应充分发挥其杠杆撬动作用,深化政府采购支持文化产业发展政策效益,立足实际,区别对待,形成文化产业发展的多层次、多领域、全方位的支持体系,以此促进文化管理体制改革创新,加快文化事业单位转换内部机制,促进文化产业的发展。一是拓展文化产业采购目录。既要注重对电影电视、音像出版、文艺演出、体育比赛,乃至广告、旅游、艺术、信息传播、娱乐等文化服务类项目的采购,也要注重对文化创意、新兴文化或文化创新服务等项目的采购,如动漫、网游、互联网经济、数字设计、电子商务、网络电视台、手机文化等日渐流行的公共文化服务的采购。二是支持民营文化企业的产品和服务进入政府公共文化产品和服务采购目录。鼓励民间资本通过招投标等方式,参与基础文化设施建设、公共文化产品创作生产、公益性文化产品和服务供给、重大文化惠民工程、重大公益性文化活动和其他公共文化服务。通过采取政府购买服务的方式,充分调

动包括民营文化企业在内的社会各类文化机构提供公共文化服务的积极性。

　　课题指导：王朝才　金慧群
　　课题负责人：吕旺实　莫红民　余丽生
　　课题牵头单位主要参与者：
　　浙江省财税政策研究室：冯　健　陈优芳　虞　斌　卢名辉
　　课题组成员单位及主要参与者：
　　陕西省西安市财政局：卫良汉　孙　华　程雪门　葛淑英
　　　　　　　　　　　　　鲁　岚　周建武　江　锐　贾　婧
　　吉林省长春市财政科研所：胡延生　李晓玲　沈东明　王　康
　　　　　　　　　　　　　　郑　阳　申世杰
　　辽宁省沈阳市财政局：吴景峰　姜　东　赵　梅
　　河南省焦作市财政局：申相臣　张继东　付战峰　李新龙
　　山东省潍坊市财政局：刘锡田　孙　超　孙　杰
　　财政部科研所外国财政研究室：王桂娟　李　欣　于雯杰
　　执笔人：虞　斌　余丽生　李　欣　卢名辉

浙江省促进文化产业发展的财税对策研究

浙江省财税政策研究室课题组

党的十七届六中全会围绕文化的改革与发展,明确了建设社会主义文化强国的行动纲领,提出要加快发展文化产业,推动文化产业成为国民经济支柱性产业。为适应文化产业发展的新形势,贯彻落实十七届六中全会精神,浙江省委作出了《关于认真贯彻党的十七届六中全会精神大力推进文化强省建设的决定》,提出了"文化产业发展体系不断完善,文化产业成为国民经济的重要支柱性产业,整体实力和竞争力显著增强"的文化产业发展目标,同时部署了加快构建文化产业发展体系的具体措施,以此推动浙江省从文化大省向文化强省迈进。财政作为政府调控的重要手段、物质基础和财力保障,如何围绕建设文化强省的战略目标,进一步促进浙江省文化产业发展,增强文化自立、提升文化自信、推动文化自强,成了当前各级财政面临的一项重要任务。

一、文化产业的内涵及发展的必要性

(一)文化产业的内涵

1. 文化产业的定义及属性。"文化产业"的概念早在 1947 年由法兰克福学派的阿多诺和霍克海姆提出,经过几十年的发展,文化产业的概念逐步为各界所认同。但关于文化产业的定义并没有形成统一的共识。有的学者认为,文化产业就是由市场化的行为主体实施的,以满足人民的精神文化需要为目的而提供文化产品或文化服务的大规模商业活动的集合。有学者认为,为提升人类生活尤其是精神生活品质而提供的一切可以进行商品交易的生产与服务,都可以称之为文化产业。由全国政协和文化部组成的文化产业联合调查组将文化产业界定为从事文化产品生产和提供文化服务的经营性行业。综上所述,我们认为,文化产业是满足人们精神生活需要,通过工业化、产业化的生产方式,并以市场机制实现最终价值的产业。从浙江省的实际情况看,文化产业具体包括文化创意业、影视服务业、新闻出版业、数字内容与动漫业、文化会展业、文体休闲娱乐业、文化产品流通业、文化产品制造业等领域。

2.文化产业与文化、文化事业的关系辨析。从文化产业与文化两者的关系来看,文化是文化产业的基础,文化产业是文化的发展。从文化产业和文化事业的关系看,文化产业和文化事业两者之间既有联系又有区别,两者都属于"文化"的范畴,都是以生产精神产品为主要内容,都必须坚持社会效益和经济效益的统一,都会对人们的思想产生直接或间接的影响。从不同点看,一是两者的定位不同,文化事业主要定位于满足人民群众基本文化生活的需要,文化产业主要定位于满足人民群众多样化、多层次的文化需求;二是实施主体不同,文化事业主要依赖政府提供,兼顾民间参与,文化产业主要由市场主体生产为主;三是追求的效益侧重点不同,文化事业主要以追求社会效益为主,经济效益为辅,文化产业则实现了经济效益和社会效益的统一。

(二)发展文化产业的必要性

1. 发展文化产业是推进经济发展方式转变的必由之路。当前,世界整体经济增长放缓的压力依然存在,浙江省经济发展中结构性、素质性的矛盾没有根本改变,同时面临着资源环境约束的双重压力,要解决发展的问题和矛盾,必须加快经济发展方式的转变。文化产业具有优结构、扩内需、可持续的突出特点。文化产业是现代服务业的重要组成部分,是经济结构调整的重要支撑点。文化产品和服务可以形成新的消费需求和消费热点,直接拉动消费的增长,挖掘文化消费潜力,拓展文化消费空间,成为扩大内需的重要引擎。同时,文化产业主要依赖智力资源和人力资源,是低污染、低消耗的产业,能以较少的资源和较小的环境代价,获得高效、集约、持续的发展。因此,文化产业是一个朝阳产业、绿色产业,对促进经济增长、提升经济发展质量、转变经济发展方式可以发挥重要作用。

2. 发展文化产业是实现"物质富裕、精神富有"的必然选择。国际经验表明,人均国内生产总值达到3000美元时,居民消费进入物质消费和精神文化消费并重时期;超过5000美元时,居民消费将进入精神文化需求的旺盛时期。2011年浙江省人均国内生产总值达到了9000美元,物质富裕的目标初步达到。因此,浙江省居民消费正由小康型向享受型转变,人民群众精神文化需求将呈加速之势。文化产业是满足人民群众多样化、多层次、多方面精神文化需求的主要途径,是改善文化民生、提高人们生活质量和幸福指数的重要手段。而从总体上看,浙江省文化产业发展水平还不高,文化产业规模较小,结构不合理,实力和竞争力还有待提升。这就迫切需要在构建公共文化服务体系的同时,深化文化体制改革,推动文化产业又好又快发展,以引导群众文化消费,满足群众精神需求,加快实现"精神富有"的目标。

3. 发展文化产业是加快"文化强省"建设的重要任务。当前,浙江省经济发展进入加速转型期,社会建设进入整体推进期,体制改革进入攻坚突破期,文化在推动科学发展、促进社会和谐中的作用更加凸显。在这样的背景下,浙江省委十二届十次全会上通过了大力推进文化强省建设的战略性决定,在坚持以经济建设为中心的同时,自觉把文化繁荣发展作为坚持发展是硬道理的重要内容,作为深入贯彻落实科学发展观的一个基本要求,其中,将加快发展文化产业作为推进文化强省的主要任务来抓。通过加快文化产业的发展,全面提升文化产业综合实力和市场竞争力,增强文化产业对其他产业的渗透提升和带动能力,满足人民群众日益增长的精神文化需求,为提前基本实现社会主义现代化,提供强有力的思想保证、精神动力、智力支持和文化条件。

4. 发展文化产业是落实浙江省继续"走在前列"的重要举措。文化产业实现了文化和经济的紧密结合,加快发展文化产业是促进浙江省经济文化共同发展的有力抓手,是保持浙江省继续"走在前列"的重要举措。从经济角度看,文化产业在浙江省的占比还不高,但发展的基础条件好,文化消费市场潜力大,具有很大的发展空间。同时,文化产业的成长性与可持续性明显增强,可以作为扩大内需、促进消费的重要支撑力,为追近"标兵"、摆脱"追兵"提供新的经济增长引擎。从文化角度看,浙江省要顺应科学发展新要求,把握文化发展新趋势,满足人民群众精神文化生活新期待,落实文化方面"走在前列"的要求,就必须切实担负起为文化强国建设先行探索的重大责任,加快文化产业发展,建立起具有浙江省特色的文化产业体系,努力推动文化大省向文化强省迈进,确立起文化发展新优势。

二、浙江省发展文化产业的现状及存在的问题

自 1999 年浙江省委、省政府提出"建设文化大省"的目标以来,经过十几年的努力,浙江省的文化产业发展取得了不错的成绩,文化产业总量不断扩大,新型文化业态快速增长,产业集聚水平日益增强,市场化程度不断提高,主要文化服务业繁荣发展,文化产业日益成为浙江省经济发展的重要推动力量。

（一）浙江省文化产业发展现状

1. 产业规模逐步增加。2010 年,浙江省文化产业增加值为 1056.1 亿元,比上年增长 30.7％,比 2006 年增长 110.5％,2006—2010 年均增长 20.3％,高出 GDP 增速 8.5 个百分点,占 GDP 的比重为 3.8％,比 2006 年提高 0.6 个百分点。2010 年全省文化产业增加值位居全国第 5 位。其中,文化制造业增加值为 525 亿元,占 49.7％,比 2006 年增长了 90.2％;文化批零业增加值为 133.1 亿元,占 12.6％,比 2006 年增长了 67.4％;文化服务业增加值为 398.1 亿元,占 37.7％,比 2006 年增长了 172.3％,增长速度居三者之首(见表 1)。

表 1 "十一五"期间浙江省文化产业增加值情况　　　　　　（单位:亿元）

	2006	2007	2008	2009	2010
文化产业增加值	501.7	595.9	735.4	808.0	1056.1
文化制造业	276.0	331.8	385.6	406.2	525.0
文化批零业	79.5	92.7	85.2	100.4	133.1
文化服务业	146.2	171.4	264.7	301.3	398.1
占 GDP 比重(％)	3.2	3.2	3.4	3.5	3.8

2. 新兴业态快速成长。在实施建设文化强省、发展文化产业战略过程中,浙江省一批国有、民营文化企业以高新技术发展文化产业、改造提升传统产业,大力推动现代技术与文化产业的有效结合,业态创新取得了新进展,文化产业的发展空间也得到了拓展。一是动漫产业初具规模。浙江省于 2003 年开始发展动漫产业,经过多年的快速发展,达到了一定的规模。目前,全省共有动漫画制作企业 180 余家,动漫画产业从业人员 1 万多人,已初步形成动画教学、研发、制作、运营和周边产品开发的产业链。2010 年全省共生产动画片 42000 分钟,同比增长 35.5％,位居全国第 2 位,仅次于江苏省。二是积极推动数字出版、网络出版。2010 年,新闻出版总署批准建立杭州国家数字出版产业基地。目前,全省拥有网络出版资质的单位 20 多家,涉足网络出版的经营性网站近 100 家,网络游戏、网络音乐等网络文化企业 58 家。三是加快数字电视发展。目前,全省 11 个设区市的市区和大部分县市已经开通有线数字电视,其中,全省城区有线电视用户 468 万户,农村有线电视用户 807 万户,城乡数字化率 55％。

3. 产业集聚水平不断提升。经过多年培育,全省文化产业集聚发展态势逐步显现,对全省文化产业发展的示范和带动效应不断扩大。目前,全省已形成各种类型的文化产业集聚区块70多个。从产业角度看,影视制作、动漫游戏、出版印刷、文具生产、艺术品业等产业集聚效应最为明显。比较典型的有浙江横店影视产业实验区、杭州拥有动画产业基地、数字娱乐产业园、宁波文具产业区、富阳造纸印刷村、仙居工艺品加工区、诸暨珍珠穿镶艺术产业基地、东阳木雕产业园区、青田石雕业等区块。从产业集聚区块分布情况看,杭州、宁波两地的创意产业集聚较为明显,温州、台州等地印刷产业集聚区块较多,金华、丽水等地的文体产品和工艺品集聚区块较多。

4. **市场主体日益壮大。**通过国有文化企业改制、鼓励民营资本进入文化产业等举措,扶持和培育了一大批具有活力和竞争力的文化市场主体,初步形成了以若干文化集团为龙头、中小型文化企业为主体的文化产业组织体系。一是国有文化企业集团竞争力显著增强。2011年1月至10月,浙江广电集团实现总收入47.61亿元,比上年增长33.4%;浙江出版联合集团实现总销售额91亿元,增长12.85%。二是民营文化产业企业快速壮大。全省共有规模以上民营文化企业4万余家,投资总规模达到1300亿元以上,吸纳就业人员75万人以上,涌现了横店集团、宋城集团、华策影视、中南卡通等一批在全国具有较大影响力的民营文化龙头企业。

5. **文化产业平台进一步拓宽。**一是义乌文博会发展势头强劲。义乌文博会创办于2006年,2010年升格为由文化部和浙江省政府共同举办的国家级展会,是文化部重点支持的四大文博会之一。2012年举办的第七届义乌文博会共有117个国家和地区的9万余名境内外采购商参会,比上年8万余名多1万名左右,其中境外采购商5700多名,比上年5200余名多500名左右;实现展览成交额45.17亿元,比上年增长11.2%,其中外贸成交额达到了27.55亿元,占到总成交额的60%以上。二是杭州中国国际动漫节影响力不断扩大。中国国际动漫节由国家广电总局和浙江省政府共同主办,自2005年以来固定在杭州举行,是唯一一个国家级的动漫专业节展,也是目前国内规模最大、人气最旺、影响最广的动漫专业盛会,被《国家"十二五"文化改革发展规划纲要》列为重点扶持的文化会展项目、"中华文化走出去"的重要平台。2012年举办了第八届动漫节,共吸引美国、日本、意大利、法国、英国等61个国家和地区的参会、参赛和参展,461家中外企业参与,共208万人次参加了各项活动,签约项目165个,总金额达到146亿元。

（二）浙江省文化产业存在的问题

1. 产业发展水平还不高。一是规模偏小。尽管浙江省的文化产业增加值总量不断增加，浙江省的文化产业规模还依然偏小。2010 年，美国、日本等发达国家的文化产业产值占 GDP 的比重在 15％以上，而浙江省的文化产业增加值占 GDP 的比重仅为 3.8％，远远低于发达国家的比重，同时跟实现文化强省 7％的目标也还有较大差距。二是产业链的完整性不够。传统的文化管理模式与尚未完善的文化政策体系造成文化资源难以系统开发，文化产业链条无法有效贯通，规模化发展和大市场运作难以形成。文化产业之间的有机联结不密切，产品的规模优势还没有得到很好的发挥。跨媒体、跨地区经营发展缓慢，大多数单位还是单一媒体、单一资源、单一业务的单打独斗，开展多媒体兼营、拓展产业链和跨地区经营的意识和能力不强。

2. 体制制约还比较大。一是体制改革滞后。浙江省被确定为文化体制改革试点省以来，虽然实施了一系列的改革措施，但还未从根本上解决制约文化产业发展的体制性弊端。文化体制改革滞后于经济体制改革，政府管理部门还未完全从"办文化"的管理模式中脱离出来，产业化意识还有待进一步增强。二是科学合理的市场准入制度还有待完善。民营文化产业虽然得到了较快发展，总体上仍处于起步阶段，虽然实施了一系列鼓励发展的政策措施，但民营文化企业尚未形成与国有文化企业平等竞争的态势，未能依靠企业素质、硬件建设、服务水平、价格优势等特色参与市场竞争，文化产业中的一些行业还存在垄断的影子，民营资本的进入门槛太高，还不能与国有文化单位一视同仁，使得民间资本投资文化产业积极性有待进一步的提高，民营文化产业发展能力还没有得到完全释放。

3. 文化消费市场培育滞后且不均衡。文化消费市场滞后主要表现在城乡居民文化消费额偏少且占总消费额的比重偏小。2010 年，浙江省城乡文化消费总额大约为 1035 亿元，占全省消费总额的 10.7％，明显低于发达国家 30％的水平，同时也低于发展中国家 15％的水平。与此同时，2010 年，浙江省城镇居民人均娱乐教育文化消费支出为 2586 元，农村居民为 800 元，城镇是农村的 3 倍多，城乡文化消费差距仍较大。

4. 文化产品科技含量和附加值总体偏低。目前，浙江省文化企业在高科技投入方面不够，运用高科技改造、抢救传统文化资源还很不充分，对有丰富内涵的文化资源缺乏深入的挖掘和创新，文化产品的科技含量较低，附加值不高，原创能力欠缺，文化资源和高科技结合的高附加值、高回报的品牌文化产品难以批量涌现。与上海、北京等地相比,浙江的文化精品较少,在国内外有影响力的文化产品较少,具有核心竞争力的品牌产品和品牌企业也比较少。

5. 高端的复合型人才缺乏。当前,浙江省文化产业高端复合型人才较为缺乏,文化人才政策仍需健全。全省文化产业从业人员主要集中于制造流通领域,文化资本运营、文化经纪代理、媒体产业经营管理等高端复合型人才较为缺乏,对文化人才的引进、培养、激励与保障等机制仍需进一步健全。

三、浙江省促进文化产业发展的财税实践

长期以来,浙江省财政部门认真贯彻落实省委、省政府的决策部署,充分发挥财政职能作用,不断加大财政文化产业投入,创新财政管理机制,对形成具有浙江特色的文化生产、创造能力起到了重要的作用。

(一)不断加大文化投入,提供产业发展动力

财政投入是文化产业发展的重要动力。浙江省各级财政部门努力调整支出结构,进一步加大公共财政对文化发展的投入力度,财政投入稳步提高,建立了财政投入稳定增长机制。"十一五"以来,全省各级财政文化投入累计达到 379.45 亿元,年均增长 16.28%。其中,"十一五"期间,全省各级财政文化投入共计 294.36 亿元,占同期财政总支出的比重为 2.59%,为"十五"时期 96.5 亿元的 3.05 倍,比"十五"时期提高了 0.48 个百分点。与此同时,省级财政积极优化支出结构,加大对文化的投入力度,"十一五"以来共向文化投入 69.54 亿元,占全省财政文化总投入的 18.33%(见表 2)。通过加大财政的文化投入,有效地发挥了财政投入的引导和统筹效应,支持了重大文化产业项目、企业和基地建设,推动了文化体制改革,为文化产业的发展提供了强劲的动力。

表 2 "十一五"以来浙江省财政文化投入情况 （单位:亿元）

	2006 年	2007 年	2008 年	2009 年	2010 年	2011 年	合计
全省	40.02	49.34	63.76	64.09	77.15	85.09	379.45
省级	9.32	9.99	11.15	12.12	12.98	13.98	69.54

（二）设立文化产业基金，引导社会多元投入

为了促进浙江省文化产业的发展，提升文化产业综合实力，2006 年起，省财政每年安排文化产业发展专项资金，由最初的每年 4000 万元提升到当前的1 亿元。按照"突出重点、兼顾一般、效率优先、奖补结合"原则，通过项目补助、贴息和奖励等方式，着重支持文化单位转换经营机制和对产业发展有显著作用的技术改造和设备更新项目，文化产业基础设施建设和改造项目，重点文化产业基地、文化产业示范区块及示范企业，重点文化活动、文化品牌，具有示范性、导向性的文化产品生产和文化服务项目，等等。通过扶持和培育，一批文化出版影视企业得到了提升和发展。与此同时，省级财政还先后出资 1 亿元，参股设立东方星空文化投资基金，支持对国有电影院线公司、网络传媒公司、影视剧制作企业进行股权投资。目前基金规模达到 5 亿元，实际投资金额 3.5亿元，累计对外投资项目 9 个，财政出资的引导作用和放大效应明显，影视传媒产业实现了较快发展。

（三）支持文化体制改革，培育文化市场主体

自 2003 年被确定为全国文化体制改革综合试点地区以来，浙江省稳步推进文化体制改革。浙江省财政按照省委、省政府的政策要求，大力支持文化体制机制改革，积极培育文化市场主体。一是推进出版发行、广播影视等领域的企业化改革。按照"政事分开、管办分离"的原则率先改制，将新闻出版的经营部分彻底改制为企业集团，成为自主经营、自负盈亏的经营实体，将广电集团、浙报集团改制为企业化管理的事业单位，通过引进战略投资者，将省电影公司改造成股份有限公司。二是支持文化事业单位市场化改革。2009 年以来，省财政通过一定的补助资金，支持省级文化系统的省歌舞剧院、省曲艺杂技团、省话剧团三个艺术院团和五个经营性事业单位逐步进行了市场化改革。通过改革，有效地培育壮大了文化市场主体。2010 年，浙江歌舞剧院共演出 304场，营业收入 2000 万元，比上年增长了 26%。浙江出版联合集团在 2007 年率先完成整体转制后，自 2008 年以来，三次入选全国文化企业 30 强，并被评为"全国文化体制改革先进企业"。2010 年浙江出版联合集团总销售和资产总额分别为 104.87 亿元码洋和 100.11 亿元，与 2003 年启动改制时相比，集团资产总额增长 167.9%，净资产增长 187.8%。

(四)落实税收优惠政策,优化产业发展环境

浙江省财税部门积极贯彻落实国家有关优惠政策的精神,对经营性文化事业单位转制为企业,自转制注册之日起至 2013 年年底止免征企业所得税,出口图书、报纸、期刊、音像制品、电子出版物、电影和电视完成片按规定享受增值税出口退税政策。同时,积极推动拥有自主知识产权的文化企业申报高新技术企业,对通过认定的高新技术企业及时落实所得税优惠政策。

四、进一步促进文化产业发展的实现路径及财税对策建议

党的十八大在全面建成小康社会目标中指出,要显著增强文化软实力,把文化产业培育成国民经济支柱产业。浙江省文化产业虽然起步较早,发展较快,但与党的十八大要求相比,仍存在一定的差距,因此,必须要合理规划文化产业发展再上一个新台阶的实现路径。财政部门要根据这一路径发挥资金政策的支撑、引导、保障作用,推动浙江文化产业快速协调可持续发展。

(一)促进文化产业发展的实现路径

根据十八大新的战略部署,要把文化产业培育成为国民经济的支柱性产业,必须遵循浙江省文化产业的发展规律,突出发展重点,加快形成文化产业发展新局面,积极培育文化市场主体,进一步完善产业发展支撑体系。

1. 形成产业发展新局面和新优势。从区域角度看,要重点加快"一核三极七心四带"总体格局的形成,"一核"即将杭州建设成为全省文化产业发展核心,"三极"即推动形成宁波、温州和浙中城市群三大文化产业增长极,"七心"即建设湖州、嘉兴、绍兴、衢州、舟山、台州、丽水七大特色性文化产业集聚中心,"四带"即构筑浙北、浙中、浙东、浙西南四大文化产业发展带。从产业角度看,要重点支持文化创意、影视服务、新闻出版、数字内容与动漫、文化会展、文体休闲娱乐、文化产品流通、文化产品制造等八大重点产业的发展,全面构筑浙江省文化产业的新优势。

2. 加快实施"四个一批"。按照"有空间、有规模、有基础、有前景"的要求,整合资源,合理调整结构和布局,引导发展一批重点示范基地。按照"有主体、有规模、有效益、有带动"的要求,着力抓好一批规模大、带动力强的文化产业项目。按照"有实力、有影响力、有核心竞争力"的要求,培育一批具有行业代

表和区域代表意义的优势文化企业,打造一批成长性好、竞争力强、具有重大示范带动作用的大型文化企业集团。按照"有影响、有规模、有特色、有实效"的要求,扶持一批以义乌文博会等为代表的精品文化会展活动,搭建文化产业对外宣传和交易的新舞台。

3. 积极推进市场主体培育。一是继续支持文化体制改革,做大做强大企业集团。继续支持推进经营性文化单位转企改制,建立现代企业制度。继续支持深化国有文化集团改革,努力争取在跨地区覆盖、多媒体兼营、跨行业拓展上有所突破,做大做强,形成一批文化产业的领军企业。二是继续支持民营文化企业发展。充分发挥浙江非公有制经济优势,鼓励非公有资本参与文化体制改革、发展文化产业,重点培育一批非公有资本龙头文化企业,发展一批"专、精、特、新"中小型民营文化企业。

4. 完善产业发展支撑体系。一是支持文化产业的品牌建设。要把文化品牌作为发展文化产业的着力点,在已有文化品牌的基础上,支持打造一批具有浙江特色、较高知名度和美誉度的文化品牌,通过扩大品牌示范效应,从而带动整个产业快速发展。二是支持文化产业人才培养机制建设。支持建立文化产业人才激励机制,对有突出贡献的文化人才实行重奖。鼓励文化产业单位与浙江大学、浙江传媒学院等高校联合,探索产学研一体化人才培养机制。支持实施文化高端人才引进计划,注重吸引财经、金融、科技等领域的优秀人才和海外创意、设计、研发、管理等高端人才进入文化产业领域。三是促进文化产业科技含量提升。从浙江省实际看,要加强数字技术、数字软件、数字内容、网络技术和安全播出等核心技术的研发,提高装备技术和制造技术的水平。

(二)财税对策建议

根据文化产业的实现路径,财政必须坚持突出重点、发挥市场机制、注重资金效率的原则,加大投入,调整支出结构,优化制度设计,最大限度地整合各方面文化发展资金,以充分发挥财政促进文化产业发展"四两拨千斤"的作用。

1. 发挥支撑作用,加大重点领域投入

一要逐步完善财政文化投入稳定增长机制。在增加文化财政支出的基础上,应逐步增加扶持文化产业发展专项资金规模,切实增加财政文化产业投入。二要明确支持重点。文化产业发展涉及方方面面,但不意味着财政支持文化产业发展要形成"撒胡椒面"的格局,在有限的财政资金条件下,要抓住重点、突出特色、形成实效。努力做到支持一家企业,成就一家企业;支持一个产

业,成就一个产业;支持一片区域,成就一片区域,最终在重点文化产业"点、线、面"的带动下,实现全省文化产业的统筹发展。从文化产业扶持对象看,根据浙江省实际情况,应该重点加强对新闻出版发行服务、广播电视电影服务、文化艺术服务、文化信息传输服务的支持力度。

2. 发挥杠杆效应,增强财政扶持合理性

当前,浙江省经济快速发展,社会资本累积较快,涌现了一大批有能力投资文化产业的机构和企业,但由于缺乏相应的引导机制,使得社会资本进入文化产业的步伐不快,推动文化产业发展的能力没有得到充分发挥。财政应着力在选准扶持环节和拓展扶持方式上下功夫,发挥财政资金的示范和杠杆作用,培育规范的文化市场主体和市场环境,撬动更多的社会资本投入文化产业领域,最终形成完善的文化产业市场机制。一是选准扶持环节。文化产业企业在不同的发展阶段对财政的支持要求是不同的,因此,要针对企业不同的发展阶段采取不同的支持方式,以使财政支持达到最佳效果。在企业初创期,应对文化企业的文化产品小批量生产、市场推广等给予支持,主要的政策以无偿资助为主。在成长期,由于全面开花式的小额无偿资助无法满足一部分具有一定规模的高成长性企业的资金需求,财政扶持应由初创期的直接资助为主转化为通过政策引导社会资源支持成长企业的发展。在成熟期,企业的融资需求更大,重点应鼓励企业通过资本市场进行融资,财政的主要任务则是配合企业进入资本市场。二要拓展支持方式。在继续完善文化产业专项资金和星空文化投资基金对文化的支持方式的基础上,可以通过采取政府采购、财政奖补等多样化的支持方式,鼓励包括民营文化企业在内的社会各类文化机构参与提供文化产品,支持社会力量兴办文化产业,促进文化产业的发展。拓展政府采购支持文化产业的范围,增加政府采购文化产业目录,特别是要加强对文化创意、新型文化的产品和服务的政府采购力度。放宽民营企业和中小企业文化产品和服务进入政府采购目录的条件,有意识地鼓励非国有企业参与文化产品和服务的政府采购。通过政府采购,引导文化资源的流向,从而在更大范畴、更深层次上优化文化资金配置,优化文化产业结构,实现经济与文化的互动融合。制定财政奖补政策,对文化企业购买新设备、获得一定级别荣誉称号的、品牌建设较强、创新能力较强、年销售额较大、纳税增幅较大等情况,财政应给予一定的奖励补助。在制定实施财政奖补政策时,要特别注意把握鼓励创新、奖励优秀的政策导向,应对文化企业的产业类别特征、产生的社会效果等进行考评,根据考评结果给予财政奖补,避免简单的奖励和补助,以保证

发挥财政资金效应最大化。

3. 创新资金使用方式，引导金融加大支持力度

目前，浙江省支持文化产业发展资金的使用方式主要是项目补助、贴息和奖励三种方式，为了进一步发挥财政资金的引导作用，应该不断创新资金的使用方式，引导金融对文化产业的支持力度，推动文化产业的发展。风险准备金的主要功能是发挥财政资金的放大效应，可以采取与银行合作的方式，由合作银行向符合条件的文化企业提供流动资金及部分固定资产投资项目贷款，风险准备金按一定倍数的比例放大，为文化企业贷款提供风险补偿，引导合作银行加大对文化企业的贷款力度，防范金融风险。财政每年按融资平台贷款总额的一定比例向融资平台拨入风险准备金，主要用于贷款出现风险时的代偿和损失核销，同时作为融资平台的风险准备积累，以加大对文化企业的融资支持力度。

4. 强化财政管理，提高资金使用效率

财政支持文化产业发展不仅要加大直接投入力度，更要加强管理，使有限的资金发挥出"四两拨千斤"的作用。一要明确财政资金的管理责任。要坚持以提高财政资金使用效率为导向，逐步建立覆盖申报立项、资金流向、资金使用、效益产出等环节的全过程、全方位绩效责任制，使每个环节都成为提高绩效的责任中心，充分发挥财政资金作用。二要加强财政资金管理和制度建设。通过加强对资金管理的制度建设，规范专项资金申报、审核和拨付管理，提高财政资金分配使用的规范性和安全性。三要建立财政文化投入的绩效评价体系。对财政文化投入的经济效益和社会效益进行综合评价，制定文化项目资金跟踪问效制度，建立客观、公正、公开的绩效评价制度，切实提高资金使用效益。同时，要针对文化产业的特殊性，设置合理的评价程序和评价指标，将资金绩效考核纳入科学、规范的轨道。

5. 落实税收优惠政策，减轻企业税收负担

一要梳理税收优惠政策。近年来，为了促进文化产业发展，国家出台了《财政部、海关总署、国家税务总局关于支持文化企业发展若干税收政策问题的通知》《财政部、国家税务总局关于文化体制改革中经营性文化事业单位转制为企业的若干税收优惠政策的通知》等有关政策，各级财税部门应该认真研究税收优惠政策，梳理出税收优惠政策体系，以更好地服务文化企业。二要加

大税收优惠宣传力度。文化企业税收优惠政策项目多、范围广、内容杂，不同文化产业、行业和不同规模纳税人等所享受的税收优惠政策也不同，因此，要积极向企业宣讲解读税收政策，将梳理出的税收优惠政策体系汇编成册发放给企业，使受惠企业更加及时、准确、全面、深入地了解和掌握优惠政策的具体内容，促进企业不断掌握与合理利用优惠政策，使企业用足用好税收优惠政策。三要切实落实税收优惠政策。税收优惠的真正意义在于落实，没有落实，一切优惠都没有意义。对符合各类税收优惠政策资格的文化企业，要严格按照相关规定的程序和时限快速办结，并有针对性地加强后续服务管理，真正做到政策落实不折不扣，以减轻文化企业的负担。

课题组组长：金慧群
　　成员：金　涛　莫红民　余丽生　董立国　冯　健
　　　　　戴祥波　陈优芳　虞　斌　卢名辉　杨　帆
　　执笔：虞　斌

长春市促进文化产业发展的财税政策研究

吉林省长春市财政科研所课题组

　　伴随着我国文化体制改革而逐渐兴起的文化产业,在我国经历了从无到有、从小到大、从自发到自觉、从局部到全局的发展历程,尽管只有短短的十年时间,但成果令人瞩目。据统计,2010 年我国文化产业增加值突破 1.1 万亿元,占 GDP 的比重达到 2.78%。长春市的文化产业也实现增加值 196.7 亿元,占市 GDP 的比重达到 5.9%。党的十七大通过了《关于深化文化体制改革推动社会主义文化大发展大繁荣若干重大问题的决定》,将文化产业的发展作为坚持科学发展观,提高国家软实力,实现"十二五"奋斗目标的重要一环提出来,我国文化产业的发展将面临一个前所未有的机遇。为此,本文通过对财税政策促进文化产业发展的理论分析,结合长春市文化产业的发展现状,研究提出进一步促进文化产业发展的财税政策,旨在为促进全市文化的大发展、大繁荣,进而实现本地区经济和社会发展目标提供参考。

一、财政政策促进文化产业发展的理论分析

(一)文化产业的概念及其属性

　　文化产业是被国际社会公认为 21 世纪最有发展前途的产业,对提升综合国力和区域竞争力具有重要意义。由于文化产业是在国内外不同的背景和条件下产生发展的,因此目前国际上对文化产业的界定还没有达成一致,但各国根据自身的产业发展状况也有各自的解释。比如,美国称为娱乐业或版权业,而将传统的报纸、书刊、电影和音像产品的出版划归为信息业。英国称为创意产业。韩国称为"与文化商品的生产、流通、消费有关的产业"。日本则将文化产业更加细分为三类:第一类是以物态形式呈现文化产品的行业(如图书、报刊、雕塑、影视、音像制备等);第二类是以劳务形式出现的文化服务行业(如戏剧、舞蹈、体育、娱乐、策划、经纪业等);第三类是向其他商品和行业提供文化

附加值的产业(如装潢、装饰、形象设计、文化旅游等)。联合国教科文组织认为,文化产业是按照工业标准生产、再生产、储存以及分配文化产品和服务的一系列活动,该定义概括了文化产业的文化属性和产业属性。

在我国,文化产业的概念源自 2004 年国家统计局《文化及相关产业的分类》(简称《分类》)所给出的定义,即文化产业是指为社会公众提高文化、娱乐产品和服务的活动,以及与这些活动有关联的活动的总和。《分类》将文化及相关产业分为 3 个板块、5 个类别、80 个行业小类,确立了文化及相关产业的统计分类体系。该定义是在我国文化体制改革的背景下,基于产业统计的需要提出来的一个产业性的文化行业分类标准。虽然对于我国文化产业的发展具有重要的历史意义和现实价值,但也正因为如此,该定义既没有明确文化产业的市场特征,也没有剔除文化事业的内容,使得如何认识基于以上概念的我国文化产业的属性,成为我们不得不面对的难题。尽管为适应文化产业发展的需要,2012 年 8 月国家统计局颁布了新修订的《文化及相关产业分类标准》,该标准将原有的文化产业统计体系的"核心层、相关层、外围层"三个层次取消,代之以"文化产品的生产活动、文化产品的辅助生产活动、文化用品的生产活动和文化专用设备的生产活动"四个方面的内容,使文化产业的分类渐趋明晰,但多年来,国内学者结合我国文化产业的发展历程和实践一直未曾停止过对其属性的辨析。

目前,国内学者对文化产业的内涵比较一致的看法是:文化产业是按照工业化标准生产、再生产、储存及分配文化产品和服务的一系列活动。它包括为社会公众提供文化、娱乐活动和服务的活动,以及与这些有关联的活动的集合。因此,从广义定义来看,文化产业是从事文化产品生产和提供文化服务的经营性行业,是与文化事业相对应的概念。文化既包括公益性的文化事业也包括经营性的文化产业,两者共同构成了我国文化服务的社会供给。虽然二者在经营主体、运作方式、资金来源、组织形式上存在着本质的差别,但在发展过程中两者是相互支撑、不可分割的。也因此,文化产品的属性既包括文化属性也包括产业属性,也就是说既有公共性也有经营性,这与当前决策层提出的"双轮驱动"的发展思路不谋而合。所谓"双轮驱动"是指一手抓公益性文化事业,构建覆盖全社会的公益性文化服务体系;一手充分利用经济社会发展提供的巨大空间,抓经营性文化产业。本文将以此为研究依据,定位促进文化产业发展的财政政策的落脚点。

（二）财政政策促进文化产业发展的理论依据

第一，公共财政是一种以满足社会公共需求为主旨的财政制度安排，是为社会提供公共产品和公共服务的政府资源配置行为。因此，文化产业的公共属性决定了政府的政策取向，即决定了它离不开财政政策的扶持。公共财政体制下，政府兼具文化体制改革的推动者、文化产业政策的制定者、文化市场发展管理者的身份。因此，财政政策既是国家文化产业制度的重要组成部分，也是推动文化产业发展的政策保障机制的重要一环。同时，文化产业以创意为源头，以内容为核心，是发展绿色低碳经济、现代服务业的重要着力点，是转变经济发展方式和调整经济结构的有力抓手。因此，以财政政策为导向，加快推进文化产业发展，把文化产业培育成为推动我国经济发展方式转变的战略性新兴产业，是公共财政义不容辞的责任。

第二，公共财政还负有弥补市场失灵、促进社会公平的责任，是与现代市场经济体制相适应的财政制度与体制安排。我国文化产业处于发展的起步阶段，在公共技术平台、公共信息平台以及人才建设等方面存在着明显的市场缺陷，因此，公共财政要在这个时候介入市场以弥补市场失灵和市场缺陷。从文化产品本身来看，其公共产品和市场经济的双重属性决定了我国文化要实现大发展离不开文化事业和文化产业的共同繁荣。公共财政建设与文化改革发展具有内在统一性，支持文化事业、文化产业发展是公共财政的重要职责之一。

第三，从深化我国文化体制改革来看，促进文化产业发展是公共财政题中应有之义。要研究促进我国文化产业发展的财政政策，必须将文化产业置于文化体制改革这一大背景之下来研究，也就是说不能单纯地就产业论产业。由于体制转型的原因，我国的文化产业脱胎于文化事业，因而我国文化产业的发展离不开文化事业、文化公共服务体系的建设以及文化体制改革的深入。在文化体制改革的转型阶段，从我国文化产业概念带有明显的过渡性来看，中国特色的文化公共性决定了文化事业与文化产业的水乳交融：文化事业的发展可以优化文化产业的发展环境，为文化产业的发展提供公共平台和公共文化资源；而文化产业的发展要与文化事业的发展相协调，充分利用和激活各类文化资源与人才，增强文化创新力，解放和发展文化生产力，极大丰富文化供给，满足公民的多样性文化权益。因此，财政对于文化领域的投入，不可简单地区分为事业投入和产业投入，应当从大文化的视野，协同文化事业和文化产业的关系，对事业的投入要考虑对产业的促进作用，对产业的投入要考虑文化的意识形态和公共属性。总之,要在新的历史起点上促进文化产业大发展、大繁荣,仍需公共财政从文化事业与文化产业的关系入手,根据文化体制的转型特点采取灵活多样的措施加以扶持。

二、对长春市文化产业发展现状及相关财政政策的概述

(一)长春市文化产业发展的现状及特点

近年来,长春市委、市政府高度重视文化产业的发展,大力实施"文化兴市"战略,积极筹措资金加大文化事业、文化公共服务体系建设的投入,并出台了一系列财税政策以扶持文化产业发展,使全市的文化建设取得了历史性的突破。总的看来,长春市文化产业主要表现为以下几个特点:

一是项目和园区建设成为文化产业的隆起带。2011年全市有18个重点文化产业项目集中开工,总投资达30亿元,有近百个千万元以上的项目储备。长春市文化产业建设重点以文化园区建设为主,目前已建成5大文化园区,包括吉林动漫游戏原创产业园、知合国际动漫产业园区、东北亚文化创意科技园、双阳文化印刷产业园区、朝阳经济开发区创意产业园等,其中吉林动漫游戏原创产业园已成为国家级重点文化产业示范基地,入驻企业达60多家。二是龙头企业成为文化产业发展的风向标。目前全市有一批区域性龙头企业,例如长春出版社、长春万达影城、吉林省宇平工艺品公司、吉林省林田远达形象集团有限公司、知合国际动漫公司等。长春出版社年发行码洋近2亿元,总资产超亿元,被评为国家一级出版社;万达影城票房从5年前的550万元提升到2012年的1.2亿元;宇平工艺品公司的产品达上千种,远销欧美、日本等27个国家和地区,累计创汇5184万美元;林田远达形象集团有限公司的城市形象设计、文化旅游、品牌标识等3大产业,年产值几亿元;知合国际动漫产业园已吸引300多名创作及制作人员入驻,年产值近2亿元。三是文化品牌成为长春市走出去的通行证。2010年,长春市政府将宝凤剪纸、祖述微雕、宇平工艺、鸿美糊画、紫玉木兰、古尘木艺、东生泥人、嘉琦工艺鸟等8项民间艺术命名为工艺名品,成为长春市对外交流的重要名片。四是新兴文化产业和创意文化产业已经步入快车道。例如创意设计、数字内容、动漫游戏、文化旅游、文化会展、教育培训等。五是资本市场成为推动文化产业发展的助推器。建立多元化文化投融资机制,长春市鼓励各类文化发展资金、文化投资公司投资文

化产业,为有条件的文化企业上市融资创造条件。六是人才成为文化产业发展的原动力。通过几年来的快速发展,文化产业人才体系初步形成,体现为四个"一批",即培养了一批人,留住了一批人,回来了一批人,引进了一批人。

(二)近年来财政扶持文化产业发展的相关政策及效应

1. 通过进一步加大对文化事业的资金投入,保障各项文化惠民政策的落实,为文化产业的发展营造良好氛围。近几年,按照长春市委、市政府要求,市级财政积极筹措资金,通过对文化事业的投入,努力保障了广大人民群众的基本文化权益。2007—2011 年,市级财政共投入文化事业专项(包括文化、文物、广播影视、新闻出版、体育等)资金 1.08 亿元。重点保障了长春数字化学习港、长春电影节、图书展会、文化艺术创作、高雅艺术精品演出、群众文化活动、农村公益电影和城市广场电影放映、文化信息资源共享、网络文化安全工程、非物质文化遗产保护、软件正版化、农家书屋、农民体育健身、体育路径建设等。

2. 通过进一步加大对文化硬件设施的投资,完善了公共服务体系建设,为文化产业的腾飞奠定了基础。2007—2011 年,市级财政共投入文化基础设施建设专项资金 6620 万元,支持了广播电视"村村通"、乡镇综合文化站、国家重点文物保护等文化工程建设;完成了图书馆及爱国主义教育基地等一批重点文化设施;积极跟踪落实新启动的 9 个文化基础设施项目,投资总额 5.42 亿元,包括:复原修缮杂技宫,修缮艺术剧院及话剧院,新建群众文化活动中心,长春图书馆铁北分馆建设,新建长春市博物馆,新建朝鲜族群众艺术馆,恢复修建满铁图书馆旧址,维修市图书馆,复原修缮长春文庙。截至目前,9 个项目已经投入资金 2497 万元,通过对文化硬件设施的投资,有力地改善了文化基础设施条件。

3. 通过积极筹措资金努力推进文化体制改革,为转制企业尽快走向市场创造条件,为文化产业注入生机和活力。2007 年,根据市政府办公厅关于批转《长春市文化局首批试点单位改制实施方案》的通知精神,市电影公司及所属6 家电影院、市演出公司、市文化局房产管理所等 9 家单位被列为首批改制试点单位。按照市政府第 99 次会议纪要精神,市电影公司及参与改制的 6 家影院的土地、房屋等资产由市土地收储中心收储,变现资金打捆用于支付首批试点单位改制成本。为使改制单位尽快走向市场,在首批改制单位资产尚未变现、改制成本没有着落的情况下,市财政先期垫付了 4600 万元改制成本,解决了改制单位解除劳动合同的补偿金、转制前拖欠职工的工资、养老保险费、失业保险金、医药费、采暖费及应付账款等棘手问题,确保了改制工作的顺利推进。

4. 通过设立文化产业发展基金等一系列政策机制,充分发挥财政资金"四两拨千斤"的作用,引导和带动文化产业蒸蒸日上。长春市文化产业虽然起步较晚,但发展较快。2005 年,市委、市政府把文化产业纳入全市经济社会发展的重点战略规划;2009 年,出台了一系列推动文化产业发展的政策文件和措施办法,包括《关于促进文化事业及文化产业发展的若干政策》,明确了从 2009 年开始,市财政每年设立 500 万元专项资金,用于扶持和引导文化产业;2011 年年初,首次提出"十二五"期间,长春市将大力推进文化产业发展,将其培育成继汽车、农产品加工、轨道客车之后的第四大千亿级支柱产业;2012 年,文化体制改革进入攻坚阶段,对文化产业的促进作用将更加不可估量。总之,目前长春市已经初步形成业态齐全、门类丰富的文化产业集群:形成了创意设计、数字内容、动漫游戏 3 大创意类文化产业;电影电视、出版发行、印刷复制、新闻传媒、演艺娱乐、民间艺术 6 大传统文化产业;文化旅游、文化会展、教育培训、体育健身 4 大新兴文化产业。2010 年,文化产业实现增加值 196.7 亿元,占 GDP 的 5.9 %。全市文化企业达到 1.7 万多家,从业人员近 20 万人,文化产业呈现出总量与规模迅速扩大的良好态势,成为长春市又一优势产业。

三、当前促进长春市文化产业发展的财税政策存在的问题

近年来,长春市财政不断加大支持力度,为文化产业发展提供了强有力的保障。但从财税政策的执行情况及文化产业的发展现状来看,也存在一些问题。

(一)财政"缺位"与"越位"的现象并存

长期以来,文化宏观管理体制存在政事不分、政企不分、政府与中介组织不分的问题。主要表现为:一方面统得过死、管得过细,习惯于以办代管;另一方面,在政策调节、市场监管、社会管理、公共服务等职能上又长期缺位,行为失范、利益驱动等现象时有发生。由于文化产业是一个新兴产业,一些部门和领导的思想观念还没有彻底转变过来,囿于传统认识,过于重视文化的社会属性,而对文化的产业属性认识不足,致使一些完全可以由市场调节的领域表现为公共资金的过度介入。例如在产业园区的建设上,除了根据各城区的文化

资源特点进行产业规划外,还要充分考虑市场的调节作用。但事实上目前长春市仍存在个别城区为招商引资而不顾区域特点及市场需要跟风效仿的现象,如此既破坏了原有的产业分布格局,产业集聚和规模效应更是难以体现,而且造成重复建设,浪费了大量的公共资源。

与此同时,由于现行财政管理体制、财政投入模式与现行文化管理体制、文化发展形势、文化特殊属性没有很好地对接,使财政政策没有突出文化产业的公共性及重要性,导致在一些市场失效的领域财政投入不足。尽管全市文化产业增势迅猛,但文化企业"小、弱、散"等状况还十分突出(多数文化企业规模小、自主知识产权和文化核心竞争力不强、资源分散)。从目前的财税政策扶持的倾向来看,主要侧重于大型国有企业,特别是文化体制改革涉及的转制企业,而对于一些急需资金支持的"小、弱、散"则支持得很少。这不仅阻碍了中小企业文化产品、文化服务的创新步伐,而且导致其在与国有企业的竞争中难以立足,发展上受限。

(二)财税政策对文化产业的扶持力度还有待加强

近年来,长春市虽然出台了一些激励文化产业发展的财税优惠政策,但导向性较为笼统,从产业或行业角度来扶持文化产业的政策措施较少,力度还不够,手段也比较单一。这主要表现在优惠政策力度不够、实际减免税总量不大,以及优惠期限较短、缺乏连贯性等方面。比如,涉及文化体制改革的一系列优惠政策,经过实践证明十分有效,对激励经营性文化单位转制、支持文化产业发展,发挥了不可替代的作用,但是这些优惠政策的执行期仅仅只有5年,加上随后出台的一些配套措施,其优惠有效年份也只延续到2013年年末,这与其他产业的扶持激励政策相比,显然既不配套也不协调。如对高新技术产业、农业发展、节能减排、企业技术研发等产业或行业均没有规定税收优惠的执行年限,而是只要达到或符合我国产业扶持标准就可以永久享受相关产业或行业的税收优惠政策。而文化产业不是三五年就可以扶持发展起来或者能够完成的,它不仅要经受激烈的市场竞争的洗礼,更需要国家产业政策的供给和产业发展战略的激励。因此,与其他产业或行业相比,文化产业的财税扶持和激励措施力度相对还较弱,时间太短,没有体现财税政策激励的长效性,不足以达到激励和扶持文化产业大发展的目的。

(三)税收政策环境不利于文化产业发展的状况亟待改善

当前,促进文化产业发展的税收优惠政策往往与促进文化体制改革的政策没有明确界限,到目前为止还没有一套旨在长期扶持和激励文化产业发展,且便于有效执行的税收激励政策体系,使得促进文化产业发展的税收政策协调性不强、行业针对性不足、覆盖面窄。据了解,目前促进文化产业发展的现行税收政策零散分布在企业所得税、营业税、增值税、土地使用税等单个税种中,缺乏协调性。部分行业税负较重,存在重复征税问题,对文化产业的发展已经产生了不利影响,税收环境亟须改善。目前长春市许多文化产业企业还在缴纳营业税,由于文化产业的产业链较长,大量的成本费用不能抵扣,造成重复征税较多,行业税负较高。如报刊行业,销售报刊需要缴纳13%的增值税、7%的城市维护建设税、3%的教育附加、25%的所得税。重复征税与行业税负较重导致文化产业难以细化分工,打击了相关企业生产和投资的积极性。

(四)财政资金的管理监督机制尚不健全

长春市是一座历史名城,蕴含着丰富的文化资源,但由于体制、技术、管理及监督等相关机制尚不健全,市场对文化资源的配置并未完全起到基础性的作用,导致产业的社会化、市场化、产业化程度还不是很高,文化资源无法得到合理的配置和充分有效的利用。近年来,文化产业的开发更是带有一定的盲目性和粗放性,影响了文化的均衡发展。同时,对于财政支持文化产业发展资金的监管机制尚不完善,由此导致的对于财政支持文化产业资金,人们关注的往往是前期的项目资金投入环节,而对后期的资金使用及考核环节却缺乏监督机制,这显然不利于提高资金的使用效率,更不利于文化产业的发展和文化产品质量的提高。

四、促进长春市文化产业发展的财税政策选择

2012年,长春市委、市政府提出了要突出文化大发展、大繁荣,努力建设东北亚现代文化名城的战略目标。在文化发展上,要坚持文化产业与其他产业融合式发展,与产业文化、科技创新、资本运作、城市特色相结合,力争把文化产业打造成又一个千亿级支柱性产业,力争在2016年全市文化产业增加值占GDP的比重达到10%以上。为实现市委、市政府提出的战略目标,必须建立起符合长春市文化产业发展需要的财税政策扶持机制。

（一）构建促进文化产业发展的财税政策应遵循的原则

1. 政府主导与充分发挥市场机制的原则。即对于公共文化，政府要保证和进一步加大财政支持，鼓励民间资本对非营利性文化产业提供赞助和捐赠；对于营利性文化产业以税收、金融等方式提供间接支持。

2. 公共性与营利性区别对待的原则。即公共文化支出应作为预算内固定支出项目给予充足的保证。而对于营利性文化产业则重在引导，提供一个有序发展、公平竞争的平台和环境。

3. 传统文化与新兴文化并重的原则。传统文化具有地域性、唯一性特征，几乎不存在模仿，往往容易形成一国或一个地区的品牌。因此，促进文化产业发展的财政政策要在侧重新兴文化产业发展的同时，注意保护、挖掘和发扬传统文化，以形成地方特色。

（二）构建促进文化产业发展的财税政策的思路

1. 促进文化产业发展的财税政策必须具有导向作用。2011 年 7 月 6 日，第一支国家级文化产业投资基金在北京人民大会堂正式宣布成立。这是历史上中央财政首次注资文化产业投资基金，引起了全国上下以及国内外媒体的高度关注。在我国提出加快推进文化产业成为国民经济支柱产业的战略目标下，这支国家级文化产业投资基金的成立意义十分重大，充分发挥了财政资金的引导和示范作用，也为地方财政建立健全促进文化产业发展的政策保障机制指明了方向。目前长春市财政收入还十分有限，要想放大有限的财政资金的效果，就要发挥财政资金的杠杆效应，促进投资主体和渠道的多元化，构建完善的文化产业投融资体制。由此，财政支持文化产业发展可以考虑建立多元化文化投融资机制，鼓励各类文化发展资金、文化投资公司投资文化产业，为有条件的文化企业上市融资创造条件，让资本市场成为推动文化产业发展的助推器；采取政府采购、项目补贴、定向资助等政策措施，鼓励各类文化企业参与公共文化服务；通过贷款贴息、保费补贴以及设立文化产业发展基金、创业投资基金和风险投资基金等方式，引导和带动金融资本和其他社会资本投入文化产业，搭建文化产业发展投融资平台，努力实现公共文化服务供给由文化系统的"内循环"到市场和社会的"大循环"。

2. 必须建立起一个促进文化产业发展的长效机制。面对新形势、新目标、新任务和新要求，财政支持文化产业发展必须更新观念、创新方式，最重要的是在严格遵循社会主义市场经济规律和文化产业发展规律的基础上，尽快建立起长效机制。从长远看,文化产业发展应坚持以市场为导向,充分发挥市场配置资源决定性作用。但目前长春市文化产业还处于规模总量小、底子薄的新兴阶段,仅靠自身积累很难快速发展。加之文化产业投资周期长、成本高、风险大,难以吸引社会资本进入,进一步加大了实现产业振兴的难度。因此,财政支持文化产业发展,要充分发挥自身职能,以弥补市场失灵为己任,不越位、不缺位,把向社会提供更多更好的文化产品和服务作为财政资金扶持的重要依据。另外,注重效率考核,加强财政专项资金管理和制度建设,也是财政政策作用持续有效的重要保障。财政设立的各项文化发展专项资金应当随着文化改革发展形势和绩效评价情况不断进行调整和完善,要坚持以提高财政资金使用效率为导向,逐步建立覆盖申报立项、资金流向、资金使用、效益产出等环节的全过程、全方位绩效责任制,使每个环节都成为提高绩效的责任中心,充分发挥财政资金作用。同时,要针对文化产业的特殊性,设置合理的评价程序和评价指标,将资金绩效考核纳入科学、规范的轨道,使财政政策的调控职能得以充分发挥。

(三)促进文化产业发展的财税政策的现实选择

1. 进一步加强重点文化领域经费保障,使文化事业成为文化产业发展的助推器。在加大文化投入的同时,应调整和优化财政文化支出结构,扩大公共财政覆盖范围,突出支持重点。首先,要支持加快公共文化服务体系建设。把主要公共文化产品和服务项目、公益性文化活动纳入公共财政经常性支出预算。坚持政府主导,以公共财政为支撑、以公益性文化单位为骨干、以全体人民为服务对象,推动完善公共文化服务体系。其次,要支持加快城乡文化一体化发展。设立中央、省、市三级农村文化建设的保障体系,保证一定数量的中央转移支付资金用于乡镇和村文化建设,支持实施广播电视村村通、文化信息资源共享、农村电影放映、农家书屋等文化惠民工程,鼓励面向农村开展公共文化服务。再者,要支持加强对文化产品创作生产的引导。设立国家文化发展基金,发挥有关文化基金的作用,面向全社会文化机构和个人择优进行资助,支持优秀作品创作和人才培养,引导文化产品创作生产。最后,要支持加快文化产业发展。落实重大文化产业项目带动战略,鼓励有实力的文化企业跨地域、跨行业经营和重组,推动文化产业技术改造和升级,培育一批有实力、有竞争力的骨干文化企业。

2. 通过创新财政政策扶持方式提高财政资金使用效益,为文化产业发展保驾护航。发挥财政资金的杠杆作用,采取政府采购、项目补贴、定向资助等政策措施,鼓励各类文化企业参与公共文化服务。通过贷款贴息、保费补贴以及设立产业投资基金等方式,引导和带动金融资本和其他社会资本投入文化产业,搭建文化产业发展投融资平台。建立健全财政投入激励约束和绩效评价机制,把向社会提供更多更好的文化产品和服务作为财政增加投入的重要依据。加强财政专项资金管理和制度建设,财政设立的各项文化发展专项资金应当随着文化改革发展形势和绩效评价情况不断进行调整和完善,确保文化产业的可持续发展。

3. 加快落实完善各项文化体制机制的改革优惠政策,努力构建文化产业发展的新格局。主要包括科学界定文化单位性质和功能,分层次、分类别实施有针对性的扶持政策,推动文化体制改革在重点领域取得新进展。一是支持加快经营性文化事业单位转企改制。继续落实支持经营性文化事业单位转企改制的各项扶持政策,在资产和土地处置、收入分配、社会保障、人员分流安置、财政税收等方面给予有力支持和保障,继续保持对转企改制国有文化单位的扶持政策。二是稳步推进公益性文化事业单位的改革。加大经费保障力度,支持公共图书馆、博物馆、文化馆等公益性文化事业单位改善服务方式,强化服务职能。支持党报党刊、电台电视台,以及文艺院团等单位深化内部改革,不断增强其发展的内在动力。落实鼓励社会捐赠和兴办公益性文化事业的税收优惠政策,引导社会资本投入公益性文化事业。三是推动形成公有制为主体、多种所有制共同发展的文化产业格局。加大财政、税收、金融、用地等方面对文化产业的政策扶持力度,加强政策衔接,鼓励和引导文化企业面向资本市场融资,促进金融资本、社会资本和文化资源的有机对接。加快推动文化领域结构调整,盘活存量,优化增量,合理配置文化资源,积极鼓励和引导国有文化企业组建跨地区、跨行业、跨所有制的企业集团。加快国有文化企业合并、重组、股改和上市步伐,努力形成公有制为主体、多种所有制共同发展的文化产业格局。

4. 清理和调整各项税收优惠政策,完善促进文化产业发展的税收环境。从发达国家建立的较为完善的文化产业税收体系来看,一般是通过政府减免税及相关的多种优惠手段联合使用来实现促进文化产业发展的目的的。要借鉴发达国家的经验,清理和完善业已执行的税收优惠政策,针对文化企业发展的不同时期实施不同的税收管理,建立起规范统一、针对性强、连续性的政策扶持机制。一方面,为消除文化产业领域内重复征税问题,要积极推进税制改革,可以在部分文化领域试行营业税改征增值税,将企业的进项成本纳入税前抵扣范围,促进文化企业的社会分工以及产业协作,消除重复征税;另一方面,要加强税收优惠政策的系统性。首先,要考虑在未来文化产业发展格局和定位的基础上,按照科学的文化产业发展规划制定税收优惠政策,使文化产业形成优势互补的良性竞争态势。其次,要根据行业特点制定差异性的税收政策,并在此基础上综合利用税额减免、减计收入、加速折旧、投资抵免、税额减免等手段加大对企业的税收优惠,对生产、投资、销售、消费等领域进行全方位的税收激励。特别是要加强对中小型企业的税收优惠支持力度,提高其增值税和营业税的起征点,加大其税收返还力度,对其投资损失允许税前列支,等等。

课题组组长:胡延生

课题组副组长:李晓玲

课题组成员:沈东明 王　康郑　阳 申世杰

　　　执笔:王　康

沈阳市促进文化产业发展的财税政策研究

辽宁省沈阳市财政科研所课题组

胡锦涛总书记在党的十七大报告中专门论述了要"推动社会主义文化大发展大繁荣",高度评价了文化在有中国特色社会主义现代化建设中的地位和作用,文化越来越成为民族凝聚力和创造力的重要源泉,综合国力竞争的重要因素,报告号召全党全国人民更加自觉、更加主动地推动社会主义文化大发展大繁荣,掀起了社会主义文化建设新高潮。改革开放以来,我国的经济建设取得了令人瞩目的成就,相对经济成果而言文化的发展与进步相对滞后。党的《决定》对于文化事业来讲无疑是一个振奋人心的喜讯。文化大发展大繁荣,需要全民族的文化自觉,不能纯粹靠文化的自发发展,尤其是在现代社会,需要有识之士的推动,特别是需要先进政党的推动。党在新形势下召开这样一次会议,标志着对文化建设的认识达到了一个新的高度。

一、文化产业的概念及范围

(一)文化产业的概念

对于文化产业的定义,没有一个统一的规定,但大体分为广义和狭义两种。

联合国教科文组织对文化产业的定义包括可以由工业化生产并符合四个特征(即系列化、标准化、生产过程分工精细化和消费的大众化)的产品(如书籍、报刊等印刷品和电子出版物有声制品、视听制品等)及其相关服务,而不包括舞台演出和造型艺术的生产与服务。这是一种比较通行的对文化产业的狭义定义,反映的主要是经营性文化产业范畴。

目前我国对文化产业的官方定义是一种广义定义。2004年,国家统计局在与中宣部及国务院有关部门共同研究的基础上,制定了《文化及相关产业分类》,其中将文化及相关产业的概念界定为:为社会公众提供文化、娱乐产品和服务的活动,以及与这些活动有关联的活动的集合。这一概念及分类适用于统计及政策管理中的文化及相关活动。可见,我国对文化产业的定义既包含了狭义的文化产业概念,也包含了作为经营性文化产业的源泉和基础的公益性文化事业。本文采用了文化产业的广义概念。

(二)文化产业的范围

根据《文化及相关产业分类》的划分,文化及相关产业包含新闻服务,出版发行和版权服务,广播、电视、电影服务,文化艺术服务,网络文化服务,文化休闲娱乐服务,其他文化服务,文化用品、设备及相关文化产品的生产,文化用品、设备及相关文化产品的销售等九个方面。其中,新闻服务,出版发行和版权服务,广播、电视、电影服务,文化艺术服务构成了核心层;网络文化服务,文化休闲娱乐服务,其他文化服务构成了外围层;文化用品、设备及相关文化产品的生产,文化用品、设备及相关文化产品的销售构成了相关层。核心层和外围层是文化产业的主体,相关层是补充。

二、沈阳市文化产业发展概况

沈阳有着深厚的文化底蕴与丰富的文化资源,注定了沈阳作为历史文化名城的特殊地位,为文化的大繁荣、大发展提供了可能。特别是 2009 年成为全国文化体制改革先进地区之后,以沈阳经济区上升为发展契机,以改革为动力,以政策为保障,积极稳妥扎实推进文化体制改革和文化产业发展,文化产业总体呈现稳步增长势头。

(一)总体情况

经过几年的努力,沈阳市文化产业已进入良性稳步发展阶段。2005—2010 年,文化产业总量逐年递增,占 GDP 比重逐年提高。2010 年全市文化产业增加值 232.7 亿元,是 2005 年的 3.1 倍,平均每年增长 25.0%;文化产业增加值占 GDP 比重由 2005 年的 3.65% 提升到 2010 年的 4.64%;且自 2007 年起,已连续 4 年占全市 GDP 比重稳定在 4% 以上(见表 1)。

表 1　2005—2010 年沈阳市文化产业增加值情况　　　（单位：亿元）

年份	文化产业增加值	占 GDP 比重（%）
2005	76.1	3.65
2006	96.1	3.81
2007	127.5	4.04
2008	160.3	4.24
2009	193.6	4.54
2010	232.7	4.64

据测算，2010 年全市文化产业实现增加值 232.7 亿元，比上年增长 20.2%，增幅高于全市地区生产总值现价增速 2.7 个百分点。文化产业增加值占全市地区生产总值的比重达到 4.64%，比上年提高 0.1 个百分点。

（二）分层情况

2010 年，以新闻出版、广播影视、文化艺术为主的核心层实现增加值 73.8 亿元，比上年增长 23.6%，连续两年在三个层次中保持最快增速，占全市文化产业增加值的 31.7%；以网络、休闲娱乐和其他文化服务等新兴文化服务为主的外围层实现增加值 61 亿元，增长 17.6%，占全市文化产业增加值的 26.2%；以文化用品、设备及相关文化产品的生产和销售为主的相关层在三个层次中规模最大，实现增加值 97.9 亿元，增长 19.4%，占全市文化产业增加值的 42.1%（见图 1）。

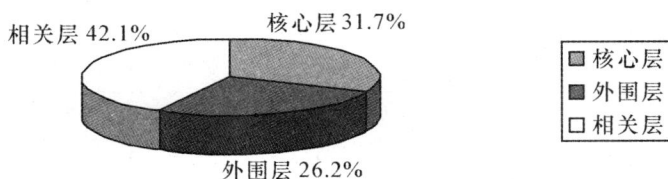

图 1　2010 年沈阳市文化产业三大层增加值构成

文化产业按照文化活动的重要性分为文化服务和相关文化服务两大部分。近年来，全市通过深化文化体制改革，整合文化资源，文化产业结构进一步优化。由核心层和外围层构成的文化服务实现增加值 134.8 亿元，占全市文化产业增加值比重由 2008 年的 56.7% 上升为 57.9%，提升了 1.2 个百分点；由相关层构成的相关文化服务实现增加值 97.9 亿元，占比由 2008 年的 43.3% 下降到 2010 年的 42.1%，下降了 1.2 个百分点，文化服务的主导作用更加突出。

(三)分行业情况

分行业看,实现文化产业增加值总量位居前3位的是:文化用品、设备及相关文化产品的生产,共实现增加值59.9亿元,出版发行和版权服务实现增加值40.3亿元,文化用品、设备及相关文化产品的销售实现增加值38.0亿元,3个行业共实现增加值138.2亿元,占文化产业增加值总量的59.4%。从增长速度看,网络文化服务增速最快,达38.1%,比上年提高了27.2个百分点,高于文化产业平均速度17.9个百分点;而出版发行和版权服务、广播电视电影服务、文化休闲娱乐服务以及文化用品、设备及相关文化产品的生产增速均超过20%(见表2)。

表2　2010年沈阳市文化产业增加值实现情况

层别	行业分类	增加值(亿元)	增长(%)	占全市文化产业增加值比重(%)	占全市GDP比重(%)
	合　计	232.72	20.2	100.0	4.64
核心层	第一部分　文化服务	134.9	20.8	57.91	2.69
	一、新闻服务	0.02	12.0	0.01	0.00
	二、出版发行和版权服务	40.3	27.4	17.3	0.80
	三、广播、电视、电影服务	20.3	25.1	8.7	0.40
	四、文化艺术服务	13.2	11.4	5.7	0.26
	核心层小计	73.82	23.6	31.71	1.47
外围层	五、网络文化服务	0.7	38.1	0.3	0.01
	六、文化休闲娱乐服务	28.4	21.3	12.2	0.57
	七、其他文化服务	31.9	14.1	13.7	0.64
	外围层小计	61.0	17.6	26.2	1.22
相关层	第二部分　相关文化服务	97.9	19.4	42.10	1.95
	八、文化用品、设备及相关文化产品的生产	59.9	20.9	25.7	1.19
	九、文化用品、设备及相关文化产品的销售	38.0	17.1	16.3	0.76
	相关层小计	97.9	19.4	42.10	1.95

随着文化环境日臻完善,居民文化消费信心进一步增强,沈阳市文化消费市场实现了较快增长。2010年,全市城镇居民人均消费支出16961.5元,其中居民人均文化娱乐用品和服务支出1209元,占城镇居民人均消费支出比重的7.1%,比上年增加415.9元,占比提高了2.3个百分点。农民人均消费支出5388.1元,其中文教娱乐用品及服务支出557元,占农民人均消费支出比重的10.4%,比上年增加79元,占比提高了0.5个百分点。

三、文化产业的发展成果

2003年,沈阳市作为全国首批文化体制改革综合试点城市,于2008年全面完成试点工作任务。2009年起,沈阳市被连续列为全国文化体制改革先进地区,沈阳文化发展突飞猛进,实现了历史性突破。

(一)合理编制文化产业发展规划,优化产业布局

沈阳市委、市政府为进一步推进文化产业发展,先后颁布了《关于推动文化大发展大繁荣的决定》,修编并出台了《沈阳市2008—2012年文化产业发展规划纲要》,下发了《关于推进重大文化产业项目的实施意见》,召开了"深化文化体制改革,加快文化产业发展座谈会",以及"沈阳市推进文化产业发展经验交流会",广研众智,集思广益,不断研究解决发展中的问题。在此基础上,结合沈阳城市未来发展,出台了《沈阳市"十二五"时期文化产业发展规划》,确立了"一轴、两翼、三中心、四大集聚区、五大交易市场"的空间布局,实现了科学规划、合理布局,突出了地区特色和资源优势,进一步优化了文化产业布局,提高了文化产业集中度,强化了文化与科技的融合,推动了文化产业向规模化、集约化、专业化转变。

(二)积极推进文化产业基地(园区)建设,提高产业集中度

沈阳市在"东西南北中"的城市空间布局中,规划了东部棋盘山文化旅游基地、西部胡台包装印刷产业基地、南部浑南动漫产业基地、北部沈阳文化产业基地、中部"故宫方城"文博旅游产业基地。目前,东部国家级棋盘山文化产业示范区中,引入的15亿元中华名人园及中国书法公园、中国工艺美术产业博览园、中国卡通娱乐城、泗水生物科技产业园、路虎创意园等十大项目顺利落地开工建设。西部胡台包装印刷产业基地现已启动120万平方米,78家企

业形成生产能力，产值达 72.9 亿元。南部浑南动漫产业基地中，入驻企业近 150 家，入驻企业注册资本总额突破 3 亿元，全年产值达到 15 亿元，数部电视动画片在中央电视台播出。北部沈阳文化产业集聚区，由最初的辽宁现代传媒产业园，发展成由投资 200 亿元的沈北华强文化科技产业园区、"123"文化创意产业园、法库陶瓷文化创意产业园等组成的文化产业集聚区。中部"故宫方城"改造工程已投入资金 2 亿元，建设初具规模。

(三)推动科技进步与文化产业的结合，不断增强自主创新能力

沈阳市为浑南动漫产业基地提供了 5 座动漫大厦，产业用房面积达到 20 万平方米，投资 4200 万元建成了亚洲一流的公共技术服务平台，可为 200 家以上企业提供 24 小时全负荷运转服务，极大地提高了基地企业动漫制作效率和水平。目前，基地拥有 4D 技术自主知识产权的沈阳四维数码科技有限公司，其年生产作品 5500 分钟，占全市一半以上的沈阳非凡创意动画制作有限公司，拥有国际知名杂技品牌的沈阳杂技演艺集团有限公司，拥有原创动漫作品《招财童子》民族动漫品牌的辽宁治图文化传媒有限公司等，都实现了快速的发展。

(四)多渠道搭建文化产业投融资和交易展示平台，加快运用文化资源向运作文化资本方向转变

2010 年 6 月 2 日，沈阳市成立了注册资金 500 万元的辽宁·沈阳文化产权交易所有限公司(以下简称文交所)。文交所的建立是建设新型文化投融资体制的大胆尝试，目的是逐步让文化企业承担文化市场投资和融资的效益和风险，成为自主经营、自我积累、自我发展、自我激励、自我约束的市场运营主体，最终让市场在文化资源和要素的配置中发挥基础性作用。目前文交所发展势头良好，成立的当天，即实现进场交易项目 52 项，交易总额达 190 亿元。2011 年 6 月，文交所主动引入民营投资者，达成投入民营资本 600 万元，并于 2011 年 11 月 25 日进行工商注册，完成了文交所的股份制改造，实现了总投入 1500 万元的国有控股改造目标。文交所股份制改造后，为进一步健全完善文化产权交易服务平台功能、提供优质市场化服务奠定了发展基础。

(五)不断拓展文化产业发展空间，逐步提升沈阳经济区文化核心产业的集聚效应

沈阳市以浑南动漫产业基地为核心，吸引周边动漫制作企业加盟，入驻企

业增加近 50 家。2011 年,与沈阳经济区其他城市达成一体化发展共识。2012
年,通过专题调研,助推了沈阳杂技演艺集团公司、沈阳京剧团、沈阳评剧团进
行资源整合的进程。为实现标志性公共文化设施对沈阳经济区的辐射和引领
作用,沈阳文化艺术中心建设又向前推进了一大步,总面积扩大到了 8.5 万平
方米,主体建筑中央剧场增加到 1800 座,音乐厅增加到 1200 座,多功能厅增加
到 500 座,并定于 2013 年竣工。此外,还加速推进沈报集团与辽报集团的战略
合作进程,加强了对沈阳经济区的宣传报道,与各市媒体的新闻联动,加快推
进了沈阳网、沈阳出版社成为八城市共享新闻发布平台、图书出版平台建设进
程,紧紧围绕文化、旅游共享,推进了"电影同城化"和旅游一体化。

(六)坚实推进文化体制改革,广播电视事业成绩喜人

作为沈阳市文化体制改革的重大举措之一,沈阳人民广播电台和沈阳电
视台合并组建成沈阳广播电视台,标志着沈阳广电媒体资源整合成为现实。
整合后的沈阳广播电视台形成了以节目生产和产业经营两大业务为主体的崭
新格局。正式开播的沈阳网络电视及整合后的沈阳广播电视网站,形成了以
广播电视媒体为依托的全新网络传播平台。目前已经拥有 6 个广播频率、5 个
电视频道和 1 个网络电视台。《直播生活》《娱乐二人转》等特色栏目不断深
化,始终保持旺盛活力。频率频道结构不断优化,都市广播节目收听率和综合
频道节目收视率在辽沈地区首屈一指,荣获了"中国广播电视最具民生影响力
媒体 30 强"称号。

(七)加强艺术与表演精品创作,做大做强传统娱乐演出产业

近年来,沈阳市艺术创作与表演取得丰硕成果。评剧《我那呼兰河》,话剧
《信访局长——潘作良》,杂技《孔子》《海盗》,京剧《海瑞背纤》等一批重点剧
目,在国内外重大艺术赛事中引起强烈轰动和震撼。其中大型现代评剧《我那
呼兰河》连续夺得三项国家级赛事的金奖(第一名),并应邀亮相国家大剧院,
成功入选国家舞台艺术精品十大重点资助剧目,赢得了新中国成立以来沈阳
舞台艺术的最高荣誉。被文化部领导誉为"对中国评剧事业的重大贡献",实
现了沈阳艺术史上重大历史性突破,被授予市长特别奖。

沈阳杂技演艺集团先后创排了《梦幻》《龙幻》《孔子》《道》《海盗》等系列杂技
精品晚会,分别在亚洲、欧洲和南北美洲的 20 余个国家和地区进行了 4000 多场
商业演出。情景杂技秀《天幻Ⅱ——太阳鸟》,更是成功打入了国际高端演出市
场,签下了 3 年 800 场演出合同,所到之地均掀起新一轮中国杂技热。沈阳杂技

演艺集团也因此连续 6 年被列入《国家文化出口重点企业名录》。

沈阳市创排的乐舞剧《遥远的察布查尔》赴新疆演出,盛况空前,好评如潮。话剧进行了小剧场演出的积极探索。国家一级评剧演员周丹喜获第 25 届中国戏剧梅花奖。市艺术学校承担了为新疆查县培养 34 名锡伯族艺术人才的光荣任务,为沈阳市援疆工作作出了突出贡献。

(八)发挥文化遗产的社会功能,塑造文博事业的崭新形象

完成了首次非遗普查工作,共收获项目线索 16 大类别 3800 余条;出版了《普查文集》,为全省文物普查工作树立了样板;第三批省级非遗保护名录中沈阳市有 9 个项目成功入选,为各市之首;市非遗中心荣获"全国非物质文化遗产保护工作先进集体"荣誉称号,成为辽宁省唯一获此殊荣的单位。

全市现有各类博物馆 36 家,年接待参观群众 300 余万人次。"九一八"历史博物馆、中共满洲省委旧址纪念馆、周恩来少年读书旧址纪念馆、抗美援朝纪念馆等博物馆、纪念馆先后免费开放。其中"九一八"历史博物馆成功跻身国家一级博物馆行列,沈阳金融博物馆《走近金融世界》及"九一八"历史博物馆《"九一八"历史陈列》先后获得全国博物馆十大陈列展览精品奖。"沈阳故宫"与"台北故宫"达成实质性合作意向,对外交流取得突破性进展;成功举办了全国文化遗产保护宣传讲解大赛,受到国家文物局和全国 28 个参赛省市的高度评价,产生了极为广泛和深远的影响。

沈阳故宫博物院推出《院藏近现代名家书画展》展览;张氏帅府博物馆推出《百年张学良》展览;中共满洲省委旧址纪念馆推出《中国共产党对东北抗战的历史贡献》巡展等;沈阳故宫博物院、张氏帅府博物馆分别在台湾成功举办了《大清盛世展览》《康熙大展》和《百年张学良展览》,成果显著,意义深远。全市在积极打造各种精品展览,满足市民文化需求的同时也让更多的人了解沈阳、热爱沈阳、奉献沈阳。

四、财政对文化产业的投入情况

(一)积极促进文化产业健康快速发展

一是支持艺术精品生产。为进一步繁荣沈阳市艺术舞台,本着"促精品、惠民众"的支持理念,市财政 2011 年投入专项资金 630 万元用于支持精品舞台

剧目的创排、参赛及演出,如现代评剧《我那呼兰河》继夺得"文华大奖"之后,又成功入选"国家十大舞台艺术精品工程",填补了沈阳市戏曲舞台艺术最高奖的空白;2012 年创排的新编历史京剧《将军道》在第六届中国京剧艺术节上夺得金奖,是沈阳艺术舞台上的又一部精品力作;为锡伯族同胞量身打造的乐舞剧《遥远的察布查尔》及为纪念建党 90 周年创排的"红色经典演出季"系列剧目好评如潮。二是打造长效机制。为给舞台艺术精品创作注入持久动力,沈阳市财政经过多方调研,从 2011 年起,每年在文化产业发展专项资金中安排 2000 万元资金专项扶持市属艺术院团的发展,主要用于重点院团设备购置、场所维修、剧目创排复排、人才引进、公益性演出场次补贴、优秀剧目参赛补助、获奖作品奖励等方面的经费支出,从而将财政政策的保障和激励功能紧密结合起来,推动舞台艺术精品的产生。三是市财政每年列支 2000 万~3000 万元作为动漫产业发展专项基金,对骨干文化企业和重点文化产业项目进行重点扶持。沈阳非凡动画制作有限公司已位列全国原创电视动画片生产企业第七位,其作品 365 集共 3000 分钟的三维动画片《兜兜的世界》在中央电视台热播,2011 年年底完成的 5 部 500 集共 6000 分钟的三维动画片《无敌悠悠》将一跃进入全国前三甲,在国内动画界声名显赫。沈阳蓝火炬软件有限公司自主研发制作的两款大型网络游戏《炫舞吧》《幻想之翼》在东北地区正式上线运营。四是从文化发展专项资金列支 1000 万元,设立文化企业贷款担保资金,并与沈阳恒信担保有限责任公司签订了委托运作协议,重点为中小文化企业创业、扩大生产经营规模、设备引进、产品研发、艺术创作等提供贷款担保。截至 2011 年年底,共为中小文化企业完成贷款担保额度 7140 万元。

(二)大力支持群众文化活动

2011 年,沈阳市继续加大财政投入力度,支持开展群众文化活动。一是大力支持基层群众文化活动。投入资金 250 万元,支持开展了"文化四进社区"、全民读书月活动、大学生文化节等各类群众文化活动 1.3 万场,参加群众达 1235.4 万人次;投入专项资金 170 万元,支持举办了第十三届中国老年合唱节,来自全国 24 个省、自治区、直辖市的 47 支合唱团、近 3000 人参加了合唱节的展演活动,参与活动的群众达 40 余万人次,极大地丰富了广大市民的精神文化生活。二是扎实推进公益电影放映工作。继续实施城市公益电影放映场次补贴政策,同时充分发挥财政政策的导向作用,协调、引导文化部门积极探索新的放映模式,即着重向基层普及、向特殊群体延伸,增加面向建设工地的农民工、在校大学生、社会福利机构的孤寡老人和孤残儿童这几类特殊群体的专项放映活动,全年城市公益电影放映工程累计放映 4530 场,观影群众运 150 万人次,被文化部评为"十大文化创新工程"。三是支持实施艺术惠民"双百万"工程。投入专项补贴资金 679 万元,支持开展面向广大群众的公益性艺术培训及公益性演出活动,全年累计免费培训市民 151.3 万人次,艺术共享工程累计受益人群 203.3 万人次,成功搭建了沈阳市民"免费走进艺术殿堂、共享艺术繁荣成果"的新平台。

(三)支持纪念馆、博物馆免费开放

投入免费开放补助资金 263 万元,继续支持沈阳"九一八"历史博物馆、中共满洲省委旧址纪念馆等纪念馆、博物馆向全社会免费开放,扩大了受众规模,更好地发挥了博物馆、纪念馆的功能,取得了良好的社会效益。另外,投入 210 万元专项资金支持文博场馆改陈布展,提升各场馆展览水平,更好地为广大市民服务。

(四)坚持市场化运作,突出向市场倾斜的扶持理念

支持举办第九届东北印刷包装技术设备产品展览会、第四届东北文博会等重要文化产业活动。其中,东北文博会推出文化产业项目 280 余项,参展商及观众突破 200 万人次,总签约额达 300 亿元,创展会历史新高。

表 3　沈阳市财政对文化投入的经费统计　　　　　　　(单位:万元)

年份	文化投入经费数	
	全市	其中:市本级
2007	74420.23	53858.05
2008	73395.35	54005.72
2009	86760.82	67351.37
2010	87477.13	67818.48
2011	84615.17	64925.24

注:此表数据来源于决算数据,2011 年度决算尚未更新,存在缺口。

五、文化产业发展中存在的主要问题

虽然沈阳市文化产业连续 5 年实现两位数的快速增长,但其发展过程中

仍然存在一些值得关注的问题,主要表现在以下几方面。

(一)公益性文化事业与经营性文化产业界限模糊

长期以来,我国文化单位大都采取事业体制,实行事业单位企业化管理。自 2003 年起,文化体制改革坚持一手抓公益性文化事业、一手抓经营性文化产业,把文化单位区分为公益性和经营性两种类型,并致力于推动经营性文化事业单位转制为企业,建立现代企业制度,使其成为合格的文化市场主体。但是在实际改革的进程中,公益性文化事业与经营性文化产业之间仍然存在界限模糊的问题。

从宏观管理角度看,现有的经营性文化企业多为事业单位或由事业单位转制而成的国有企业,产权不明晰、企业制度不健全,也习惯于原有的财政保障为主的经费来源渠道,严重缺乏成为市场主体的动力和抵御市场风险的能力,在从事市场经营的同时,仍然需要依靠政府补贴或上级主管部门提供的特许经营权来维持生存,无法充分体现其经营性。而公益性文化单位,凭借仍然保留的事业单位身份,以及依附其上级主管部门而取得的社会资源、经济资源方面的优势及垄断地位,可以取得远高于行业水平的收入,使其公益性活动沾染了浓重的经营色彩。

从文化产业单位的日常活动看,公益性文化事业单位如图书馆、博物院等受目前财政经费保障体制及地区经济发展水平限制,不得不通过各种渠道开展经营活动,如资料复印、有偿讲座、有偿展览等来解决生存与发展中面临的资金困扰压力。经营性文化产业单位如电影公司、艺术院团等,为了满足群众文化需要,还要承担"文化惠民"、公益电影放映、"文化大篷车"等公益文化任务。本属公益的,公益属性模糊;本属市场的,市场属性不明。结果是,公益性文化事业长期投入不足,缺乏为人民服务的动力和活力;经营性文化产业长期依赖政府,缺乏闯荡市场的实力和能力。

(二)文化产业整体规模小,结构不均衡

一是从总量上看。文化产业的发展还很不充分,具体体现在丰厚的文化资源没有得到充分利用和有效配置,虽然文化产业发展增长较快,但城镇居民人均文化消费支出占消费性支出比例上升迟缓。造成一方面大量的文化资源闲置浪费,另一方面人民群众日益增长的精神文化需求又难以得到满足,从而导致社会上蕴藏的巨大的文化消费潜力没有得到有效发掘。二是从规模上看。沈阳市文化企业主要以中小企业为主。反映在人员规模上,2010 年全市

文化产业法人单位户均从业人员不足 21 人,低于 2008 年第二次经济普查全国 22 人的平均水平。反映在经营规模上,资产上亿元、年收入上千万元的经营性文化产业法人单位(集团)不足全部文化产业法人单位的 6%。文化企业规模偏小,直接影响全市文化产业集约化、规模化水平的提高。同时,各行业之间规模差异较大,规模较大的仍然集中在传统文化行业上,而一些新兴行业规模仍很小,市场竞争力和抗风险能力较弱。三是从结构上看。文化用品、设备及相关文化用品的生产,文化用品、设备及相关文化用品的销售,出版发行和版权服务三个行业遥遥领先,增加值合计达 138.2 亿元,占九大行业增加值总额的 59.4%;相比之下,新闻服务、文化艺术服务、网络文化服务三个行业增加值合计为 13.9 亿元,仅占九大行业增加值总额的 6.0%。透视出全市文化产业内部结构发展还欠合理,文化产业增长潜力还需进一步激发和挖掘。

(三)文化产业人才的稀缺和人才培养的匮乏

近年来,沈阳市的文化产业单位承续历史辉煌,创排了《我那呼兰河》等一批精品剧目,《兜兜的世界》等优秀文化产品不断涌现,文化产业交易稳步增长。但喜人成绩的背后,突出存在着骨干人才稀缺、后备人才不足等制约因素。一是文化产业管理人才知识结构老化,视野不宽,观念陈旧,缺乏开拓创新精神,跟不上改革的步伐。二是由于受收入水平、投入规模、产品化能力限制,文化产品创编、开发人才严重不足,文化产品创新周期较长、技术落后、档次不高、缺乏时代感,无法充分满足人民群众日益增长的精神文化需求。三是市场开发人员短缺,使得文化产品缺乏进入市场的渠道,以及好的产品和创意进入市场后无法取得相应的市场反映,从而使投资的回收期加长或无法收入,影响投资者对文化产业投资的积极性。这不仅造成人力资源的浪费,还压抑了现有人才的积极性、创造性,对文化的发展进步产生了不利的影响。

六、进一步推进文化产业发展的意见和建议

(一)继续加大对公益性文化事业的投入,为文化产业的发展提供广泛的消费基础

一是继续加大对"文化四进社区"、艺术惠民"双百万"工程、公益电影放映等群众文化活动的投入,并积极对新形式的群众文化活动给予财政补贴,不断

丰富基层广大人民群众的精神文化生活,夯实群众文化基础。二是完善"以奖代拨"措施,提高对公益性院团及其他公益性文化单位创作优秀文化产品的财政奖励额度,提高创作积极性,促进公益性文化事业单位不断创作出优秀作品,丰富文化市场。三是落实好对公益性事业单位给予的营业税、所得税等税收减免政策,对转制、分流人员安置所需资金给予一定的支持,并提高公益性场次补贴标准,消除公益性文化事业单位发展中的后顾之忧。四是逐步扩大免费开放的博物馆、纪念馆范围,扩大受众规模,提高基层人民群众文化活动参与度、文化欣赏能力和艺术品位,不断充实文化产品消费基础。

(二)加大财政扶持力度,推动公益性文化事业和经营性文化产业健康、有序发展

一手抓公益性文化事业、一手抓经营性文化产业,是党的十六大以来文化建设认识上的一个重大突破,文化发展实践上的一个重大创新。一方面,政府必须高度重视公益性文化活动所能创造的社会效益和经济效益,健全公共财政体制,千方百计拓宽资金投入渠道,设立支持发展、奖励、补助等专项资金,重点扶持投资大、见效慢、收益低的公益性文化事业,并完善相关政策、措施、程序,提高补助标准,促进公益性文化事业的发展,切实发挥公益性文化事业的公益性和普惠性。另一方面,要充分发挥财政资金的引导作用,通过"以奖代补"、财政贴息、融资担保等方式,引导社会资金投入经营性文化产业,促进文化产品开发和文化作品创作,提高文化产品供给能力,提升经营性文化产业的生存能力和市场竞争力;同时,加大财政在现代文化产业公共信息平台、技术平台、重大基础设施方面的投入,为经营性文化产业发展营造良好的基础环境。

(三)支持产业结构优化,做大做强文化产业

一是将文化产业纳入营业税改征增值税试点范围,并适用较低税率,降低文化企业税率负担,增强文化企业盈利能力,促进文化产业较快发展。二是充分发挥财政资金的引导作用,引导民间资本向新闻服务、文化艺术服务、网络文化服务等发展潜力巨大的行业投入。三是在目前税收优惠的基础上,适当提高各类文化企业技术研发费用税前抵扣比例,对文化企业技术转让、技术开发和与之相关的技术咨询、技术服务收入适用较低税率水平,对文化产品出口给予营业税、所得税减免优惠,刺激文化产业加速技术革新,推动相关文化服务企业快速发展。四是优先扶持业绩优良、发展前景好的文化企业上市,通过

股票上市、债券发行、股权置换的方式筹措发展资金。鼓励各类创业风险投资机构和信用担保机构对发展前景好、吸纳就业多以及运用新技术、新业态的文化企业开展业务。

(四)实施积极政策,鼓励和支持文化企业加强人力资源建设

一是将文化企业人才引进纳入地区人才发展专项资金扶持范围,通过政府补贴的形式鼓励相关企业引进人才,同时将文化人才列入优秀专家评选范围并享受相关政策,提高文化人才待遇。二是对文化产业从业人员演出收入、技术转让收入、相关技术咨询收入等收入个人所得税实行优惠政策,提高从业人员研发、创作的积极性。三是适当提高文化企业研发人员工资支出、从业人员培养支出等人力资源建设方面支出在税前的抵扣比例,鼓励文化企业加大人力资源投入。

课题组组长:吴景峰

课题组成员:吴景峰　姜　东　赵　梅

执笔:姜　东

西安市促进文化产业发展的财税政策研究

陕西省西安市财政局课题组

文化产业是以生产和提供精神产品为主要活动,以满足人的文化需要为目标的从事文化产品生产和提供文化服务的经营性行业。发展文化产业,既是满足人民群众日益增长的精神文化生活的客观需要,也是党推动社会主义文化大发展大繁荣的主观要求。从经济角度看,更是当前及今后一段时期经济发展的重要增长极。从文化产业发展的现状、问题看,西安之于全国和我国之于世界有一定相似性,本文重点通过对西安市文化产业发展现状进行深入剖析,总结梳理西安市财税支持文化产业发展政策实施情况,深入分析文化产业发展过程中存在的问题,从财税角度提出相关建议。

一、"十一五"以来西安文化产业发展现状

自 2003 年西安被确定为全国文化体制改革综合试点城市之后,文化产业得以快速发展,尤其是"十一五"以来,西安文化产业发展步入快车道,已初具规模,主要呈现以下特点。

(一)地方各级政府高度重视文化产业发展

西安作为历史文化名城,历届市委、市政府均高度重视文化产业发展,但由于西安属于西部落后地区,地方政府财力有限,对于西安文化产业的发展支持力度较弱。"十一五"以来,随着西安社会经济发展步入快车道,政府财力逐步增强,民间资本逐步壮大,人民生活水平日益提高,官方及民间对于发展文化产业的呼声越来越高,逐步在全市上下形成了大力促进文化产业发展的共识。西安市委、市政府认真贯彻落实中央、省政府等一系列有关文化建设的文件精神,结合西安实际,先后出台了一系列加快文化产业发展的政策措施。其中《西安市加快发展文化产业实施方案》和《关于深化文化体制改革和加快发展文化产业的实施意见》为指导西安文化产业发展的纲领性文件,确定了西安

市文化产业发展的思路、目标及发展重点,为西安文化产业发展勾画了美好蓝图。为推进西安市文化体制改革工作,制定了《西安市文化体制改革中经营性文化事业单位转制为企业的规定》;2010年,专门出台了《西安市深化文化体制改革总体方案》,积极稳妥地促进了经营性文化事业单位转制。此外,还相继出台了《西安市文化产业发展专项资金管理暂行办法》《关于加强公共文化服务体系建设的实施意见》《西安市文化体制改革中支持文化企业发展的规定》,内容涉及财政税收、投融资方法、资产和土地处置、工商管理等方面,文化投入逐年增加,进一步健全了西安文化产业发展政策,为西安文化产业发展提供了坚实的政策保障。据统计,全市文化产业投入从2009年的4.94亿元,增加到2011年的9.76亿元,增加了近2倍。其中,2011年市本级投入达7.58亿元。各区县开发区也进一步加大文化投入,其中仅曲江新区2007—2011年财政对文化投入资金就达到6.14亿元。

(二)文化产业成长为支柱产业

"十一五"期间,全市文化产业产值逐年增加,对国民经济贡献率稳中攀升。2006—2010年,西安文化产业增长幅度分别为15.75%、24.96%、27.71%、24.65%、19.10%,平均增幅为22.43%;文化产业增加值占GDP比重分别为5.06%、5.39%、5.50%、5.54%、5.68%,平均为5.43%,连续五年超过5%,发展呈现出快速上升趋势(见表1、表2)。文化产业已经占牢西安经济五大支柱产业之一的位置,后发优势得以彰显。

表1　"十一五"期间西安文化产业增加值、增速及占GDP比重情况

年份	文化产业增加值（亿元）	增速（%）	GDP增速（%）	文化产业增加值占GDP比重（%）
2006	77.93	15.75	14.20	5.06
2007	99.98	24.96	14.60	5.39
2008	127.44	27.71	15.60	5.50
2009	151.02	24.65	14.50	5.54
2010	184.03	19.10	14.50	5.68

表 2 "十一五"期间西安文化产业主要指标数据　　（单位：亿元）

层别	文化产业分类	2006 年增加值	2007 年增加值	2008 年增加值	2009 年增加值	2010 年增加值
核心层	新闻服务	0.09	0.10	0.16	0.16	0.18
	出版发行和版权服务	16.42	19.95	29.74	33.39	39.37
	广播电影电视服务	6.31	8.11	11.79	14.66	17.17
	文化艺术服务	9.08	11.37	12.09	15.36	18.73
	核心层小计	31.82	39.53	53.78	63.57	75.45
外围层	网络文化服务	1.41	1.90	2.90	3.11	3.86
	文化休闲娱乐服务	8.38	11.73	24.03	31.36	40.02
	其他文化服务	3.95	5.94	10.03	11.83	14.72
	外围层小计	13.74	19.57	36.96	46.30	58.70
相关层	文化用品、设备及相关文化产品的生产	17.41	20.52	16.69	17.73	21.67
	文化用品、设备及相关文化产品的销售	11.82	13.94	20.01	23.42	28.21
	相关层小计	29.24	34.46	36.70	41.15	49.88
合　　计		77.93	99.98	127.44	151.02	184.03

注：2010 年数据根据 2009 年推算而得。

（三）特色文化格局基本形成

近年来，在西安市委、市政府的高度重视下，通过大力实施资本推动、板块推动、项目推动战略，形成了特色鲜明的文化产业"七大板块"。一是以唐文化、影视产业及会展业为主的曲江新区板块，是陕西省和西安市确立的以文化产业和旅游业为主导的城市发展新区，是西安文化产业先行先试的核心区域。二是以文化创意产业为核心竞争力的高新区板块，已经拥有 2000 多家文化创意企业，涉及数字传媒、影视及文化资源数字化与交易、研发设计、数字化版权交易及数字娱乐五大产业领域。三是以印刷包装产业为主体的经济开发区文化产业板块，已有人民日报社西安印务中心、陕西双健包装有限公司等为龙头的 41 家企业建成投产。四是以文物保护和旅游市场开发为目标的西安城墙景区板块，其彰显了城墙景区文化旅游发展特色。五是以广运潭、丝路国际区等生态旅游为亮点的浐灞生态区板块。六是以秦、唐及仰韶文化为旅游内涵的临潼区板块。七是以宗教文化旅游为主的秦岭北麓文化旅游板块。七大文化板块的带动作用使西安文化发展形成多层次、多主题、多元化的文化产业新格局。2007 年 8 月，曲江新区成为首批国家级文化产业示范园区（首批全国只有两家）；2008 年 10 月，西安关中民俗艺术博物院被国家文化部命名为"国家级文化产业示范基地"；2009 年 8 月，西安秦腔剧院股份有限公司被中央授予"全国文化体制改革先进企业"称号；2010 年 12 月，西安大唐西市文化产业投资有限公司被国家文化部命名为"国家级文化产业示范基地"；2011 年，西安高新区、西安经开区先后被国家新闻出版总署命名为"国家级数字出版基地"、"西安国家印刷包装产业基地"；2012 年，曲江新区被科技部、中宣部等五部委联合授予"国家级文化和科技融合示范基地"，曲江文化产业投资（集团）有限公司被中宣部等五部委评定为全国"文化企业 30 强"。

（四）文化体制改革步伐加快

西安是全国文化体制改革试点城市，"十一五"期间，全面推进文化体制改革，已基本完成文化单位事转企改革。2009 年 8 月底，西安话剧院、西安出版社等六家经营性文化单位转企改制工作圆满完成，市场主体得到进一步壮大。2009 年 8 月，西安秦腔剧院股份有限公司被评为"全国文化体制改革先进单位"，该公司创排的大型秦腔现代戏《柳河湾的新娘》荣获国家"五个一工程奖"和"国家精品剧目奖"。2010 年 9 月 29 日，西安市新华书店、西安市电影公司、西安秦腔剧院、西安话剧院、西安歌舞剧院、西安儿童艺术剧院、西安市豫剧团、西安说唱艺术团等 8 家文化企业移交曲江新区，由曲江文化产业投资（集团）有限公司根据文化企业的不同特点对其整合重组，进而打造一批有实力、有竞争力和影响力的文化企业集团。原来的国有经营性文化事业单位转制为企业，壮大了文化市场的主体，也为文化产业的发展打下了良好基础。区县文化体制改革任务在全省率先全面完成，标志着全市文化体制改革和文化产业发展进入了一个崭新阶段。

（五）文化产业门类逐步齐全

《西安市加快发展文化产业实施方案》确立了西安市文化六大重点行业，分别为：广播影视业、文化娱乐业、新闻出版业、文化旅游业、文物及文化保护业和广告会展业。这六大行业是在符合西安市文化产业发展客观条件的基础上提出的,六大行业的发展在推动西安文化产业整体前进中发挥了巨大作用。"十一五"期间,六大重点行业一直保持着较高的增长势头,2007 年增加值为57.11 亿元,增速为 29.35%,比同期文化产业整体增加值还要高。文化旅游产业、文物及文化保护业一直是西安文化产业发展的传统强项,多年来已形成健全的发展体制,并在发展方法上面不断创新,屡创佳绩;散布在网络文化服务与文化休闲娱乐服务的文化娱乐业与其他文化服务中的广告会展业潜力无限,是"十一五"期间增长较快的板块,尤其是文化休闲娱乐服务业,因其符合了广大人民群众的文化消费需求,近两年来增长势头强劲,在以后的文化产业发展中将起到重要作用;广播影视业与新闻出版业作为国际内容产业文化发展潮流,逐步与国际接轨,创造了一批佳作。

(六)民营文化企业发展势头强劲

截至"十一五"末,西安地区各类民营文化企业已有 1 万多家,从业人员近40 万人。其中,民营文化企业及其从业人员共约占总数的 90%,已成为西安文化产业发展的一支生力军,特别是在影视、动漫、网络游戏制作、文博等文化创意产业的重头行业。经过"十一五"期间的发展,民营文化力量不断壮大,无论从人员素质,还是规模实力上,民营文化企业已经成为西安文化产业发展中一支不可或缺的重要力量,民营文化企业大规模地进入西安文化市场,成为西安文化产业一道夺目的风景。

(七)社会经济发展效益逐步提升

2011 年西安全市实现国内生产总值 3864.21 亿元,比上年增长 13.8%,增幅高于全国 4.6 个百分点。第一、二、三产业分别增长 6.7%、16.4% 和12.1%。在这个总体形势下,全市文化产业增加值达到 250.7 亿元,其中单位增加值 208.07 亿元,个体增加值 42.63 亿元,总增加值占全市 GDP 的6.49%,按可比价格计算增幅达 31.4%,文化产业在全市产业体系中的支柱作用愈加明显。从分层产业状况看,文化产业核心层实现增加值 102.71 亿元,增速达 30.8%;外围层增加值 84.07 亿元,增速 37.2%;相关层增加值 63.92亿元,增速为 25.3%。2010 年,西安已有文化产业法人和产业活动单位 4887个,增长 11.3%;西安全市文化产业从业人员 18.36 万人,文化产业法人和产业活动单位总资产达到 316 亿元,文化产业人均创造增加值达 8.22 万元,高于全社会从业人员人均创造增加值水平。

考虑到贯彻政策的时间及政策发挥效应的滞后性,通过以上总结不难发现,"十一五"以来,西安文化产业发展取得的成绩与我国整体文化产业发展历程是基本同步的。从政府和民众认知上看,2009 年我国出台的《文化产业振兴规划》标志着发展文化产业正式上升至国家战略层面,已形成全民共识,而西安是在 2012 年的党代会中将建设具有历史文化特色的国际化大都市写入总体目标的。从文化产业的发展程度看,2010 年 10 月,十七届五中全会通过了《中共中央关于制定国民经济和社会发展第十二个五年规划建议》,第一次提出了要"推动文化产业成为国民经济的支柱性产业",文化产业正式位列国家战略性支柱产业之中,2011 年文化产业已经成为西安的支柱产业。从特色文化格局看,全国基本形成了以北京、上海、武汉、广州等几个具有明显特色的文化产业大省,西安也形成了具有带动作用的七大文化产业格局。在文化体制改革、产业分类、公共文化及民营文化产业方面,西安也基本能够体现全国文化产业发展的基本现状。因此,西安文化产业发展的现状可以说是我国文化产业发展的一个缩影。

二、西安市扶持文化产业发展的财税实践

(一)实施重大项目带动战略,设立文化产业发展专项资金

西安市文化产业发展专项资金于 2006 年设立,重点支持列入《西安市加快发展文化产业实施方案》,有规模、势头好,具有引导、示范作用、经济和社会效益明显的动漫游戏、影视制作、文化产业服务平台建设,印刷包装基地建设等重大文化产业项目。按照《西安市文化产业专项资金管理办法》的规定,6 年来累计扶持文化产业项目 85 个,投资 9357 万元。实施主体包括区县、开发区、市级国有文化单位、企业和大量民营企业;项目涵盖了影视、出版、动漫、印刷包装等多个文化业态。文化产业发展专项资金投资规模从 2006 年的 1800 万元逐年增加到了 2012 年的 1 亿元,7 年增长了 5.6 倍,重点支持了西安动漫、大唐芙蓉园水幕电影、曲江影视、大唐西市、关中民俗博物院、印包产业基地建设等重大文化产业项目。区县投入也逐年加大,曲江新区于 2007 年设立 2 亿元的文化产业专项资金,用于扶持文化企业、文化项目、会展、影视、博物馆建设等;2012 年专项资金规模达到 3 亿元。

（二）不断改进和创新财政投入方式

累计投资 2.04 亿元,按照不同的项目类别,分别采取了奖励补助、股权投资、贷款贴息等形式,对 73 个项目进行了重点扶持,很好地发挥了重点项目在文化产业发展中的示范带动作用。市财政投资 1 亿元,参股成立了陕西省再担保投资有限公司,为中小文化企业融资发展提供了有力保障。2010 年组建成立了西安投资控股有限公司,把文化产业作为财政支持的重点,注册资本9.8 亿元,通过优先股权投入、项目运营等方式,重点支持了翠华山—南五台、太平—朱雀森林公园、户县渼陂湖文化旅游项目。西安曲江新区投入 30 亿元,设立包括大明宫文物遗址保护基金、法门寺慈善基金、楼观台道文化基金、曲江文化企业扶持基金、曲江"巨人"动漫人才奖学基金、创意文化奖励基金等8 大基金。曲江文化产业担保公司,年担保额度达 20 亿元;曲江文化产业风险投资公司,年投资达 10 亿元以上。西安高新区大力支持创意企业自主创新能力,2009—2012 年,财政每年安排专项资金 3000 万元,用以扶持创意产业的发展,主要用于支持原创动画片播出发行奖励、企业文化产品和服务出口奖励、原创作品奖励、原创游戏奖励、原创企业奖励、创意先锋奖励、房租补贴、贷款贴息、公共技术支撑服务平台运营企业补贴、吸引人才奖励、培训补贴。

（三）认真落实国家文化产业的各项政策措施

对凡符合国家关于高新技术企业税收优惠政策规定的文化企业,可享受相应的待遇,并按 15% 税率征收企业所得税;对政府鼓励的新办文化企业,自工商注册登记之日起,免征 3 年企业所得税;允许投资人以商标、品牌、技术、科研成果等无形资产作价入股组建文化企业;为生产重点文化产品引进先进技术或进口所需要的自用设备等,按现行税法规定,免征进口关税和进口环节增值税;对因自然灾害等不可抗拒或承担国家指定任务而造成亏损的文化单位,经批准,免征经营用土地和房产的城镇土地使用税和房产税。

（四）开展了非物质文化遗产保护工作

按照《关于加强我市民族民间传统文化保护工作的通知》和《关于加强西安市文化遗产保护和利用工作的通知》精神,2003 年西安市设立了非物质文化遗产保护专项经费每年 50 万元。到 2011 年,已公布了三批市级非物质文化遗产名录,名录项目 97 个。其中进入国家级非遗名录项目 1 个,省级非遗名录项目 55 个。户县被命名为国家级民间艺术之乡;周至集贤镇被命名为省级古乐之乡;3 人被列入国家级非物质文化遗产项目代表性传承人;27 人被列入省级非物质文化遗产项目代表性传承人。专项经费从 2012 年起增加到了每年 200 万元。

(五)推动文化体制改革

按照西安市《关于深化文化体制改革的实施意见》,2007 年全面完成了国有文化企业的改革改制,西安秦腔剧院、歌舞剧院等 8 家市属国有文化企业移交曲江新区,不仅实现了国有文化企业走向市场,成为市场主体,而且完成了曲江新区对文化企业的有效整合,为文化产业聚集、形成合力起到了积极作用。2011 年,按照全市文化体制改革工作部署,完成了西安日报、西安晚报的改革重组工作,顺利实现了西安报业集团挂牌运营。2012 年,西安电视台、西安广播电台改革合并方案经市委、市政府研究通过,步入实施阶段,这为两台更好地走向市场,发挥新闻媒体的舆论宣传和导向作用创造了条件。

(六)支持加强文物管理

设立了大遗址保护经费。大遗址保护专项经费中,中央和省级专项用于大型文物遗址保护开发利用的,年均投资达 1 亿~2 亿元。设立了支持民办行业博物馆发展专项资金。市级财政预算安排用于支持引导民办和行业博物馆建设与管理,将西安建设成为国际一流博物馆城市的专项资金。2012 年首次列入市级部门预算,安排经费 1500 万元,实施对民办和行业博物馆 2011 年运转情况考核后的补助及奖励。同时,按照《西安市民办(行业)博物馆考核办法》和《西安市民办和行业博物馆发展专项资金管理办法》,重点对各类具有独立法人资格、有突出成绩的民办和行业博物馆及相关的配套公共服务设施、策划精品旅游线路、引入博物馆建设等项目给予支持。

三、西安文化产业发展中存在的问题

(一)政府在文化产业的发展上存在越位和缺位现象

目前西安的文化产业已成为支柱产业之一,但西安的文化产业仍处于探索、培育市场阶段。西安是文化资源大市,却不是文化事业和文化产业强市。一方面,一些地方、部门普遍重视文化产业带来的经济贡献,然而,缺乏对于文化产业带来经济贡献的具体评估措施。另一方面,治理文化产业的理念普遍偏向于管制型政府,还没有完全向服务型政府转变,仅片面地认为发展文化产业就是让文化事业单位"走向市场""脱离财政""自谋出路""自行发展",忽视了现阶段文化产业的发展离不开政府各种支持,由此造成了西安的一些文化企业经营凸显自发性,且发展无规划、规模小、层次低、效益差、项目单调、零散无序,对西安优势文化资源及其产品的开发和利用、市场营运缺乏认识,产品产销营运渠道不畅,产品缺乏市场竞争力,市场开拓艰难,发展极不平衡。

(二)文化产业发展布局不平衡、不合理,龙头企业不大不强

近些年,西安的各大文化产业聚集区在集聚性、规模性、专业性和联动性发展方面都做了大量的工作,取得了一定的成绩和发展,在全国有名的文化产业园区崭露头角,但总体上还属于建设初期,重复建设、扎堆建设的现象比较严重,造成了文化资源的极大浪费。文化产业园区在发展过程中产业重叠严重,贪大求全的发展方式对西安文化产业整体发展较为不利,园区缺少集聚性、规模性、专业性和联动性的发展,没有更多关注周边产业配套的协作和完整产业链的建立,甚至有些项目还处于开发建设阶段,因此,规模效益和集群效应均难以展现。

(三)经营和管理体制亟待完善

由于西安的文化产业发展起步较晚,因而文化市场条块分割、各自为政的问题仍然较为突出。涉及文化产业管理的文广、文物、会展等行业主管部门从宏观调控、市场监管、产业政策、项目审批等方面一直到文化企事业单位的微观运行,行业分隔较为严重,仍然沿袭着老的管理方式。同时,文化企业的现代经营管理方式还没有完全建立起来,文化市场还没有建立起规范的准入和退出机制,也没有形成公平的市场竞争关系,参与改革的国有文化机构难以在真正的市场环境中学会生存之道,经营机制不健全,经营目标模糊,经营约束软化。西安文化产业在宏观管理、产业布局、人事财务等方面的管理体制,在投入产出、市场营销、扩大再生产等方面的运行机制,与产业化的要求还相差很远,市场化和产业化程度还是太低,行政干预色彩还是过浓,无法按照规范的现代企业方式运作。

(四)产业投资不足,文化产业发展的制度建设保障缺乏

尽管市级财政文化事业和文化产业发展资金投资力度不断加大,但距离

满足人民群众日益增长的精神文化需求还有很大差距,公益性文化设施、场馆、场所还远远不能满足需求;部分区县吃饭财政的状况难以落实文化投入保障机制,严重制约着全市文化建设发展;文化产业专项资金投资效益不明显的状况依然存在。缺乏有效的投融资机制,文化产业信贷准入政策、准入条件还不完善,文化产业贷款客户范围尚小,文化企业尤其是小微企业和民营文化企业的融资、贷款问题更为突出,严重制约了西安文化企业做大做强。

(五)重大项目策划不够,精品文化产品不多

文化企业创意、创新能力与开发西安广阔的文化资源所需的能力之间仍有一定差距,使得西安目前仅仅停留在对现有资源的重复开发,或者仅将眼光放在原有的或历史的发展点上,不能深入进行创新性、长远性和战略性思考。加之缺乏系统性、前瞻性、战略性的发展规划,尤其在准确把握国际国内文化产业发展总体趋势及其特点,依托资源优势,瞄准极具发展前景及潜力的文化产业,实现借势发展、错位发展的战略思路、战略目标、战略重点、战略举措、品牌打造,以及制定强有力的保障措施等方面,尚未提出明确意见和建议,措施也不够到位,导致产业发展重点还不够突出,震撼性文化产品不多,发展水平难以大幅跃升。

四、国外文化产业发展的启示

国外财政支持文化产业发展主要有以下四个特点:较大的政府财政投入,多元化的投资主体,优惠的政策环境,良好的法治环境。

美国对文化产业的财政支持主要表现在:一是提供优惠的政策环境,对某些非营利机构和文化基础设施提供必要的资金投入,以及采取财政、税收等间接的方式,引导和鼓励私人企业对文化产业的投资,一般不会干预文化产业的市场化运作;二是实现了文化产业投资主体的多元化,尤其注重通过法律法规和政策杠杆来鼓励各州、各企业以及全社会对文化产业进行赞助和支持;三是得益于财团的资助,以传媒为例,美国的主流媒体大多由各大财团控股,依靠财团巨大的财力和其他资源维持其运营。

法国政府非常重视文化产业,对文化及相关产业给予不同形式的财政支持或赞助,主要表现在以下方面:一是中央政府直接提供赞助、补助和奖金等,每一个从事文化活动的企业或民间协会均可向文化部直接申请财政支持;二

是地方财政支持,法国的大区、省、市、镇政府都有支持文化产业发展的财政预算;三是政府通过制定减税等规章鼓励企业为文化发展提供各类帮助,有关企业可享受 30％左右的税收优惠。

英国政府为支持和发展创意产业,建立了包括财政投入、税收政策在内的良好的政策框架,其针对不同文化产业的特点,采取不同的支持措施,对营利性文化产业,主要通过税收优惠等政策间接地进行支持。

国外文化产业投融资模式也有许多值得借鉴之处。在美国,实行多层次的文化产业投资体制,一是联邦政府投资大;二是吸收非文化部门和外来投资,来自于各大公司、基金会和个人捐助的数额远远高于各级政府的资助;三是形成了比较完善的融资体制。美国文化产业的金融介入程度比较高,在美国各个文化产业集团已经形成了比较完善的融资体制。在韩国,政府加大投入和鼓励社会各界向文化产业投资、融资;政府部门制定政策法规,设立各种专项基金,运作“文化产业专门投资组合”。在日本,中央、地方、民间一起投入,企业是日本文化产业发展壮大的主要投资及融资来源,而且所占比例越来越大;在进行文化信息产业的投资中,主要是采取“产学研”的协作体制。

五、促进西安文化产业发展的财税政策建议

(一)政府在文化产业发展过程中应定位明确

政府对于文化产业的发展究竟应该做什么、不做什么,尤其是对国有文化企业的投入与扶持,如何实现政企分开、在文化产业的市场经济中实现国有与民营公平竞争,这些都是实现文化产业发展必须明确回答的问题。政府部门应该做的就是尽可能为文化产业发展提供各种有力的保障,把各项有利于区域文化产业发展的政策、规章制度落实到位。应尽快制定出台《西安市文化产业促进条例》,并从政府职责、市场培育、资源人才、基金融资等方面,明确支持文化产业发展的鼓励政策。依法保护和利用本市各类文化资源,形成产业化。鼓励扶持文化产业园区和基地建设,形成文化产业集聚区;引导文化企业和中介机构进入文化产业园区和基地,促进产业集聚。发挥骨干企业的带动作用,鼓励文化企业跨地区、跨行业整合资源,提高竞争力。对不同文化企业提供不同的融资方案,除传统的流动资金贷款、项目贷款外,还须进一步探索知识产权、影视制作权等无形资产质押方式,多渠道解决文化产业普遍缺失抵(质)押

物的问题,优化资信评估和授信审批体系,提高信贷工作效率。同时,应将各项已有优惠政策落实到位,关中天水经济区及西部大开发优惠政策的叠加覆盖区,应该加大各项优惠政策的落实、宣传力度,确保各项优惠政策能落到实处。

(二)建立稳定增长的支持文化产业发展的投入机制

文化产业的发展需要稳定的资金投入,所以要进一步加大国家财政的文化经费投入,改进投入方式、调整投入结构,在预算安排上要尽可能达到总体事业经费的合理比例,集中有限的财政资金,确保重点公共文化服务的提供和优质文化产品的生产,形成稳定的经费保障机制,确保文化建设的财政投入逐年增长。

(三)充分发挥财政资金的杠杆和引导作用

加大政府资金投入,采取贴息、补助等方式,将文化产业发展专项资金重点用于文化项目启动、中小文化企业贷款担保、文化设施和信息网络平台建设、高技术化改造等方面。建立财政出资的风险准备金制度,对包括中小文化企业在内的贷款风险损失进行一定补偿。加大对文化产品的政府采购力度,支持文化产业发展。加大对文化资源市场化运作的投入力度,充分发挥国有资本在文化产业发展中的导向和带动功能。

(四)实行更加优惠的税收措施

一要进一步完善文化产业税收制度体系。借鉴发达国家通过税收政策促进文化产业发展的经验,清理和完善已执行的税收优惠政策,建立起规范统一、目标明确且针对性强的促进文化产业发展的税收制度体系。继续实施差别税率,减轻文化产业税收负担。在营业税上,可顺应"营改增"改革的大趋势,以文化产业为试点,改征增值税;在企业所得税上,为体现国家对文化产业扶持的税收政策导向,可对所有文化企业适用高新技术企业15%的优惠税率,不断补充和完善有助于高端文化产业发展的税收政策。正视文化产品生产的特殊性,制定适用于文化产业长期发展的税收优惠政策。

二要实行相应的税收减免政策,在继续执行文化企业特种经营的减免税政策的基础上,对国家重点扶持的文化行业给予减免税政策。继续实行文化系统内的税收返还政策,对文化艺术、新闻出版、广播影视、音响、文物等部门上缴的税收和利润,在财税、审计部门监督下,由同级财政部门返还给同级文化主管部门,设立各种文化基金或专项资金,集中用于扶持优秀的、民族的、传统的和高层次的文化企事业或补充重大的节日文化活动和大型文化活动经费的不足,奖励作出突出贡献的文化工作者和集体,以及抢救和保护遭到破坏、濒临消失的传统文化等。

三要调整文化产业结构,引导财政资金流向,可对不同种类的文化产业和不同社会效应的文化产品以及文化服务实行差别税率。对文化产业涉及的税种,在政府的职权范围内予以税收优惠。包括:新办文化企业 3 年内免征企业所得税;试点文化集团的核心企业对其成员企业 100％投资控股的,可合并缴纳企业所得税;对在境外提供文化劳务取得的境外收入不征收营业税、免征企业所得税;对列入政府鼓励范围的文化企业,凡符合国家现行高新技术企业税收优惠政策规定的,可享受相应的税收优惠政策;对从事信息服务业的企业,可享受信息服务业的有关优惠政策。

四要制定针对中小型文化企业的税收优惠政策。一方面,对中小型文化企业技术升级改造给予政策、资金支持;另一方面,在融资方面给予其企业所得税抵扣、减免等优惠或给予其税收担保,减轻融资负担,增强竞争力。可以借鉴国外先进经验,通过立法对文化产业予以税收优惠,降低投资者的投资成本与风险,从而创造较大投资效益。

(五)进一步提升文化产业专项资金投资效益

进一步提升专项资金的使用效益,加强监管,有计划、有重点、有规划地进行扶持,以财政划拨、专项奖励等转移支付的方式积极扶持民间文化经营主体的发展,保障文化产业的主导行业和重要产品的资金支持。同时,针对部分文化行业或项目资金回收周期长、经营风险大、民间资本投资积极性较低的特点,可以运作文化产业专项投资基金,运用国家宏观调控的导向功能,以国家参股等形式吸引社会资金参与文化项目,从而培育文化产业的民间投资主体。

(六)优化政策环境,支持招大商引大资

在加大对文化产业财政投入力度的同时,也要综合运用财政补贴、转移支付、政府采购等手段,发挥财政的导向性和示范性作用,以增强对文化事业发展的宏观调控能力。例如,对新兴的和创新型的文化产业项目实行低息或贴息贷款,促进文化产业迅速发展;建立文化采购制度,通过不同文化单位平等参与竞标来提高公共支出效率,促进文化管理体制改革创新,加快文化事业单位转换内部机制;对优秀的、国内外市场前景广阔的文化服务商品的生产和经

营给予财政补贴;投入一部分财政资金并吸引社会资金组建文化产业再担保基金,解决政府为贷款担保优惠的融资瓶颈问题;与企业建立技术联盟,促进文化产业共性技术的开发;等等。

(七)完善金融信贷支持机制

根据文化产业的特征和文化企业发展的资金需求,制定和完善适应文化产业信贷准入政策、准入条件,扩大文化产业贷款客户范围,积极支持文化产业相关项目和企业的发展。着眼于文化产业的长远发展,对不同文化企业提供不同的融资方案,除传统的流动资金贷款、项目贷款外,进一步探索知识产权、影视制作权等无形资产质押方式,多渠道解决文化产业普遍缺失抵(质)押物的问题,优化资信评估和授信审批体系,提高信贷工作效率。

加大对重点文化企业的支持力度,做大做强一批文化产业龙头企业,大力扶持民营文化企业快速扩张。以贷款贴息、项目补助等方式,支持国有骨干文化企业做大做强,促进文化产品和服务出口。为文化企业尤其是中小文化企业融资扩大抵押范围,丰富融资品种。对符合条件的重点文化企业,应做好进入主板、创业板上市融资的培训、辅导和推介工作,推动更多优质文化企业上市融资。建立文化产业投资信息服务平台,为吸引有实力的企业和民间资本投资文化产业提供信息支持。

(八)积极支持文化企业直接融资,吸引民间资本

要针对文化企业实力选择不同的直接融资方式,对于符合发债条件的中小文化企业来说,要积极鼓励支持其运用企业债、公司债、短期融资券、中期票据等债务工具进行融资;对那些具有高成长性的文化企业,要协调有关部门提供上市服务,通过创业板市场进行融资;对资金实力与发展前景俱佳的文化企业,可以通过上市公司收购、兼并、托管、资产或股权置换等资本运作的方式进行融资,使资本市场成为文化产业发展的助推器。

(九)深度挖掘文化资源,支持组建文化产业集团

文化产业的总量直接影响产业发展的规模。因此,要把西安文化产业做大做强,当务之急是扩大文化产业的总量规模。国内外文化产业发展的成功经验证明,组建文化产业大集团、深度开发旅游资源是文化产业发展的重要途径。通过组建文化产业大集团,推动文化产业在更大范围内实现信息、设备、资金、人才和销售网络等资源的共享,形成文化产业多样化和多元化的综合效

应,提高西安文化产业的市场占有率;通过深度开发文化旅游资源、文化旅游产品,打造文化产业核心竞争力。

(十)落实产业政策,支持打造文化精品

对原创的影视、演艺、动漫、图书等作品,获得国际、国内大奖的,或参加国家级、省级大型汇演活动,并产生重大社会效益和经济效益的,应给予表彰奖励。对动画、影视原创作品,按照在不同层次媒体播放时间等因素,给予一次性奖励。

(十一)积极推进文化、旅游、科技融合,促进文化产业发展

西安有深厚的文化底蕴、丰富的文化资源,有得天独厚的条件,因此要立足自身资源优势,积极学习借鉴外地的先进经验,更好地推动文化旅游产业发展,不断提升第三产业比重,优化经济结构。要坚持走创新之路,要解放思想、敢于想象、敢于探索,鼓励自主创新,充分利用新科技、新手段,推动文化旅游产业蓬勃发展。

课题组组长:卫良汉
课题组成员:孙　华　程雪门　葛淑英　鲁　岚　周建武
　　　　　　江　锐　贾　婧
　　　执笔:周建武　江　锐

焦作市促进文化产业发展的财税对策研究

河南省焦作市财政局课题组

文化产业作为智力资源和综合实力的表达方式,已经成为一个区域面貌和城市层次的品牌表现。加快推进文化改革发展已得到了中央到地方的共识,并上升为国家战略发展方向,为文化产业跨越式发展创造了难得的历史契机。规划和建设文化产业,需要坚持发展公益性文化事业,保障人民基本文化权益,坚持营利性文化产品,满足人民差异化需求,推进形成政府公共产品和服务、市场私人产品和服务相辅相成的发展格局。财税政策设计和实施必须以文化产业发展为引导,推动经济结构调整和增长方式的转变,形成经济社会发展的新领域和支柱产业,从而达到提高产业层次和城市文化软实力、转变文化生产和消费方式的效果。本文试从焦作文化产业发展角度和财税政策方面,对制定完善具有调控功能和引导作用等基本功效的财税政策手段,加以研究探讨。

一、焦作文化产业发展情况和存在的问题

近年来,焦作的文化产业发展工作按照围绕一个目标(打造文化名市),搞好两个结合(文化、旅游),叫响"一山一拳"品牌(云台山和太极拳)的思路,充分挖掘焦作山水、太极拳、历史名人和四大怀药的产业价值,大力实施项目带动战略,有力地促进了这一新兴产业的快速发展,为实现资源枯竭型城市经济发展由"黑"到"绿"的华丽转身作出了积极贡献。

(一)旅游文化产业成绩显著

焦作市因煤而建,以矿而兴,曾是全国著名的煤城,是具有百年煤炭开采历史的典型资源型城市。"九五"后期,随着矿产资源日益枯竭,开采成本越来越高,加之企业设备老化、技术更新缓慢以及国家产业政策调整等原因,焦作市资源型企业效益下滑、下岗失业人员增多、经济结构失衡、生态环境破坏加

剧等问题也集中显现。整个"九五"期间,在全国 GDP 年增速持续稳定增长的情况下,焦作市 GDP 年增速仅为 3.5%,经济社会可持续发展面临着严峻挑战。针对这种情况,焦作市委、市政府在充分把握市情、认真研究分析的基础上,把发展文化旅游产业作为加快经济结构调整、促进经济社会可持续发展的突破口,作出了以旅游业为龙头、加快发展第三产业、带动经济社会全面发展的战略决策,坚定不移地实施"旅游带动"战略。近年来,市委、市政府通过积极培育"太极故里、山水焦作"两大世界级文化旅游品牌、不断加大文化旅游产业投入、加快推进景区创 A 工作、持续完善旅游基础设施和配套设施、强力开展文化旅游宣传促销、努力提高旅游服务质量、大力创建国际知名旅游城市等一系列措施,有力地促进了文化旅游产业的快速健康发展。

经过十余年的努力,"太极故里、山水焦作"成为两大世界级文化旅游品牌,焦作文化旅游产业实现了快速发展,推动了焦作产业升级、环境提升和民生改善,促进了焦作经济转型发展,极大地改变了城市面貌和对外形象,昔日煤城成了中国优秀旅游城市,实现了城市由"黑色印象"向"绿色主题"的转变。2011 年,焦作市共接待游客 2281.3 万人次,旅游景区门票收入 7 亿元,旅游综合收入 171.9 亿元,三项旅游指标保持了年均 37% 以上的增长速度,高于全国旅游业平均增长速度,位居河南省前列。旅游业综合收入相当于 GDP 的比重由 1999 年的不足 1% 提升到 2011 年的 11.7%,增长了近 11 个百分点,旅游业已成为全市重要的支柱产业。

(二)太极文化产业实现突破

以太极拳为核心的太极文化是焦作市文化资源中最具培养价值和发展潜力的优质资源,为了开发好太极文化产业,市委、市政府出台了《关于进一步加快太极文化产业发展的意见》,并采取多种措施进行产业化动作,全力打造太极文化品牌。一是加大宣传推介力度,进一步提高太极文化的影响力。通过举办大型太极拳赛事、制作电视专题片、拍摄影视剧、编订教材等方式,不断加大宣传力度。目前,已连续举办了六届中国焦作国际太极拳交流大赛,并成功地将这一赛事升格为由国家体育总局、河南省人民政府主办,国家武术运动管理中心、中国武术协会、河南省体育局和焦作市人民政府承办,该赛事已成为促进中外文化交流的桥梁和纽带。制作了电视剧《太极英雄》,宣传光盘《太极拳渊源》《太极拳圣地陈家沟》等,完成了卡通片《太极拳内功揭秘》《功夫熊猫太极 13 式》和专题片《陈王廷》几部影视片的拍摄工作。成立表演队伍,在深圳文博会、中原文化港澳行和中原文化澳洲行等大型节会活动上进行演出。

组织拳师参加了中央台的"武林大会",并夺得了总擂主桂冠。二是加强项目建设,打造产业发展载体。投资 1.8 亿元建设了温县中华太极文化园,启动了杨露禅学拳处改建项目;实施拳师回乡创业工程,建设了 30 余所太极拳武术馆(校),结束了观赏无景区、学练无基地的状况。引进河北唐山聚鑫公司投资 22 亿元建设陈家沟中华太极养生旅游基地暨太极拳文化交流中心项目,目前项目一期工程即将竣工,该项目全部建成后,将成为太极文化休闲度假基地和太极拳培训基地。三是搞好"根"文化的发掘与保护。继申报国家非物质文化遗产成功后,焦作市又启动了太极拳申报世界非物质文化遗产工作。开展了太极拳传承谱系工程,实施了域名保护和商标注册工程,在国家工商总局注册了"太极拳"、"陈家沟"等相关商标 40 件。通过一系列努力,目前全市在工商部门注册的各类太极拳文化企业有 13 家,产业实体逐渐兴起。

(三)怀药文化产业势头良好

几年来,在重视支持怀药产业发展的有关政策和措施的引导下,怀药文化产业步入快速发展期。一是怀药种植面积进一步扩大。2011 年,全市四大怀药种植面积达 24.6 万亩,全市怀药鲜货产量约 44.8 万吨,产值达 12.9 亿元。种植面积、产量的扩张,不仅增加了农业产值,还带动了农业观光游的发展。二是怀药新产品开发初见成效。相继开发了怀山药多糖—铁复合物、胰胆舒缓释片、银丹心脑通分散片、地黄颗粒冲剂、怀参膳食纤维等科技含量较高、附加值空间大的新产品 30 多个,实施科技计划项目 60 项,申请专利 250 多项,获得专利 56 项,通过市级以上科技成果鉴定的新产品 9 项。有 20 余种产品获得省级以上名牌产品、优质产品、绿色产品等荣誉称号。2009 年,全市怀药加工企业发展到 80 家,怀药产品 210 种,怀药产品已成为焦作市的特色旅游产品。三是市场占有率不断提高。"四大怀药"拥有国家质检总局授权的地理标志产品和国家工商总局商标局核准的地理标志商标两块金字招牌,其影响力随着旅游业的发展不断提高,在全国的营销网络不断发展壮大,怀药产品专营店、加盟店发展迅速,目前北京、上海等 20 多个省市建立怀药专卖店、加盟店 600 余家。同仁堂、金陵药业、宛西制药、太太药业等企业先后在焦作市建立有中药材种植基地,"四大怀药"品牌正被越来越多的人所认知。

(四)休闲娱乐市场逐步繁荣

2005 年以前,焦作市的休闲娱乐业发展十分缓慢,成为文化旅游产业链上的一块短板。为此,焦作市果断决定以旅游业为依托、以文化娱乐业为突破口,大力发展休闲文化。随后,由市委副书记带队的考察团先后到长沙、重庆等地学习借鉴经验。2006 年,又召开了由市委书记和各县市区委一把手参加的文化产业现场会,支持发展休闲文化。此后,焦作市的演艺娱乐市场迅速壮大,一批高档次、现代化的休闲文化场所开始建设并先后投入使用,一批知名的电影院线如奥斯卡电影院线入驻焦作,逐渐形成了大杨树餐饮娱乐一条街、"1898"休闲娱乐一条街、东方演艺厅、焦作钱柜 KTV 量贩等一批在全市有较大影响的产业品牌。这丰富了人民群众的文化生活,改善了游客的消费环境,提升了文化生活的层次,拉长了焦作市的旅游产业链。

(五)文化艺术创作硕果累累

近年来,全市文艺创作人员共创作不同风格、题材的剧本 50 余部,创作小戏、小品、曲艺类作品 100 多个。其中,剧本《为奴隶的母亲》荣获"首届中国戏剧文学奖"创新奖;《找爸爸的小男孩》荣获"曹禺文学奖·小品小戏奖"三等奖;剧本《霸王别姬》在"中国戏剧文学学会"评奖活动中荣获金奖,2006 年又获"首届中国戏剧奖·曹禺作品奖";豫剧《常香玉》夺得第八届中国艺术节"文华大奖";动漫《快乐星球》第三部荣获第 27 届中国电视剧飞天奖;电视剧《好人谢延信》、大型少儿科幻电视系列剧《快乐星球》第四部、电影《科技馆的秘密》在中央电视台播出。目前电视连续剧《大拳师》、电影《快乐大营救》已完成了剧本修改,动漫电视剧《太极蝌蚪闯天下》与中央电视台签订了播出意向,舞剧《太极》与著名导演陈维亚签订了合同,2012 年年底正式演出。

虽然焦作市的文化产业得到了较快发展,但从总体上看,仍然存在不少问题和薄弱环节,与先进地区相比仍有明显差距。突出表现是:一是文化产业规模小。发展文化产业必须要走规模化、集约化、专业化道路,而目前焦作市文化企业规模总体较小,缺乏具有较高知名度的大型文化企业,难以形成聚合效应。二是文化产业层次低。目前焦作市的文化产业发展主要集中在附加值相对较低的外围层和相关层,而数字出版、文化创意、动漫游戏等含金量高的文化产业核心层发展相对滞后,缺乏产业竞争力。三是文化资源开发不充分。全市的文化资源十分丰富,但没有形成有效的产业优势,产业价值没有充分体现。如太极文化在产业开发上远不如少林文化。四是专业人才匮乏。文化产业作为新兴的产业类别,需要既懂文化又懂文化市场,既有宽广的人文视野,又有精深的产业理念的经营型、应用型、复合型的文化产业经营管理和策划方面的人才。这些问题的存在,极大地制约了焦作市文化产业的发展。

二、基本财税政策和主要做法

文化产业的发展离不开政策的扶植和引导。为确保焦作市文化产业健康有序的发展,近年来,在国家扶持文化发展政策的基础上,焦作市也制定了地方性的文化产业政策,财政等 14 个相关部门出台了支持文化产业发展的优惠政策,为文化产业发展开通了绿色通道。

(一)政策制度为文化产业发展提供强力支持

良好的政策是文化产业发展的硬支撑。按照党的十六大提出的大力发展文化产业、十七届六中全会提出的文化大发展大繁荣主导思想,焦作市制定了多个涉及文化产业的政策性文件,在财税等多方面扶持文化产业发展。市委、市政府先后出台了《关于大力发展文化产业的实施意见》和《关于进一步加快发展文化产业的实施意见》,今年又出台了《关于学习贯彻党的十七届六中全会和省委九届二次全会精神,加快推进文化改革发展的实施意见》,市财政局也出台了《关于支持文化产业发展的意见》,明确了全市文化产业发展的总体思路和目标。

(二)科学规划为文化产业建设和发展引导方向

2007 年,组织力量对全市的文化资源进行了全面的普查,在普查的基础上,与上海交通大学合作,编制了《焦作市文化产业发展规划》,课题组根据全市太极文化、怀药文化、世界名人文化、工业文化等特色文化资源,对全市的文化产业发展进行了定位,即:以文化旅游业为主导,以历史文化资源为基础,依托云台山世界地质公园不断繁荣、发展的文化旅游市场优势和焦作独特的历史和人文资源禀赋,丰富内涵,扩大外延,重点建设和发展以文化休闲等为核心内容、具有鲜明焦作山河文化特色的文化产业体系,从而明确了全市文化产业发展的方向。2008 年,焦作市与北京大学合作,编制了《太极文化产业发展规划》,对太极文化产业的发展进行了系统全面的设计。

(三)发挥财政职能作用,加大财政投入

文化产业的发展离不开稳定的资金投入。市财政认真落实中央、省支持文化产业发展的有关财政政策,坚持政府主导,按照公益性、基本性、均等性、

便利性的要求,加强文化基础设施建设,完善公共文化服务网络。加快财政投入机制改革,建立起公共财政稳定增长机制,确保公共财政每年对文化建设投入的增长幅度高于同级财政经常性收入的增长幅度。提高文化支出占财政支出的比例,加大对公益性文化事业的投入,把主要公共文化产品和服务项目、公益性文化活动纳入公共财政经常性支出预算,加快城乡公共文化服务体系建设。近年来,焦作财政每年安排旅游专项宣传经费 500 万元,安排太极拳年会和山水旅游节费用 1500 万元,有力促进了文化旅游产业的发展壮大。

(四)提高财政管理水平,增强资金效益

在整合现有文化资金的基础上,设立焦作市文化产业发展专项资金,向具有示范性、导向性的文化项目流动。采取奖励、补助、贴息等方式,扶持有发展前景和竞争力的产业项目,带动社会资金投入文化产业。市、县两级设立农村文化建设专项资金,保证一定数量的中央和省转移支付资金用于乡镇和村文化建设。从 2006 年起,安排专项资金,优先用于市图书馆、群众文化活动中心建设,逐步提高公益性文化单位的公共服务质量和水准。2008 年起,按照政策文件要求,每年设立文艺精品创作生产专项资金和文化产业发展专项资金 2000 万元,列入年度财政预算,采取贴息、补助、奖励等方式支持文化产业发展,扶持有发展前景和竞争力的产业项目,带动社会资本投入文化产业。与此同时,深入实施文化信息资源共享、广播电视村村通、农村电影放映、农家书屋等专项文化惠民工程,让群众广泛享有免费或优惠的基本公共文化服务。

在注重传承传统文化的同时,推动非物质文化遗产保护和传承,建立完善的非物质文化遗产项目保护体系和数据库,设立非物质文化遗产专项保护资金,设立相关展示馆、传习所、传承地,完善非物质文化遗产活态传承机制。

(五)调整税收优惠政策,改善税收环境

根据税收优惠政策权限,贯彻执行中央、省确定的税收优惠政策。对文化产业涉及的税种,在政府的职权范围内给予税收优惠。主要包括:经营性文化事业单位转制为企业的免征企业所得税,享受原有的增值税等优惠政策,对于转企改制的国有文化单位将扶持政策执行期限再延长 5 年;对于纪念馆、博物馆、文化馆、展览馆、文物保护单位等举办文化活动的门票收入,免征营业税;社会力量捐赠公益性文化事业享受有关税前扣除政策;对初始创办的文化企业和个体工商户,允许注册资金分期到位,减免登记注册费用;对新办、独立核算的报业、发行、广电、演艺、放映、体育等文化企业,自开业之日起,报经主管

税务机关批准,可免征 1 年的企业所得税;从事数字广播影视、数据库、电子出版等研发、生产、传播的文化单位,凡符合国家关于高新技术企业税收优惠政策规定的,可享受相应的税收优惠政策。

(六)推进项目建设,增强文化产业发展的整体实力

发展文化产业,项目是载体,项目是抓手,必须实施项目带动战略。依托文化资源和产业基础,大力发展地域性特色文化产业:煤矿文化产业、历史名人文化、药文化产业。加快建设一批具有较强吸纳和带动能力的文化产业基础,形成各具特色的文化产业集群,推动文化产业成为国民经济重要的支柱性产业。一是规划包装项目。充分利用文化资源,包装规划一批文化产业项目,经过精心筛选后编印成册,对外发布。二是广泛进行招商引资。积极借助"深圳文博会""中原文化港澳行""中原文化澳洲行""中博会"和各类"投洽会"等活动,进行招商引资。先后引进了云台山"双 50 亿元"大型综合旅游开发项目、神农山 50 亿元山前旅游拓展区建设项目、22 亿元的陈家沟太极文化国际交流中心项目,大大提高了文化旅游业的整体实力。2011 年还与美国智能公司签订了 60 亿元的青少年数字智能活动基地项目协议,目前该项目正在着手作科研报告。三是对在建项目进行扶持。先后争取省级资金 400 多万元,用于支持太极文化园、神农山等项目建设。将云台山大型综合旅游开发项目、神农山山前旅游拓展区建设项目和陈家沟太极文化国际交流中心项目申请为省级重点文化产业项目,享受各类优惠政策。

三、推进焦作文化产业规划和发展的财税政策建议

按照十七届六中全会提出的大力发展文化产业的要求,结合《关于学习贯彻党的十七届六中全会和省委九届二次全会精神,加快推进文化改革发展的实施意见》和《焦作市建设中原经济区经济转型示范市总体方案》的战略导向,需要进一步拓展财税政策的视野,按照突出重点、发挥市场机制、注重资金效率的原则,将焦作市的文化产业逐步培育成国民经济的支柱产业。

(一)继续扩大投资规模,做好资金保障

扩大公共财政对文化产业的投入规模,大力支持文化产业发展,加快公共文化服务体系建设。公共财政经常性支出预算中要将公共文化产品和服务项

目、公益性文化活动等公共支出作为重点内容,提高财政资金投入的综合效益。在增加文化财政支出的基础上,应逐步增加扶持文化产业发展专项资金规模,切实增加财政文化产业投入。努力探索以政府投入为引导,以全市人民为服务对象,动员社会参与的新型文化产业投入模式,推动完善覆盖城乡、结构合理、功能健全和实用高效的焦作市公共文化服务体系,为焦作市文化产业实现跨越式发展提供强有力的资金保障。

(二)优化财政资金支出结构,明确资金投入重点

在加大财政对文化事业投入的同时,调整和优化财政文化产业支出结构,逐步扩大财政支持文化发展的范围,促进文化改革发展。一是要继续着力打造南太行山水休闲度假基地。加快云台山、七贤镇双 50 亿元休闲度假旅游综合服务项目建设,高标准建成山水观光、文化娱乐、餐饮住宿、时尚购物等一体化休闲度假区;加快发展保健养生游,建设一批旅游特色乡镇和专业村,打造"和谐、健康、快乐"的南太行山水休闲度假基地。二是要继续大力支持加快城乡文化一体化发展。积极、主动向中央及省里争取乡村文化建设专项资金,焦作市级和各区级财政也分别设立乡村文化建设专项资金,并对中央和省里转移支付资金项目安排配套资金,确保足额用于镇街和乡村文化建设,鼓励社会各界面向乡村开展公共文化服务,支持加快农村电影放映、农家书屋及文化信息资源共享等文化惠民工程的建设步伐。三是要继续大力支持焦作优秀传统文化的保护与传承。对于闻名于世的中华太极拳、有 3000 多年种植历史的四大怀药、乐圣朱载育发明的唢呐艺术、国家稀有剧种怀梆以及"竹林七贤"传说、"董永与七仙女"传说等焦作市非物质文化遗产和绞胎瓷、黑陶、山阳刺绣、博爱竹艺等具有鲜明地域特色的工艺美术品艺术,要继续加大财政投入,推动文物古迹、非物质文化遗产、地方文化、民俗文化的保护和发展。

(三)争取国家文化产业税收扶持政策,兑现税制改革收益

国家结构性减税对于文化产业发展具有实际利好,其中"营改增"政策对科技研发、文化创业、信息网络发展等第三产业导向具有鼓励促进作用。美国页岩气发展速度之快,离不开国家政策上的支持和先进的开发技术。美国政府 20 世纪 70 年代末期在《能源意外获利法》中规定非常规能源开发给予税收补贴,得克萨斯州对页岩气的开发自 20 世纪 90 年代初以来就不收生产税,从而大大降低了开发成本,刺激了页岩气产业的发展。要努力争取扩大"营改增"政策试点行业范围,把握国家将"营改增"政策试点从限于交通运输业和部

分现代服务业向其他行业扩展的契机,争取把营业税涉及的文化产业等传统服务业纳入改革范围,适当扩大"营改增"政策试点行业范围,适时更好地发挥增值税作为价外税的特殊调节功能,进一步完善增值税抵扣链条,享受国家结构性减税的成果。

(四)完善文化产业投融资机制,全面推进惠民文化工程

推动文化与市场对接、文化与资本融合。着力建设支持全市文化产业发展的金融平台,通过文化企业联盟或行业协会,以打包方式与金融机构签订一揽子授信协议,建立文化产业的"绿色贷款通道"。在国家政策许可范围内,引导社会资本以多种形式投资文化产业,参与国有经营性文化单位转企改制、重大文化产业项目实施和文化产业园区建设。推进资本市场发育,引进重要战略投资者,鼓励风险投资基金、私募股权基金等积极进入新兴文化业态。探索完善文化类无形资产确权、评估、质押、流转体系,为文化企业提供专业化、综合性的投融资服务。探索创新文化产业担保方式,建立多层次文化企业投融资风险分担和补偿机制。

(五)创新财政资金管理,管控文化产业发展风险

一是明确财政资金管理责任,对文化产业专项资金的申报立项、审核和拨付等进行规范,消除部门利益。二是以制定专项资金管理办法为管理原则,严格界定管理职责和支持对象,量化资助标准,主管部门建立项目责任制,对文化产业项目资金的申报立项、资金流向、资金使用进行监管,财政部门管"两头",落实绩效评价。三是以指定操作规程和实施细则为具体办理规范,形成公开化和程序化管理,规范专家评审,加强审核信息公开化,减少人为因素影响。注重与各级政府部门、各类文化行业协会密切协调,防止文化产业专项资金在管理上的"松"和应用上的"散",力求管控文化产业发展风险,为焦作市文化产业发展创造积极、宽松的发展环境,全力支持焦作市文化产业持续、快速、健康发展。

课题组组长:申相臣
课题组成员:张继东　付战峰　李新龙
　　　执笔:付战峰

焦作市促进太极文化产业发展的财税专题研究

河南省焦作市财政局课题组

　　太极文化产业是指从事太极产品创造、生产、流通、销售、分配、储存和提供相关文化服务的市场活动，以及与这些活动有紧密联系的集合。焦作是陈氏太极拳的发源地，地方政府从文化产业开发角度，按照"做精太极拳文化，做大太极拳品牌，做强太极拳产业"的发展理念，积极推进太极拳文化产业化发展，营造了包括财税政策在内的一系列宽松的政策环境。焦作地方财税政策的设计和执行，需要考量经济环境与地域特点，挖掘太极文化产业资源优势，培育形成支撑焦作经济增长的支柱产业。

一、焦作太极文化产业发展的现状和问题

　　从主线看，焦作文化产业发展按照围绕一个目标（打造文化名市），搞好两个结合（文化、旅游），叫响"一山一拳"品牌（云台山和太极拳）的总体思路，充分挖掘焦作山水、太极拳、历史名人和四大怀药的产业价值，推动焦作产业升级、环境提升和民生改善，推进焦作资源枯竭型城市由"黑色印象"到"绿色主题"的转变。

　　陈氏太极拳为中国太极拳的最早雏形。2005 年国家体育总局授予焦作温县陈家沟"太极圣地"；2006 年，太极拳被列入首批国家非物质文化遗产名录；2007 年，焦作温县被中央外宣办、国家文化部、中国武术协会、中国民间艺术家协会正式命名为"中国武术太极拳发源地""中国太极拳发源地"和"中国太极拳文化研究基地"。虽然拥有丰富的太极文化资源，但时至今日，焦作太极文化产业发展形势仍不容乐观。其现状和问题是：

　　问题一：旅游产业"长拳"与太极产业"短腿"并存。

　　经过十余年的努力，"太极故里、山水焦作"已成为两大世界级文化旅游品牌，昔日煤城成了中国优秀旅游城市，极大地改变了城市面貌和对外形象。2011 年，焦作市共接待游客 2281.3 万人次，旅游景区门票收入 7 亿元，旅游综

合收入 171.9 亿元,三项旅游指标保持了年均 37% 以上的增长速度,高于全国旅游业平均增长速度,位居河南省前列。旅游业综合收入相当于 GDP 的比重由 1999 年的不足 1% 提升到 2011 年的 11.7%,增长了近 11 个百分点,旅游业已成为重要的支柱产业。而太极文化产业,市场主体数量少、规模小、结构单一、产品开发层次低。目前全市在工商部门注册的各类太极拳文化企业仅有13 家,注册资金超千万元的只有 1 家,注册资金 50 万元以下的企业占大部分,没有形成大型的文化企业集团。产业活动单位主要集中在馆、校、站(点)培训和服装制售上,结构单一,同质化严重,竞争激烈。资源开发层次低,产业化程度不高,品牌效应尚未形成,产业实体还在艰难发展。

问题二:周边先发"优势"与焦作后发"劣势"同在。

在河南省内,伴随"禅宗少林·音乐大典"山地实景演出、"武林风"大型武术娱乐节目等,少林武术产业已经越做越大,仅 60 多所武术学校每年就可为当地财政贡献近 4 亿元。从全国范围来看,目前湖北武当、河北邯郸(永年)、海南三亚、安徽马鞍山等多个地方都在争打太极拳品牌,分抢太极拳产业市场。武当以"天下太极出武当"的口号和"武当山·太极湖"的景色,凭借中国规模最大、堪称世界古代建筑史上奇迹的道教宫观建筑群和美不胜收的自然风光,大力度发展太极拳文化产业。邯郸(永年)打出杨式和武式太极拳发源地的旗子,凭借 1300 多年历史的广府古城、保存较为完好的太极宗师故居和周边万亩荷园、千亩湿地,5 年累计投资 1 亿多元用于园区建设、品牌宣传和产业开发,连续举办多届国际太极拳运动大会,初步建成太极拳信息和太极拳器械、服装集散地。焦作市从 1999 年起,就作出了打造太极拳品牌的战略决策,2000 年以来每两年一次举办中国·焦作国际太极拳交流大赛,通过组织加大宣传推介力度,加强太极项目建设,打造产业发展载体,采取多种措施进行产业化运作,全力打造太极文化品牌。但是,并未真正形成"先发优势"。到焦作旅游,观赏不到高水平的太极拳表演,没有合适的太极拳礼品和纪念品赠送购买,更谈不上感受太极文化。焦作太极文化产业无论是产业总量和市场竞争力,还是产业扶持力度和产业推进战略,与省内外太极文化产业都存在着非常大的差距。

问题三:资源投入"递增"与产出效应"递减"两难。

十多年来,太极文化产业投入巨大与经济社会效益产出不佳形成强烈反差。一方面,焦作市多方争取省级文化产业发展资金 200 万元用于太极产业发展,本级财政安排 200 余万元保障每两年一届的大型太极拳赛事成功举办,多方筹措资金支持制作电视专题片、拍摄影视剧、编订教材等。近年来,焦作国际太极拳文化交流中心已开工建设,占地 1300 亩,投资 15 亿元,建设太极体育场、太极体育馆、太极游泳馆、太极广场等设施。引进河北唐山聚鑫公司投资 22 亿元建设陈家沟中华太极养生旅游基地暨太极拳文化交流中心项目,项目占地 2150 亩,全部建成后将成为太极文化休闲度假基地和太极拳培训基地。而另一方面,太极拳文化资源与焦作市丰富的自然、人文资源结合并不紧密,与旅游产业之间的关联度还比较低,太极产业链条不长。云台山景区游客人数在河南省连年独占鳌头,黄金周期间经常人满为患,甚至需要组织人员劝返游客,而陈家沟太极拳景区除旅游旺季和交流大赛期间参观者较多之外,其他时间游客稀少。为此,投资 1.8 亿元建设温县中华太极文化园,杨露禅学拳处改建项目,实施拳师回乡创业工程,建设 30 余所太极拳武术馆(校),结束了观赏无景区、学练无基地的状况。

二、财税政策设计执行与太极文化产业发展的思考

运用财税政策促进文化产业发展是各国的通行做法。现阶段,统筹发挥政府和市场两种手段,综合运用财税资源与社会资本两种工具,实现太极拳由公益性文化事业向相对独立的经济产业转化,对焦作发展至关重要。

(一)财税政策的经济正相关分析

历史表明,当一个国家或地区的人均 GDP 突破 3000 美元,经济结构向更高层级提升时,文化增长与经济总量的增长基本上呈同步趋势,经济增长与文化产业发展便呈现较强的正相关关系。国际货币基金组织(IMF)公布数据显示,2011 年中国人均 GDP 为 5414 美元。焦作市统计公报数据,2011 年全年地区生产总值 1469.39 亿元,人均生产总值达到 41567 元(合 6534 美元);而 2000 年全年国内生产总值完成 228 亿元,人均生产总值为 6951 元(合 839 美元)。而从焦作经济结构分析,三次产业结构由 2000 年的 17.1∶51.2∶31.7,变化为 2011 年的 7.8∶69.7∶22.5,工业对经济增长的贡献率达到 82.4%。焦作市在资源枯竭的城市背景下,依然呈现资源向二产集中的态势。基于当前焦作经济总量与产业结构判断,采取积极财税政策推动打造以太极文化为重要组成部分的第三产业,将会与焦作经济形成正相关的关系。发展太极文化产业的空间和条件已经具备,通过发展太极文化产业拉动地方经济,以此作为加快产业结构调整的重要手段,将成为经济增长的新动力。

（二）财税政策的产业扶持趋势分析

自 1998 年中国财政的"公共化"建设以来，公共财政体制中财税政策取向，已经由过去按照所有制属性的政策优惠，向突出经济结构调整功能的产业政策优惠转向。当前结构性减税的"营改增"即是这种情况。当前，我国许多文化企业缴纳的是营业税，由于文化产业的产业链较长，大量的成本费用不能抵扣，造成重复征税较多，行业税负较高。国家自 2012 年 8 月 1 日起至 2012 年年底，将交通运输业和部分现代服务业纳入营业税改征增值税试点范围，由上海市分批扩大至北京、天津等 10 个省（直辖市、计划单列市），到 2013 年继续扩大试点地区，并选择部分行业在全国范围试点。上海市在文化创意等领域试点"营改增"，意味着上海属于享受区域性的财税政策支持；而假设国家 2013 年在整个文化产业推进"营改增"，对于文化产业则是整个行业的财税政策支持。并且，"税前优惠"这种税式支出不同于"税后分配"的财政支出，只会降低企业税负水平，而不会影响市场对于竞争个体的选择和淘汰，更具有制度公平性。那么，着力将文化产业作为提升层次和发展方向的地区，假若焦作希望强力推进太极文化产业，就会迫切希望本地尽快纳入"营改增"范围。短期来看，是会影响地方政府税收收入，但从长远来看，则可能吸引更多的企业和投资的进入，成为涵养税源的过程，有益于财政收入长期增长。但在一定时间内，必须能够忍受地方财政收入下降的压力。

三、发展太极文化产业的对策建议

从战略发展高度和财税政策角度，需要结合太极文化产业发展的现状，发挥财税职能作用，探索新的政策资金支持途径，支持解决太极文化产业发展的深层次问题。

（一）明晰适宜太极文化产业成长的城市定位

只有明晰一个城市的准确定位，才能规划设计相应的财税政策走向。焦作城市定位在于新文化而非古文化。与郑州、开封、洛阳等城市相比，焦作没有古都优势。三百年陈氏太极拳历史与千余年少林拳相比，缺少历史文化积淀和先发优势。焦作的整体城市特点更在于现代工业文明、山水旅游。作为新型城市、新兴城市，云台山水、南水北调城市景观、影视城等均以"新"字著称,并与河南其他古都城市形成反差与对比。但是,焦作山水休闲旅游发展到一定程度,必须有历史文化内涵作支撑,才能提高山水旅游的吸引力、持久性和整个旅游城市的品位和魅力。而太极文化作为焦作特有的文化资源,需要担当起将山水、武术、新奇等特点融为一体的功能。目前,焦作市委、市政府立足焦作市现有的经济基础、区位优势、文化资源、旅游资源基础,出台了《关于进一步加快太极文化产业发展的意见》,并委托北京大学编制了 2008 年至 2013 年《焦作市太极文化产业规划》。而在意见和规划中,准确的城市定位至关重要,这是确定地方财税政策的基础,更是支持太极文化产业成长的根基。

(二)激发太极文化发展中的政府与市场合作机制

政府和市场各有其优势,两者有机互动更具优势。2011 年,焦作地区生产总值 1469.4 亿元,旅游综合收入 171.9 亿元,相当于地区生产总值的 11.7%。全市一般预算收入 74.5 亿元,相当于地区生产总值的 5.07%;一般预算支出 144.8 亿元。从政府掌握的财政资源与整个经济资源产出总量上看,财政总量与 GDP 相比只是很小的部分,而财政对于经济、旅游、文化等的支持,最有效的方式就是通过"杠杆""酵母"等方式发挥作用。2012 年,市级预算重点安排项目中,文化旅游发展 3065 万元,其中"焦作太极山水旅游开发专项经费" 2700 万元。而市委、市政府确定的做大做强文化旅游业任务中,"加快太极拳申报世界非物质文化遗产,开展太极拳段位授予工作,加大太极拳培训教育力度,积极筹建太极文化学院,做大太极拳文化产业",如果仅依靠有限的近三千万元财政资金,无疑是杯水车薪。

对于财税政策的功能定位,政府部门应强化政策调控、市场监管、社会管理,提供公共文化产品和服务,办好公益性文化事业。例如,增强太极拳理论、文化的挖掘、整理和研究,加强陈氏太极拳的全面普及推广等,这些纯公共产品就需要公共财政提供全面保障。同时,政府应遵循市场经济规律,政府财税政策和资金作为市场引导,应充分发挥市场配置资源的基础性作用,着力培养太极产业主体,大力发展太极文化产业。例如,出台优惠扶持政策,按照"谁投入、谁建设、谁受益"的原则,吸引各派太极拳名家和各地民间资本来焦作市投资、开馆、授徒。可以考虑政府财政或市场机制建立太极文化产业引导基金,以市场为导向,园区建设为载体、公司化运营为手段,积极拓宽发展渠道,多策并举培育市场主体,推进太极文化产业集团化发展,扩大太极文化产业规模和总量。要以太极文化为核心,建设衍生产品研发中心、生产基地、文化输出地和集散地,建立独特的太极文化体验、学习、健身和旅游基地等。

(三)营建支持太极文化产业发展的财税环境

良好的财税政策环境是太极文化产业发展的有效支撑。国家《关于进一步支持文化事业发展若干经济政策》《关于支持文化企业发展若干税收政策问题的通知》等财税政策,需要转化应用到焦作太极文化产业发展格局中。

1. 基金引导。设立太极文化产业发展专项基金,作为加快太极文化产业发展的引导资金,以补助、贴息、奖励等方式,推动太极文化理论研究和太极文化产品创意开发,扶持、激励太极文化企业快速发展。对于大型太极文化旅游活动、会展活动,给予适当的财政支持。

2. 税费扶持。对企业提供的太极文化产品的技术转让,经认定,免征、减征企业所得税;对单位和个人提供的文化产业的技术转让、技术开发及其相关的技术服务和技术咨询收入,免征营业税;太极文化产业园区内文化企业的用水、用电、用热享受有关行业优惠政策;经市政府投资主管部门批准的在建太极文化产业项目,减半征收城市基础设施配套费、人防建设费和城市道路占用费,免收征地管理费。太极文化产业民办学校和职业培训机构的设施建设,在城市基础设施配套费减免等方面享受与公办学校同等优惠政策。

3. 招商引资。积极开展太极文化产业项目招商引资活动。鼓励为太极文化产业引进高端企业、资金、项目的社会中介和个人,适当给予奖励,对于引资数额较大的,可以提高奖励幅度。引导金融机构适当向太极文化产业倾斜,提供贷款优先、利率优惠的服务;帮助太极文化产业集团利用企业债券、股票等渠道融资的,扩大集团直接融资比重;鼓励各类文化产业基金组织、投资公司投资太极文化产业项目。

4. 政策倾斜。建立政府首购和订购制度,发挥政府采购的带动作用,把具有自主知识产权的太极文化产品纳入焦作市政府采购产品目录,并给予太极文化产品优先待遇,扶持和帮助太极文化企业发展。按照特事特办的原则,给予太极文化产业特殊的扶助支持政策,营造宽松良好的政策环境。

5. 奖励激励。鼓励企业实行股权、期权激励制度。坚持引才与引智相结合的办法,鼓励境内外各类文化人才,通过兼职、入股、承包、培训讲学、网络咨询等多种形式为太极文化产业服务,对在发展太极文化产业过程中作出突出贡献的给予政府表彰和资金奖励。

(四)建设具有地方特点的太极文化产业

在当今差异化社会和自媒体时代,焦作太极文化产业不能"穿新鞋走老路",必须另辟蹊径。财税政策和产业政策对接,要从战略规划、产业设计、形象包装、市场细化、专业发展等各个方面创新突破,谋求做强做大。

1. 支持发展太极文化形象设计和产品加工产业。发挥名人效应,包装太极名片,继承太极传统文化,使其弘扬于全球各地,从而带动太极文化产业的发展。在对太极文化深入了解的基础上,设计出多层次的太极形象,进行相关形象产品的设计、生产、销售。产品包括:旅游纪念品、专业服装、食品、文化产品、传媒产品、地方特产等。财税政策重点支持加快研发富有太极文化特色的旅游纪念品、艺术收藏品、家居装饰产品、服装配饰产品和益智玩具、精美礼品、音像制品等,创作一批市场需求强、市场效益好的影视、文学、音乐、美术、动漫、网络游戏等太极文化消费产品,不断开发和丰富网络功能,大力发展太极拳电子商务。

2. 支持太极拳文化与山水文化特色旅游业。改变"做太极就是做旅游"的狭隘观点,培育游客的潜在文化需求,让休闲、娱乐、美食、健身、学习、手工制作等来丰富旅程。用好中国·焦作国际太极拳交流大赛平台,打造全省、全国和国际知名太极拳(武术)赛事品牌,以赛促产。充分利用焦作旅游产生的轰动效应,挖掘旅游市场人口对太极拳文化的消费潜力,撬动太极拳文化旅游市场,带动太极拳文化产业的兴起和良性发展。开发以太极拳文化体验为特色,"文化与自然""文化与生态""文化与人文"相融合的不同类型的旅游"套餐",丰富文化旅游品种,增强文化旅游竞争力。加强太极拳与四大怀药在强体养生文化上的深度融合,推出太极养生药膳、太极养生药品等科技含量高、特色鲜明的健身保健产品。

3. 支持细分和专业化管理太极文化产业市场。支持做好产业链之间的协调、配合,逐步打造和完善太极文化产业链,由现有的旅游业、文化培训业、加工制造业向更多辅助性行业发展,如休闲娱乐业、演艺业、出版传媒业、动漫创意业等,并相互协调配合,共同致力于产品档次和客户满意度的提高。太极文化产业链中的每一细分产业的经营,均要引入现代管理理念,专业项目专家管理。例如,让擅长经营的人才管理院校,让潜心理论的大师专心教拳,让精于市场运作的营销人才开发推介相关产品。在大面积发展家庭武馆的基础上,引导一些基础好、管理正规、有竞争力的家庭式武馆通过联合、兼并、参股、重组等形式做强做大,使焦作市成为太极拳重要培训基地,把太极拳培训产业"蛋糕"越做越大。

课题组组长:申相臣

课题组成员:张继东　付战峰　李新龙

执笔:李新龙

潍坊市促进文化产业发展的财税政策研究

山东省潍坊市财政局课题组

文化产业是从事文化的生产、传播、服务和经营活动的产业。与传统产业相比,文化产业的生产主要依赖非物质形态的文化与智力资源,具有科技含量高、环境污染小、发展潜力大、资源消耗少等特点。文化产业的发展,一方面,可以在不消耗或少消耗物质资源和能源的情况下,实现大规模的经济产出,形成新的经济增长点;另一方面,可以将文化、创意元素融入制造业产品,有利于改造、提升传统产业特别是消费品行业,提高产业附加值和竞争力。因此,发展文化产业,将其打造成为国民经济的支柱产业,对于推动转方式、调结构具有非常重要的意义。本文结合潍坊市实际,在认真分析文化产业发展存在的问题和瓶颈基础上,研究提出符合文化产业发展规律的财税政策建议。

一、潍坊市文化产业发展状况和问题

(一)基本情况

根据潍坊市经济社会"十二五"规划,到 2015 年,全市文化产业增加值占GDP 比重将达 7% 以上。目前,潍坊市文化企业发展到近 4000 家,资本总额达到 400 多亿元。2011 年,全市文化产业增加值实现 165.45 亿元,占全市GDP 的 4.67%,增长 14.9%。

1. 文化投入规模化。2011 年,全市完成文化产业投入 468.32 亿元,同比增长 23.5%;其中核心层投入 309.77 亿元,增长 36.2%,占全部固定资产投资的 11.9%。全市投资过千万元的重点文化产业项目达到 226 个,其中中仁文化、惠影科技被评为"山东省文化企业 30 强"。全市已建成文化产业示范园区、基地 51 个,其中国家级 1 个、省级 10 个。全省重点文化企业、重点文化产业项目、重点文化产业园区中,潍坊市共有 5 家企业、3 个项目、1 个园区入围,总数居山东省第二位。

2. 文化资源产业化。风筝会连续举办 24 届，成为潍坊市最具文化内涵、最靓丽的"城市名片"，催生出一系列极具文化色彩的节会，形成了人流、物流、信息流、资金流的市场集聚，促进了潍坊文化市场的繁荣。目前，全市具有较大规模的风筝厂 300 多家，年销售风筝 2 亿只，销售收入 20 多亿元；以风筝、红木嵌银、仿古铜等为代表的工艺品交易业年销售收入 50 多亿元；各类画廊、书画室发展到 2000 多家，年书画交易额达 55 亿元。

3. 文化单位市场化。立足于打造区域传媒中心，组建潍坊报业集团、潍坊广播影视集团。潍坊报业集团实行分报经营，对各经营单位进行公司化改造，2011 年总收入达到 4 亿元，同比增长 34%，进入中国地市报报业发展 50 强。整合广播电视、有线网络、综合网站和移动电视等资源，组建潍坊广播影视集团，实现了由事业型管理向管控型治理的转变，2011 年经营收入突破 2.9 亿元，同比增长 12.6%，进入全国地市级广电 30 强。文艺院团深入推进，市直 3 家市直文艺院团实行三院合一，组建潍坊演艺集团，实行市场化运作。全市所有图书发行和电影发行放映单位全部完成转企改制，完成率 100%。

4. 文化旅游一体化。坚持文化与旅游项目同步规划、一体开发，提高旅游项目的文化内涵。目前，云门山生态文化旅游区、沂山文化旅游风景区、白浪绿洲湿地公园、杨家埠民俗大观园、金宝民俗乐园、坊茨小镇、青云国际旅游度假区、诸城恐龙地质公园等文化旅游项目影响力不断提升，为区域文化旅游产业转型升级和创新发展起到良好的带动作用。

5. 新兴业态科技化。全市现有动漫企业 100 余家，其中核心动漫企业 21 家。以中动传媒为代表的一批优秀动漫企业逐步发展壮大。中动传媒公司自 2009 年成立至今，已策划制作动画片 13 部，成为山东省原创动漫产量最大的动漫公司之一。同时，着力打造潍坊软件园、寿光软件园等动漫产业园区，以及潍坊创意产业园、泰华领域创意产业园等专业文化产业园区，扶持新兴产业、龙头企业迅速做大做强。

(二)存在问题

1. 资源型文化产业仍占主导地位。文化产业发展主要依靠加快现有文化资源开发利用，把文化资源开发看作是带动旅游业发展的有效手段，通过文化资源及其产品形态去包装旅游产品，增加旅游业的吸引力和附加值。资源型文化产业对技术条件和人才因素要求较低，可以使文化资源直接变为文化产业，实现产业价值。但从长远看，该模式单一、低端、产业链难以延伸，并容易导致文化资源的过度开发，不利于文化的可持续发展。

2. 内容型文化产业比重较低。所谓"内容",并非简单地把文化资源的价值直接展示和呈现出来,使它成为旅游的要素,而是通过科技手段、媒介载体将文化资源转化为具有特定文化属性的内容产品,实现"一源多用",提高资源的利用率和产品附加值。目前,全市虽拥有风筝等独具特色的文化资源,但深度开发不足,没有形成叫得响的地域"内容"品牌和生态,不但影响了区域文化产业竞争力的整体提升,而且没有充分将地域文化资源转化为促进旅游、增加消费的动力。

3. 公共文化资源运营水平不高。近年来,城区建设的市民文化艺术中心、奥体中心、白浪河湿地公园等公共文化、体育、休闲资源,已成为市民、游客的聚集中心,都是文化产业发展的良好载体。但目前分散在各个部门独立管理,没有建立起专业成熟的运作模式,这在一定程度上造成了文化资源的沉淀和浪费。另外,乐道院等第二次世界大战的历史文化资源,在管理上涉及教育、卫生、三河公司、旅游、宣传、文化(文物)、外事等诸多部门,难以统筹进行专业化运作开发。

二、现行文化产业财税政策分析

近年来,特别是十七届六中全会后,国家先后制定实施了一系列旨在鼓励文化产业发展的政策措施。在中央、省政策基础上,潍坊市也制定了地方性的文化产业政策,详见如下。

(一)直接投入政策

近年来,中央、省、市普遍加大各类文化专项资金投入,专项资金类型和规模不断增加。潍坊市级文化事业产业资金由 2011 年的 1200 万元增加到 2200 万元,着力支持发展高端、高质、高效的文化产业。安排文艺创作奖励资金,鼓励文艺创作,重奖文艺精品,支持创作对提升潍坊城市形象、拓展旅游品牌有重大作用的影视作品。设立农村文化建设资金,专门用于农村文化建设等。

目前,各地在文化产业专项资金设立上具有随意性、缺乏系统性、资金规模取决于财政实力和领导重视程度、重复设立、政策目标不明确、层次不清、资金申请不透明等问题,在一定程度上固化为主管部门和部分大企业利益。同时,财政投入的方式大都限于直接补贴,间接性、引导性的补贴方式不多,没有结合产业发展需求,综合运用直接性与间接性、及时性与长久性相结合的投入方式,因而难以取得预期效果。

(二)税收优惠政策

根据税收优惠政策权限,市以下政府主要贯彻执行中央、省确定的税收优惠政策。专门面向文化产业的政策主要有:经营性文化事业单位转企改制税收优惠、音像制品和电子出版物增值税低税率、动漫企业增值税即征即退、文化事业和文化产业公益性捐赠支出税前扣除。同时,对文化产业领域内的技术先进型服务企业、高新技术企业,减按 15% 的税率征收企业所得税。

目前,我国文化产业存在着增值税与营业税混征现象,相互不能抵扣,加重了文化产业税负。如文化创意产品大多以策划创意、知识产权、人力资源、品牌价值等无形资产为主要投入要素,出版业的稿费及版权支出、广告业的创意成本、影视演艺业的剧本创作成本、动漫业的作品创作成本等不能进行进项税额抵扣,加重了税收负担。而现行文化产业发展税收优惠还没有统一完整的政策体系,对文化企业的设立、研发、营销、服务等环节缺乏配套政策和优惠手段,不全面、不系统、受益范围相对较窄。同时,差别税率政策设计过粗,运用不够,影响了税收优惠政策实际效果的发挥。

(三)投融资政策

近年来,潍坊市积极探索科学有效的资本运作模式,着力推动文化与资本融合,促进提高产业竞争力。政府主导设立的高端产业、蓝海产业投资公司,以及政策性的风险投资公司、担保公司等产业投融资主体都将文化产业作为扶持重点。专门设立文化产业投资风险基金,组建潍坊市国信文化产业投资有限公司,引导向大型企业和金融机构募集资金,由投资公司运营基金资产、基金托管人保管金融资产,有偿支持文化企业做大做强。建立潍坊文化产权交易所,打造了全省首家文化产权交易平台、文化产业投融资平台,盘活了文化资源,可以为文化企业提供融资服务。同时,建立金融机构小微企业贷款风险补偿政策,引导金融机构扩大文化产业领域内的小微企业贷款,构建起多渠道、多层次的融资体系。

三、促进文化产业发展的财税政策建议

推动文化产业跨越式发展,使之成为新的经济增长点,需要进一步拓展财

税政策的视野,从单纯运用税费、资金向综合运用资产、资本手段转变,从扶持重点企业、项目向营造普惠性政策环境转变。

(一)营造最宽松的文化产业发展环境

当前我国正处在经济社会转型时期,适应市场内生性需求,新生事物、新型业态、新的创业方式不断涌现,迫切需要放开行业、产业准入。而行业主管和相关行政审批部门出于维护部门利益,难以主动打破准入门槛。建议在加强行政监察和作风建设基础上,探索建立财政激励机制,将社会文化投资受理和审批通过件数作为部门考核的重要依据,对行业主管和行政审批部门给予资金奖励,引导其通过实行法定最低注册资本、取消主管部门挂靠登记等手段,放宽准入限制,鼓励个人创办文化企业、个体户转型升级为文化企业。同时,对新创办小微文化企业,除涉及的环境保护、资源性收费外,全部取消管理类、登记类和证照类行政事业性收费,在一定期限内给予全额税收补助,向企业让渡更多利益,营造最宽松的税费环境,激发保护文化创业的积极性,让文化创业的潜力充分涌流。

(二)转变文化产业专项资金管理模式

当前,各级财政用于文化产业发展的专项资金规模越来越大,但决策、审批、管理比较分散,这不仅影响了资金使用效率,还在一定程度上导致了企业之间的不平等。建议:

一是积极推进产业资金分类整合,提高管理透明度。集中有限资源,统一政策平台和管理制度,改变专项资金分散决策、分散管理的状况,一方面,提高资金管理透明度、公平性;另一方面,可以统筹资金集中用于重点产业、重点领域,集中财力办大事,充分发挥政策的引导作用。

二是将窗口申报作为政策兑现的主渠道,提高政策公信力。利用窗口申报方式,标准统一明确、一目了然,可以在很大程度上遏制暗箱操作、权力寻租现象,有效提高企业、社会对政策的信任度。建议将窗口申报作为申请限额以下专项资金的主要渠道,明确每项政策、资金的申报程序和时限,并形成制度性规范,然后在全市推广。在项目审批上,建议引入第三方中介机构进行专业评审,行业、产业主管部门以及审计部门进行复审,切实将政策不折不扣落实到企业和个人身上,提高政策效果和公信力。

三是将股权投入作为财政产业投入的重要方式,壮大财政扶持能力。为促进市场公平竞争,建议今后政府对一般性市场主体的扶持,除公共文化服务平台建设和奖补资金以外,原则上不再使用无偿补助方式,一般实行股权投资方式,在支持产业发展的同时,可以壮大自身规模,为扶持更多企业奠定基础。另外,也有利于增强其他投资主体信心,带动更多金融、社会资本投入实体经济。

(三)构建以科技、人才为主的财税政策体系

文化产业的核心竞争力在于创新和创意,现代科技手段和媒介载体是文化产业发展的重要推动力。从区域政策视角,建议将文化产业政策的着力点从重点项目转向科技创新和人才引进,将制造业领域成熟的科技、人才扶持政策更多地移植到文化产业领域。一方面,可以更好地发挥政策导向作用;另一方面,可以避免企业无序、恶性的政策资源竞争,提高政策效果。同时,要创新运用"科技＋金融"的扶持方式,以文化自主创新和科技成果转化为重点,整合财政科技政策、资金资源,重点面向文化领域的科技型中小企业,综合运用融资担保、风险投资、科技金融业务风险补偿等金融手段,放大政策效果,构建起完善的科技金融服务体系。

(四)挖掘促进文化产业发展的关键政策节点

从潍坊看,具有良好的区位优势和文化资源,拉动文化产业增长的隐性资源很多,但需要不断研究挖掘,通过政策引导把这些资源转化为促进经济发展的动力。譬如,2011年潍坊市过境游客达到2380万人次,如果在整合现有文化政策、鼓励旅游项目进行深度开发的基础上,充分发挥潍坊市物价相对较低、商业零售市场较为繁荣的优势,可以将增加旅游团队在潍坊市驻留时间作为政策的切入点,实施对市内外旅行社的激励政策,提高旅游、消费体验价值,以开发旅游资源,打造品牌,扩大消费。据估计,引导过境游客多停留1天,保守估计可拉动消费100亿元以上,增加税收5亿元以上。

(五)创新公共文化资源市场化运营模式

改革开放以来,各类文化事业经过不断积累发展,各级沉淀了大量的公共文化资源、资产。这些资源运用得好,可以转化为具有活力的文化产业,进一步扩大文化产业容量。对现有的文化艺术中心、奥体中心、公园等公共文化、体育、休闲资源,建议整合资源,组建专业化运作公司,负责统筹公共文化设施开发运营。这样做既可以降低设施运营对财政的过度依赖性,又可以激活沉淀资源,进一步丰富文化业态。同时,建议进一步扩大政府购买公共文化服务

的领域,凡是市场上能提供的服务,坚决杜绝"养人养机构",实行政府购买服务,将公共文化投入转化为文化产业发展的重要拉动力。

课题组组长:刘锡田
　　　成员:孙　超　孙　杰
　　　执笔:孙　超

下 篇
XIA PIAN

刺激文化产品需求的财政政策研究

浙江大学、宁波市财政局联合课题组

人类社会在经历了"经济开发""社会开发"及"人才开发"后,如今已进入"文化开发"时代,文化在经济社会发展中的支柱作用已日益凸显,不少国家的文化产业已经或正在成为国民经济发展的"主干线"。1997 年,韩国惨遭亚洲金融危机后经济一片萧条,多数财团解体,三分之一银行关门,外汇储备降至低谷。然而在短短的五年内,韩国凭借文化产业的迅速发展使经济再度崛起,文化产业已成为其核心经济,"文化立国"也成为其基本国策。美国的文化产业已取代航空业成为本国第一大出口业,控制着全球 75% 的电视节目生产和制作,大多数第三世界国家 60%～80% 的电视节目都来自于美国,而美国本土的境外电视节目占有率却只有 1.2%。美国生产的影片产量虽然只占全球的6.7%,却控制着全球 50% 以上的总映时间、三分之二的票房收入。如今美国的文化产业不仅占其 GDP 比重 25% 以上,是国民经济三大支柱产业之一,而且更成为其攫取全球经济利益的"抽血机",谋求全球"文化霸权主义"的重要战略。

随着后工业时代的到来,传统的以生产为中心的经济方式正在被以消费为中心的经济方式所取代。消费俨然已成为生产发展的原动力。特别是新兴的文化消费增长尤为迅速。目前西方发达国家的文化消费已占到总消费的30% 以上。然而,我国 13 亿人口的巨大文化消费潜能却迟迟得不到释放。按照经济学家霍利斯·钱纳里的理论,根据恩格尔系数及人均 GDP 水平测算,2000 年,我国人均 GDP 接近 1000 美元,恩格尔系数为 49.8%,文化消费应占个人消费的 18%,文化需求量应达到 3000 亿元,并占 GDP 的 3% 左右。而实际我国文化消费却只有 800 余亿元,不足应有需求的三分之一。2002 年,我国人均 GDP 为 1135 美元,根据恩格尔系数测算,文化需求量应为 10900 亿元,而实际却只有 5300 亿元,不足需求的二分之一。2005 年,我国人均 GDP 为 1732美元,恩格尔系数为 33%,文化消费应占个人消费的 20%,文化需求量应为20100 亿元,而实际却只有 4186 亿元,相当于需求的四分之一。2008 年,我国人均 GDP 为 3414 美元,文化需求量应达到 40000 亿元以上。且根据国际经验,当恩格尔系数达到50%以下、人均 GDP 超过 3000 美元时,文化消费就会出现"井喷"现象。但实际我国文化消费却不足 8000 亿元,仅占 GDP 的 2.6%,不足同等发展水平国家(5.47%)的二分之一。2010 年,我国人均 GDP 为 4361 美元,文化需求量应达到 50000 亿元以上,而实际却只有 10000 亿元左右,仅占需求量的五分之一。据预测,即使到"十二五"末,我国的文化消费总量也最多只有 1.5 万亿元。从横向看,2010 年,美国文化产品占国际市场份额43%,欧盟占 34%,而我国却不足 4%。种种迹象表明,我国的文化消费需求缺口很大,文化消费不足已成为制约我国文化产业发展的重要瓶颈。因此,在目前我国工业化、城市化发展关键时期,研究文化产业的"本源",激活文化消费需求,对拉动文化产业发展具有重要的现实意义。

一、文化产品的经济性质

(一)文化产品的公共性

1. 文化产品公共性的内涵界定

公共物品理论为文化产品的公共性分析提供了理论依据。文化产品的意识形态属性决定了文化产品具有很强的公共品属性,当然公共物品所具有的一切属性文化产品就必然具备。文化产品的主要特性表现为:(1)非竞争性。在允许的限度内,增加一个消费者不会引起成本相应增加,其边际消费者的边际成本为零。对于文化产品来说,消耗的只是文化艺术的物质载体,而文化价值不但不会消耗,反而会在人们的共鸣中得到丰富。(2)非排他性。一旦产品供应出来,供应者或生产者就难以阻止任何人对它消费。如公共电视,只要个人买了电视接收器,就可以接收电视节目,没有人能被排除在外;或者即使排他,其排他成本也大于收益。(3)效应不可分性。对于私人产品有:$X = \sum_i X_i$,即某一商品的总量等于每一消费者 i 所消费该产品数量的总和,说明其效用具有可分割性。对于纯公共产品有:$X = X_i$,即任何一个消费者 i 所消费的公共产品数量等于全社会所消费的公共产品总量,说明公共产品在效用上具有不可分割性,不仅生产与消费不可分割,而且产品的出售也不能分割。如公共广播,每个人所接受的信息均等于广播的信息,广播的信息不能分割于每个人中去。

2. 公共性文化产品的分类

根据文化产品的"公共性"程度,可将文化产品分为三类,私人性文化产品、纯公共性文化产品和准公共性文化产品。

私人性文化产品具有强排他性和强竞争性,如图书、CD等。如果A消费了,B就不能同时消费;反之亦然。因此,根据市场经济法则,这类产品通过市场引导和供给是有效率的。

纯公共性文化产品同时具有很强的非排他性和很强的非竞争性。主要指具有纯公共物品性质的公益性文化产品或设施,如国防、外交、消防、公共广播、公共电视等。

准公共性文化产品具有不完全非排他性和不完全非竞争性。也就是说,不同时具备非排他性和非竞争性两个特征,或者两个特征的表现程度有强弱之分。一般把这类产品称为"俱乐部产品"。大多数文化产品都属于这一类。

需要注意的是,区分文化产品行业,不能简单地根据其所提供的产品性质而定,而只能说明该行业在多大程度上偏向于什么性质。比如同为博物馆,美国的古根海姆博物馆为私人提供,属文化产业单位,而我国的博物馆则由国家财政提供,属文化事业单位。因此,判别文化行业的性质,应根据该行业中营利与非营利主体所占比重,即根据市场份额、员工人数、资产和生产总值等指标,通过下列公式计算而定:

$$I = \frac{\sum_{i=1}^{n} X_i}{\sum_{i=1}^{N} X_i} \tag{1}$$

其中,I表示文化产业化程度,n表示营利性主体数量,N表示提供主体总数量,X表示产值、市场份额、资产、人员总数等。

当$I > 0.5$时,表明该文化行业产业化趋势明显;当$I < 0.5$时,表明该文化行业为文化事业单位。

(二)文化产品的外部性

1. 文化产品外部性内涵的界定

所谓"外部性",亦称外在效应或溢出效应,指某经济主体的活动对旁观者福利的影响,这种影响并不是在有关各方以价格为基础的交换中发生的,因此其影响是外在的。也就是说,价格机制无法反映文化产品成本或收益的"外溢"。其数学函数式为:

$$F_j = F_j(X_{1j}, X_{2j}, \cdots, X_{ni}, X_{mk}) \quad j \neq k \tag{2}$$

式中,j 和 k 表示不同的个体。F_j 表示 j 的福利函数,$X(i=1,2,\cdots,n,m)$ 表示消费或其他经济活动。

该函数表明,只要某一个体的福利受到自己所控制的消费或其他经济活动 X_i 的影响,就同时还受到另外一个体 k 所控制的消费文化产品经济活动 X_{mk} 的影响,就存在外部效应。

文化产品的外部性具有三方面重要特征:一是文化产品的外部性分正外部性和负外部性两种。正外部性指的是"公益品",如先进思想、公民道德及民族文化等的传播;负外部性指的是"公害品",如媚俗化、低俗化、虚假化文化产品。二是文化产品的外部性具有时空性,包括代内外部性和代际外部性。三是文化产品的外部性具有交互性,包括"同群效应"和交流不可或缺性。

2. 文化产品外部性的分类

根据有效市场假设,使用者所有边际收益都应该反映在对一种文化产品的需求曲线上,所有边际成本都应该反映在供给曲线上。但公共文化产品却不满足这些条件,因而具有外部性。其外部性包括正外部性和负外部性两种。

(1)正外部性。如图 1 所示,如果文化产品的所有边际成本都反映在图中供给曲线 $S^* S$ 上,而且假定所有市场需求都反映在市场需求函数 DD 上。这是消费者在该产品可以排他性消费时的需求,如果存在外部性,直接消费者对该产品的消费就会给其他人带来收益,并由外部需求函数反映出来。将这些收益垂直加在市场需求函数 DD 上,则得出集体需求函数 $D^* D^*$。如果生产 Q^0,则不能满足市场需求,因为直接消费者和外部消费者的边际收益之和为 $AQ^0 = BQ^0 + AB$,超过边际成本 BQ^0。如果产量由 Q^0 提高至 Q^*,会使净收益增加 $\triangle ABC$ 面积。

文化产品正外部性的存在主要在于没有收取外部消费者所获得产品价值的市场。这也许在技术上不可行,如难以识别球迷等;也许是虽然对外部消费者收费是可能的,但收费成本太高;还有可能是鼓励正外部性,不希望排除其他人获益,如文化下乡等。

(2)负外部性。与文化产品的负外部性相反,直接消费者对文化产品的消费给其他人带来的是成本而非收益。如图 2 所示,因为生产者支付成本为 SS,

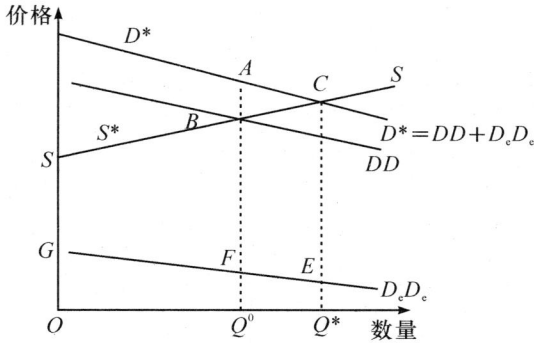

图 1　文化产品的正外部性

但未付或外部成本 S_eS_e 被施加于不能控制生产者决策的其他人，生产总成本为两者之和 S^*S^*。在市场需求既定时，市场产出为 Q^0，但并非为帕累托最有效率，因为对于产量为 Q^0 的消费者其边际收益为 BQ^0，小于该产量的边际成本 AQ^0，如果产量由 Q^0 降至 Q^*，则净经济价值增加△ABC 面积。

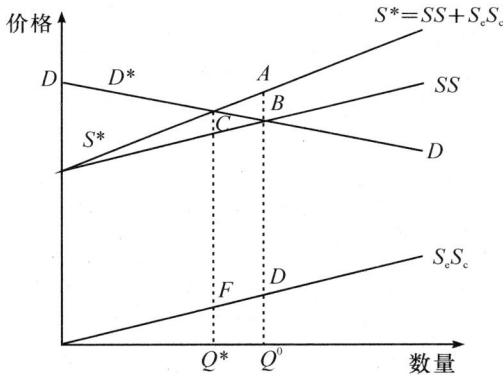

图 2　文化产品的负外部性

　　同样，文化产品的负外部性也归咎于非排他性和非竞争性，即缺乏使外部成本承担者表达它们偏好的市场。这也许是产品的技术性质缘故，也许是来自社会所决定的处理问题方式，如控制社会风气机制、高成本谈判等。

　　3. 优效品福利损失及其矫正

　　许多学者在分析文化产品的公共性和外部性时多提及优效品概念。作为体验式的文化产品，不同的特性其消费功能也不相同，而且每个消费者的偏好也不尽相同。特别是对于优效性文化产品来说，如果只有私人提供，则会产生

"搭便车"现象,使得私人企业不愿意提供,导致产品价格弹性很小。但这种产品对消费者来说,效用又很大。如果不消费,社会福利则会受到损失。

如图 3 所示,横轴代表优效性文化产品供给数量,纵轴代表文化产品价格。PMB 为该类文化产品的个人边际收益曲线,SMB 为社会边际收益曲线。对于该类文化产品,其社会边际收益大于个人边际收益。如果由市场提供该类文化产品,在市场机制下人们按照满足自身需求原则而购买量为 q_1;在社会效率准则下,根据个人边际收益等于社会边际收益原则,最佳供给量为 q_0,而 $q_1 < q_0$,说明市场提供量小于社会最优供应量。因此,由于供给不足将会造成福利性损失,其损失量为图中阴影部分△ABC 面积。

因此,为使资源有效配置,优效性文化产品一般不能通过价格机制来分配,而是政府有必要介入,基于价值和需要而矫正。如博物馆免费开放能够为社会带来正外部性,所以政府可以通过补贴以改善外部性效应,使边际私人收益与边际社会收益相等,从而增加博物馆的实际供给量。如图 4 所示,MEB代表递减的边际效用曲线,D_s 代表社会需求曲线(D 和 MEB 垂直相加),Q_e 表示博物馆的社会最优产量。如果将消费量 Q_1 扩大为 Q_e,就需将价格由 P_1 降至 P_e。但这就需要给予供应者补贴(T),其大小为最优产量 Q_e 下的社会边际收益(即 P_1P_e)。这样,供给曲线就下移至 ST,从而得到帕累托最优均衡(即 E 点)。

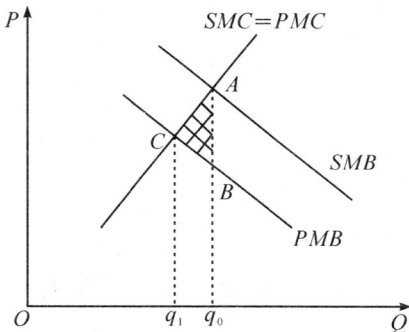

图 3　优效品的福利损失　　　　图 4　优效品福利损失的矫正

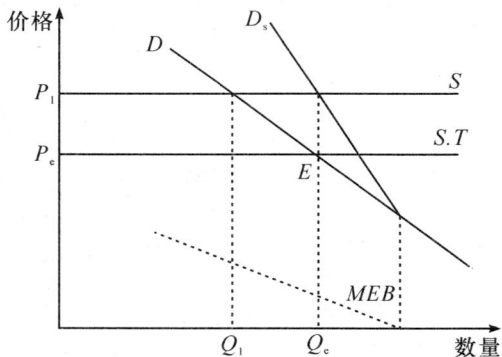

现实中,政府矫正行为被广泛应用于文化事业中。如对于城市广场、街头景点、公园等公共文化产品,企业缺乏向社会提供的积极性,从而会经常出现消费"拥挤点"。这时,政府通过对企业补贴,使边际社会收益与边际私人收益相等,鼓励其生产,以最大限度地满足社会需要。

（三）文化产品需求的收入弹性

1. 消费需求实现的心理全过程

需求是人类某种行为的最初原动力。消费需求是反映消费者某种生理或心理体验缺乏的状态，并表现为获取消费对象的要求与欲望。当消费者期望状态与现实状态出现差距时，就会产生一种刺激并生成潜在的需求，进而形成需求动机。在动机驱使下，消费者即会付诸购买行动，以满足消费需求，购买行为结束。但此时消费过程并未停止，消费者还会对消费效果进行评价，并产生新的心理不平衡，进而形成新的消费需求。如此循环往复，不断推动消费持续发展（见图5）。

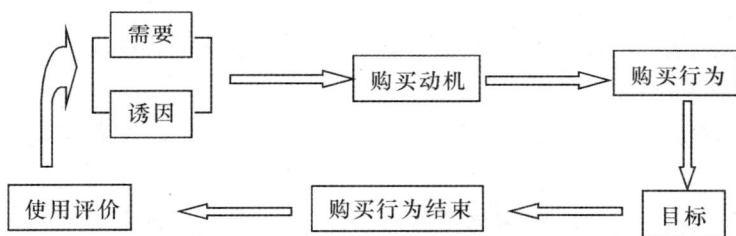

图5　消费需求实现的心理全过程

2. 文化产品的需求收入弹性

影响文化产品需求的任一因素发生变化时，所引起的文化产品需求量变化现象，称之为"文化产品需求弹性"。在影响文化产品需求因素中，除收入（既包括同一家庭不同时期收入的纵向比较，也包括同一时期不同家庭收入的横向比较）以外，在其他因素均保持不变情况下，文化产品需求量对收入变化的敏感程度，称之为"文化产品的需求收入弹性"。收入为 Y_1 时，文化产品需求量为 Q_1。当收入由 Y_1 提高至 Y_3 或下降至 Y_2 时，文化产品需求量则相应分别增加至 Q_2 或降低至 Q_3。它们之间成正比例关系（见图6）。其函数关系为：

$$Q = f(Y) \tag{3}$$

式中，Y 表示收入，Q 表示文化产品需求量，f 表示它们之间的函数关系。

文化产品的需求收入弹性系数是衡量文化产品的需求收入弹性大小的重要指标。它表示收入变化率所引起的需求量变化率，也可以说需求量对收入变化的敏感程度，其计算公式为：

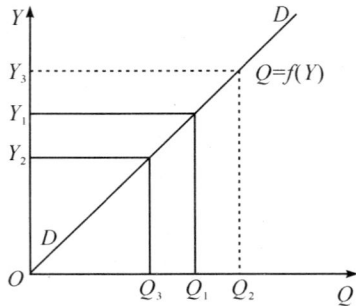

图 6　文化产品需求的收入弹性

$$E_Y = \frac{需求量变动的百分比}{收入变动的百分比} = \frac{\Delta Q}{Q} \div \frac{\Delta Y}{Y} = \frac{\Delta Q}{\Delta Y} \cdot \frac{Y}{Q} \tag{4}$$

式中，E_Y 表示文化产品的需求收入弹性系数，Y 表示收入，ΔY 表示收入变化程度，Q 表示文化产品需求量，ΔQ 表示文化产品需求量变化程度。

E_Y 的取值情况有如下四种：

$E_Y > 1$，为收入有弹性，表明该产品的需求增长快于收入提高，如出国旅游等；

$E_Y = 1$，为单一弹性，表明该产品的需求增长速度与收入提高速度相等；

$0 < E_Y < 1$，为收入无弹性，表明该产品的需求增长慢于收入提高，如食物等；

$E_Y < 0$，为"劣质品"，表明该产品的需求随着收入提高而减少，如法兰克福香肠等。

3. 需求收入弹性计算

事实上，当收入提高时，不但需求量增加，而且供给量也会相应增加。这样，需求曲线就变成了无数条平行的移动曲线（见图7）。假设消费者为某既定偏好、收入处于某一水平时，需求曲线则为 D_1 所示。此时，所对应的产品价格为 P_1，消费数量为 Q_1，市场达到均衡。如果收入提高，消费者会愿意支付更高的价格（P_2）购买此产品，需求量（Q_2）随之增加，需求曲线则上移为 D_2。这里，尽管价格提高了（$P_2 - P_1$），但需求量却增加了（$Q_2 - Q_1$）。同理，如果收入降低，消费者则会压缩支付，以较低的价格（P_3）购买此产品，需求量（Q_3）就会减少，需求曲线下移为 D_3。这里，价格下降了（$P_1 - P_3$），需求量也减少了（$Q_1 - Q_3$）。

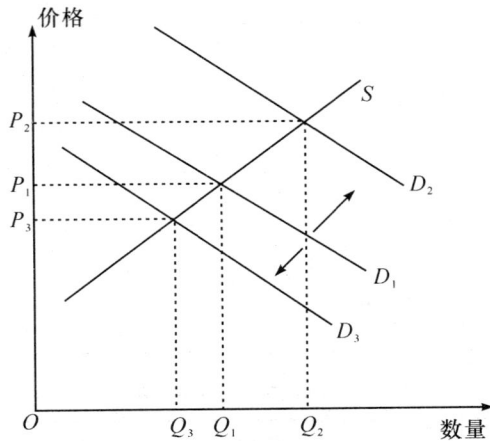

图 7　需求的收入曲线移动

以音乐会门票为例,通过文化产品需求理论,建立需求函数如下:

$$Q_t = a + bP_t + cY + dP_s + eP_c \tag{5}$$

式中,Q_t:音乐会门票需求量;

　　P_t:音乐会门票价格;

　　Y:个人年均收入;

　　P_s:替代品(如电影等)价格加权平均数;

　　P_c:互补品(如沿途交通等)综合价格;

　　a:常数项;

　　b、c、d、e:系数(各自变量单位变化所引起的因变量变化大小)。

为了对需求函数作出充分解释,现对(5)式进行赋值(见表 1、表 2)。

表 1　(5)式中的变量假设值

自变量	假设值
P_t	12
Y	2000
P_s	9
P_c	8

续表

系数	假设值
a（常数）	40000
b	3200
c	30
d	800
e	900
Q_t（因变量）	

表 2　计算需求函数的所需数值

自变量	条件值	作用值
a	40000	40000
$b \times P_t$	-4200×12	-50400
$c \times Y$	30×2000	60000
$d \times P_s$	800×9	7200
$e \times P_c$	-900×8	-7200
Q_t（因变量）		49600

利用表 2 中的假设取值，通过（5）式可以计算出需求的收入弹性值如下：

$$E_1 = \frac{\text{需求量变动的百分比}}{\text{收入变动的百分比}} = \frac{\Delta Q}{Q} \div \frac{\Delta Y}{Y} = \frac{\Delta Q}{\Delta Y} \cdot \frac{Y}{Q} = \frac{600}{49600} \times \frac{2000}{20} = 1.2$$

这就是说，在影响文化产品需求的其他相关变量保持不变情况下，如果人均收入在 2000 美元基础上提高 1％，音乐会门票需求量将增加 1.2％。

4. 居民文化需求收入弹性实证分析

根据边际效应递减规律，随着收入的不断提高，文化产品的消费量也随之增加，产品边际效用不断递增。当效用到达某临界点时，就会产生一种"审美疲劳"现象，产品效用开始逐渐递减，直至最后选购其他产品。这就是说，每个消费者的消费量都是有限的，呈现一种开始递进较快，随后增加缓慢并开始下滑，最终维持在一个基本消费水平的一种变化趋势（见图 8）。如电视剧、经典音乐等消费情况即为如此。当然成瘾的"病态"消费个例并不在此列。

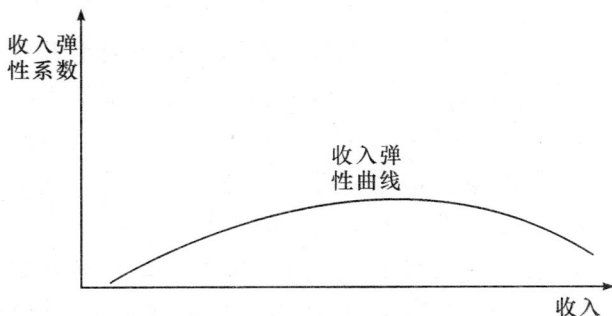

图 8　文化产品收入弹性曲线

　　通过以上分析可以看出,收入是影响文化产品需求的显著因素之一(见表 3)。目前我国居民收入普遍较低,这抑制了文化消费需求。例如一些高档文化娱乐消费产品(如进口新影片、豪华舞厅等)难以进入大众消费视野,具有一定投资价值的文化产品(如古玩、字画等)由于风险性而难以进入一般工薪阶层,以致目前我国美术品市场出现一面是艺术品投资热,而另一面又是大批画廊关门歇业的供求失衡现象。造成这种现象的根本原因就在于,不但居民收入偏低,而且可支配收入也不确定,居民后顾之忧重重,消费预期信心下降。主要表现为:社会保障体系不完善,多数人为养老防病而大量储蓄;人力市场不发达,缺乏竞争优势的人群为应对下岗等不测事件而谨慎消费;社会消费结构不平衡,中青年人为房产、教育等热点消费而节衣缩食。

表 3　不同收入人群文化产品消费差异

收入水平	电影票价平均值	文艺演出票价平均值	阅读书报时间平均值	年度购书数量平均值
2 万元以下	1350	1320	1291	1356
2 万~5 万元	1355	1392	1455	1385
5 万~10 万元	1784	1744	1647	1662
10 万元以上	1900	1788	1693	1806

二、文化产品消费不足的表现及成因

　　提高文化消费能力可以拉动文化产业发展;而文化产业的发展,又可以反过来促进文化消费能力的提高。这就是文化消费与文化产业的总关系。马斯洛需要层次理论和奥德费 ERC 论就是在人类社会的这种"生产与消费"互动中产生的。马斯洛需求理论表明,人的需求梯度递进或上升规律是经济社会生产力发展的自然历史过程。生活中表现为:当人的基本生存需要得到满足后,必然要追求精神消费、享受和发展消费高层次精神需求。

同时,德国统计学家恩格尔也证明了人的这一消费发展趋势。按照恩格尔定律,当恩格尔系数在 50%～60% 时,居民生活水平处于贫困与温饱阶段,一般以基本型消费为主;随着生产力的发展,当恩格尔系数降至 40%～50% 时,居民生活水平进入小康阶段,一般以发展型消费为主;当恩格尔系数进一步降至 30%～40% 时,居民生活水平处于富裕阶段,一般以享受型消费为主。目前,我国总体处于小康阶段,对文化产品需求的数量与质量日益增加。但受多种条件及因素限制,居民文化需求能力与规模同发达国家还存在较大差距,文化消费占 GDP 比重,以及文化消费对经济增长贡献率都远低于世界平均水平。这说明目前我国文化消费总体还处于初级阶段,文化消费增长才刚刚起步。

(一)文化生产与文化消费脱节,难以满足居民消费需求

目前我国文化产业处于这样一个怪圈,就是生产与消费越走越脱节,高端产品离普通老百姓越来越远,难以适应当前多层次、多方位和多样化的市场消费需求。

1. 表现

(1)精英文化萎缩。一些高端消费者所需求的精英文化(如歌剧、芭蕾舞、交响乐及学术著作等)纷纷商品化、平民化,以至目前精英文化日渐危机。例如,近年来我国影视产品不少,但精品却寥寥无几,上座率低。据统计,2000—2004 年,我国进口影片 4332 部,而出口影片却屈指可数。作为一个拥有 13 亿人口的大国,2005 年的影视出口额仅相当于韩国的四分之一。

(2)大众娱乐文化泛滥。当前大众文化存在着一定的盲目性、自发性和商品化倾向,大众文化泥沙俱下,产品缺乏创意,价格不够低廉,群众多不乐见,缺少具有竞争力的品牌和市场广泛认同的拳头产品,文化消费市场需求难以释放。

(3)缺乏文化个性。目前文化产品同质化现象严重,一些娱乐性、消遣性和通俗性文化产品未形成市场规模供应,难以满足所谓"下里巴人"的广大消费者的需求,潜在的需求链不能充分转化为现实的消费链。据统计,2000—

2009 年,全国人均 GDP 由 7858 元增至 25575 元,翻了 2.25 倍;而同期人均文化消费却只由 214.18 元增至 564.94 元,仅翻了 1.64 倍,城乡文化消费需求景气指数下跌 7.81%。

2. 成因

(1)文化生产与市场需求没有真正接轨。如今国际化和市场化已成为文化消费的主要特征。韩国的影视之所以流行,就是得益于其高度市场化。它们的电视剧可以随时根据观众需求而改变剧情,形成了观众与产品之间的良性互动。而目前我国文化市场还处于成长阶段,很多文化产业特别是国有文化产业单位,还没有真正转变为市场化运作,不是完全的市场竞争主体,市场化程度低。再加上一些创作人员不深入基层,不了解群众生活,不倾听观众呼声,也就不能针对居民需求而盲目生产,导致社会需求与实际供给不对称,大量产品闲置或浪费。

(2)产品价格过高。一些企业不仅粗制滥造,而且频繁涨价。相对改革开放初期,目前电影票价格上涨了近百倍,图书价格上涨了几十倍。如一张正版 CD 要 60 多元,一张少林寺门票要 160 元,就是一套最小的正版福娃也要 120 元。一家 3 口看一场电影,动辄几百元,甚至上千元。美国人均收入为北京人均收入的 10～20 倍,而 2004 年美国电影票平均价格却与北京票价持平。这就难怪广大居民要么选择消费盗版等伪劣文化产品,要么选择远离电影剧院。

(3)产品供给与需求价值取向分离。一些企业一味追求利润,经济效益与社会效益、商业票房价值与文化审美价值倒挂。一些本应提倡的文化产品,却因"经济危机"而不能成为社会财富;而一些本应限制或取缔的文化产品,却因商业利润诱惑而泛滥成灾。这种现象在戏剧、影视、音像、图书等文化商品领域表现得尤为突出。

(4)缺乏激励保障机制。主要表现为:政府管理效率低下,行政权力随意干涉,抑制了文化需求的生成和发育;中介民间组织发育迟缓,志愿者力量单薄,文化交易场所不足,文化消费档次较低;NGO 组织受资金限制,往往使用一些业余人员,服务质量不高,工作效率较低,难以满足公民需求偏好。

(5)供需差异矛盾。作为特殊消费品的文化产品,存在着其需求个性化与生产标准化之间的矛盾,使得文化产品生产难以规模化。近年来,一些人不去分析高端需求与中端需求之间的差别何在、高端需求的市场面到底有多大、中端需求的实际消费点又在何处等问题,而是在笼统谈需求,对问题大而化之。当然就生产不出合适的产品,以满足居民需求。

(6)缺乏理论指导。近年来,西方经济学注重个人消费行为的微观经济研究,而我国学界却仅把视野主要集中于文化生产主体,忽视文化消费者研究,没有起到指导文化产业发展的作用。目前我国文化消费政策体系还不成熟,配套政策不到位,甚至还存在一些缺陷。文化产品的生产错位和行销断路,导致潜在需求向有效需求转化受阻,难以适应当前文化消费快速发展需求。

(二)文化产品质量提高滞后于文化产品数量增长

"十一五"期间,我国一些文化生产经营单位热衷于追求规模和数量增长,导致产品数量过多,但质量不高,而且这种不对等趋势愈发加剧。

1.表现

(1)盲目生产现象严重。一些地方政府不从文化消费市场出发,有的"文化产业是个筐,什么都能往里装",大剧院等文化设施一哄而上;有的"文化产业园区"建设虚热,名为"发展文化产业",实则"变相融资""借名圈钱""假名圈地"等鱼龙混杂而渔利。这些不当行为导致文化产业规模与效益失衡,文化产品数量与质量失衡。

(2)生产制作水平低。一些文化企业制作手段、能力和水平封闭陈旧,经营方式粗放,生产不出高质量产品,不能适应市场需求。据统计,2007—2009年,上海市居民消费支出分别为 18.3%、14.8%、14.9%,几乎降至 10 年前水平。例如,现行的商业报纸业缺乏准确估算报纸发行量的工具,难以得出精准发行量而盲目追求生产,加大了报纸经营和竞争成本。近年来,我国动画产量可谓飞速增长,2004 年为 2 万分钟,2009 年猛增至 17 万分钟。但可以通过电视台转播的节目却凤毛麟角,精品力作就更稀少,盈利的企业不足一成。

(3)产品有效供给不足。2006 年,我国电视剧总产量达 13840 集,但大多雷同,索然无味,年播出量最多只有 7000 集。目前全国图书出版社共有 556家,其中北京市就达 234 家,另有 5000 多家图书出版商和外埠出版社。在这种激烈竞争环境中,往往一个好的选题和卖点出现后,就会有大量雷同图书雨后春笋般地冒出来。特别是报纸类,一个新闻事件会在不同报纸上同时刊登,既降低了读者可读性和耐读性,又浪费了媒体资源。据调查,在北京市 1650 名受访者中,约有 45.09%的人反映当前文化产品雷同现象比较普遍,其中图书、报纸、互联网和电视剧等尤为突出,低水平重复生产,产品数量大,有效供给少,销售率低,库存积压量大。

(4)市场环境恶劣。一些文化经营者一直从事无证非法生产、销售和经营活动,一些假冒伪劣产品、盗版侵权行为暗流涌动,一些诸如短信欺诈、垃圾短信、网络增值服务收费陷阱络绎不绝,这些都损害了消费者利益,挫伤了消费者积极性,消费者权益无法得到有效保护。

2. 成因

(1)孤立的唯 GDP 倾向。一些领导干部为了追求所谓的"政绩",一些领导干部把"以经济建设为中心"片面理解为"以 GDP 为中心"、把"发展是硬道理"片面理解为"GDP 增长是硬道理",还有一些领导干部将经济价值与文化价值混为一谈,认为只要经济效益好,文化价值就一定高。在这些思想偏差驱使下,不顾实际,热衷于搞开发、上项目,大干快上。

(2)思想观念陈旧。一些领导干部仍停留在以往重生产、轻流通、轻消费老观念上,没有将生产者主权逐步转向消费者主权。认为只有生产才有消费,启动消费是跟在生产后面的。认为文化发展就是多出版几本书、多拍几部电影及电视剧、多组织几场文艺演出等。还有一些领导干部法制观念淡薄,重内部效益,轻社会效益,纵容一些侵害消费者权益的利己短视行为。

(三)文化消费结构不尽合理

目前我国文化消费需求存在明显不均衡现象,主要表现在东中西部地区之间、城乡之间以及群体之间。

1. 表现

(1)地区间差距。总体上看,我国东部发达地区文化消费水平明显高于中部欠发达地区,中部欠发达地区明显高于西部发展中地区。据 2009 年蓝皮书显示,上海、北京、浙江、广东、天津、江苏、福建、山东、湖南等 9 省市城乡人均文化消费需求依次高于全国平均水平,而吉林、海南、新疆、安徽、山西、云南、河北、黑龙江、河南、贵州、青海、西藏等 12 省份依次排位于全国最后,且均不足全国平均水平的 80%。其中,河南及黑龙江、青海及贵州分别不足全国平均水平的 70%、60%,排最后一位的西藏不足全国平均水平的 18.32%。从横向比较,如果将全国文化消费需求"理想值"定为 100,那么 2009 年东北、东部、中部及西部地区的实际消费值分别低于理想值 14.19、16.03、23.76、24.18;从纵向比较,如果将 2000 年全国文化消费需求定为 100,那么 2009 年全国文化消费需求景气指数则为 92.19,下降 7.81%。其中,东部提高 1.37%,东北提高 5.15%,中部下降 17.19%,西部下降 19.45%。

　　(2)群体差距。我国消费群体差距呈现三大格局:一是"先导型"消费群体。这类高收入富裕型和极富裕型群体,以公司老板、高级管理职员、高级私营企业家、高科技及演艺界知名人士等为主,一般恩格尔系数在15%以下,达到发达国家平均消费水准。二是"升级型"消费群体。这类中等收入群体,以政府公职人员、科教文卫人员、国有企业职工及个体经营者等为主,一般恩格尔系数在35%左右,边际消费倾向居中,最具当前消费购买力和消费开始多样化。三是"培育型"消费群体。这类低收入群体,以城市下岗职工、部分退休职工、进城务工人员及大部分农民等为主,一般恩格尔系数在50%左右,消费能力尚处于为大宗购买积聚力量状态。此外,还有极少数勉强摆脱衣食困扰的更低收入群体。这三类群体的差距主要表现在城乡之间。2010年,我国城镇居民文化消费支出是农村居民文化消费支出的近4倍,2009年浙江省城镇居民人均文化消费支出是农村居民人均文化消费支出的2.86倍。2000—2008年,上海市城市居民人均文化娱乐消费支出由702元增长至1709元,而农村居民人均文化娱乐消费支出却只由559元增长至850元。

　　(3)消费者偏好差异。从总体看,目前我国享受型文化消费超前发展,基本型文化消费和发展型文化消费明显滞后。主要表现在:一方面大众文化消费场所难以满足公民需求,而另一方面高档文化设施又大量闲置;虽然文化娱乐型消费已成为主体,但发展速度较为缓慢;虽然文化教育型消费迅速成长,并成为消费热点,但对自身继续教育却舍不得投资。目前城镇居民人均100元左右的日常文化消费成为消费主流,主要集中于电视、网络、报纸、电影、光盘及影碟等,人均500元以上的文化消费以教育培训为主;而农村居民受基础设施建设和经济条件限制,文化消费活动单一,主要以看电视和听广播为主,网络等新媒体接触较少。中小学生对娱乐明星了如指掌,而对中外表演艺术家则知之甚少。很多人热衷于休闲消遣、流行音乐、武侠言情、封建迷信、黄色、暴力、盗版等娱乐型消费,而对严肃文化和高雅文化等素养型文化却不感兴趣。据调查,虽有一半以上市民每天花约2~3小时欣赏和消费精神产品,但主要指向却是"电视"和"报刊",选择率分别达70.9%、47.6%;虽然居民平均每月会投入101.2元购买文化产品,但约有40.6%的市民"从不购买"期刊,36%的市民"从不购买"音像制品。在知识分子家庭中,书报支出占比最大,耐用品文化消费占比最小,而在农民家庭中文化消费结构则刚好相反,干部家庭居中。城镇居民文化娱乐支出较书报杂志支出高约5~8倍,而农村居民文化娱乐支出较书报杂志支出则高约35倍。

2. 成因

(1)自然条件不同。我国地域辽阔,自然条件差别较大。作为政治、经济、文化中心的城市,地理位置和经济历史背景优越,人口集中,文化设施完善,产业结构齐全,生产和供给能力充足。尽管这些地区居民人均文化需求量较大,但也能基本满足居民各类文化消费需求,供求大体平衡,有的地区甚至还供给过剩。而在西部和偏远地区,由于人口居住分散,交通不畅,信息闭塞,文化产业结构发育不成熟,各类文化设施严重不足,功能不全,生产和供给能力不足,所以相当程度上需要依靠城市及经济发达地区供给,公民文化消费需求受到限制。

(2)经济发展不平衡。由于东中西部经济发展水平及城乡文化产业投资不均衡,社会保障体系完善程度有差别,居民收入分配差距不断扩大,东部地区工资和福利增长较快,而中西部相对慢些。这样就导致经济发达地区文化基础设施和文化产品多而集中,而欠发达地区文化基础设施薄弱,产品匮乏。而且随着经济社会的发展,这种差距还在加剧。

(3)财政投入不均。2007年我国文化财政投入用于城市的占比高达71.8%,而乡镇文化站投入只有14.99亿元,全国农民人均只有2.06元。2007年浙江省文化事业费占财政支出比重达0.87%,连续七年居全国第一位。而中西部地区财政收入却相对较少,特别是取消农业税后,地方基层政府财政收入更为吃紧,根本无力投资文化建设。

(4)文化消费素养不均衡。文化产品消费需要消费者具有特定的文化素养能力。一般来讲,经济先进地区较经济落后地区人们更加注重文化素养提高,追求高雅精神享受和情操陶冶;而经济落后地区人们文化消费意识相对淡薄,缺乏文化生活情趣,文化消费习惯尚未养成,对高雅文化遥不可及,经典文化晦涩难懂,多倾向于感官享受和实用。

(四)文化产业投入欠账较多,文化设施建设参差不齐

1. 文化设施建设不能有效满足公民需求

(1)文化基础设施建设落后。根据联合国教科文组织规定,图书馆与人口比例应为1∶3000,而目前我国图书馆与人口比例为1∶443500、文化馆与人口比例为1∶370400,远落后于西方国家。而且全国乡镇(街道)文化站从2002年的39.273个减少到了38.736个。2009年,全国农村仍有广播节

目 4.9%、电视节目 8.1%没有完全覆盖,有线广播电视入户率只有 27.77%。虽然我国音乐历史悠久,仅中国艺术研究院音乐研究所就收集了各种民族传统乐器 1800 余件、音像资料近 7000 小时、各历史时代乐书和乐谱 15 万册、有关音乐和乐器图片 4 万余幅等,但至今却没有一座音乐博物馆来收藏这些宝贵资料。而仅有 200 多年历史的美国却拥有音乐博物馆 24 座。

(2)大型文化设施分布不均。以北京为例,大多文化设施都集中在长安街以北的西北二环、三环及长安街沿线,就连近年来新建的中国美术馆二期、国家图书馆二期、中国科技馆三期、国家大剧院、中国电影博物馆、中央电视台新址等重大文化设施,也多集中在市区东部和北部,而南城大型文化设施却寥寥无几,郊区特别是远郊区县就更为匮乏。这种"北重南轻"的矛盾,不但给公民文化消费带来不便,而且还加剧了城市交通堵塞。

(3)大量文化设施闲置。与上述文化设施不足形成鲜明对比的是另一种情况,一些单位或部门大量文化活动设施利用率低,只对内部开放,而且节假日闲置;部分纪念馆、展览馆、体育场馆及文艺演出场所等结构和功能单一,除举办相应活动外,其余时间长期闲置。据统计,江苏省全部图书馆持证人数仅占全省总人口的 1%;某古城博物馆曾一天仅售出 6 张门票。

2. 成因

造成我国文化设施不足的原因除地方政府重视不够和文化人才短缺等以外,很大程度上还在于资金投入不够,特别是近年来对文化建设投入欠账较多。

(1)资金来源渠道单一,财政投入总量不足。一方面,分税制使中央挤占了地方更多税收空间,本来就吃紧的地方财政更加被削弱,文化事业资金缺口增大。另一方面,受"政府万能"思想影响,公共文化产品生产与供给长期由政府垄断,没有引入市场竞争机制走公益性和市场化相结合道路,一些行业协会、职业团体、商会及各类学会等非营利组织作用没有得以充分发挥。财政对NGO 组织资助不够,制约了 NGO 组织的支持力度。近年来,财政文化投入不断下降(见表 4),尤其是文化事业基建投资占全国基本建设投资比重由 1986年的 0.54%下降到了 2004 年的 0.09%。2006 年全国财政支出总额为 40213亿元,文化事业财政拨款为 156.6 亿元,虽然绝对值较上年增长了 22.77 亿元,但文化事业支出占全部财政支出比例却仅为 0.3894%,同比下降了 0.0049%。

表 4　2001—2006 年全国文化事业财政拨款经费　　（单位:亿元）

项目	2001 年	2002 年	2003 年	2004 年	2005 年	2006 年
全国财政支出总额	18844	22012	26768	28361	33930	40213
全国文化事业财政拨款	71.0	83.7	94.0	113.7	133.8	156.6
全国文化事业财政拨款占比	0.4%	0.38%	0.35%	0.4%	0.39%	0.39%

资料来源:根据国家统计局《中国统计年鉴 2006》计算。

　　(2)财政投入结构失衡。现行的省市县行政区域文化体制均衡设置,制约了文化产业生产力的解放与发展,制约了人才、资源及资金等要素的优化组合。在地区上,我国财政投入差距明显。2009 年河北省人均文化事业费只为 9.60 元,为全国最低省份,与最高的上海相差近 10 倍。在城乡上,尽管近年来中央财政对农村文化投入有所增加,但无论是基数还是增长速度都低于城市。2006 年全国文化事业经费人均为 11.91 元,而财政农村文化建设投入人均却只有 1.48 元。在行业上,近年来财政教育投入数量是文化事业投入的 10 倍。"十五"期间,国家教育事业投入为 14958.81 亿元,卫生事业投入为 3863.68 亿元,而文体广播事业投入却只有 2472.88 亿元,只是教育投入的 16.53%。

　　(3)财政投入效率低下。一些领导干部为了追逐"政绩",在项目选择上,有的不愿增加文化建设投入,而将资金挪作他用,或者随意破坏展品、馆藏等;有的不向基本公共文化建设倾斜,而是将有限的财力用在满足某些少数人的文化超前消费上,其投入量甚至超过发达国家水平,造成重复建设,大量设施闲置;还有的缺乏项目评价机制,财政投入还停留在"分资金,下指标"思想上,资金使用效率低下。

<h2 style="text-align:center">三、刺激文化产品消费的总体思路和切入点</h2>

(一)总体思路:由偏重于追求产值转变为满足公民文化消费需求

1. 生产与消费的关系

　　马克思主义认为,生产与消费是互为联系、互为依存、互为中介和互为创造的关系。没有消费,就没有生产。同样,没有生产,也就没有消费。

　　首先,消费是生产的动力和目的。这是因为:第一,消费是整个生产过程的终点,它既为产品创造了主体,也使产品因有了主体而成为产品。也就是说,生产只有通过消费环节才能成为现实的生产,如果生产的产品出现过剩,没有被用于消费,那么产品就不成其为现实的产品。正如马克思所说:"一件衣服由于穿的行为才现实地成为衣服。一间房屋无人居住,事实上就不能成其为现实的房屋。"第二,消费是对生产的最终检验,并创造出新的生产需求。在现实消费生活中,消费者会根据对产品的满足状况,想象或构思出新的消费对象,即观念对象,提出更高的消费需求,不断推动生产向更高层次发展。因此,消费对创造新的生产需求、制约生产规模、实现产品功能及"生产者素质"等都具有巨大作用。

其次,生产使消费得以完成。这是因为:第一,生产为消费提供材料与对象,生产出消费。没有生产,消费就没有对象;没有消费对象,消费就不成为消费。第二,生产也创造消费者及消费动力,规定着消费性质,决定着消费方式,生产的产品引起消费者需求。

2. 文化消费引领文化生产的必然性

社会中心的变迁:由物质生产转为文化生产。随着现代化生产发展,特别是科学技术的广泛应用,社会物质产品总量逐渐超过人们需求程度,物质产品过剩导致经济危机频发。在告别物质短缺时代后,资本又找到了新的经济增长点——文化。通过一方面对物质产品的文化加工和包装,使物质产品文化化、审美化,提升商品附加值,使其成为新的获利途径。另一方面将人的精神领域纳为新的消费领域,通过文化产品不断满足人们日益膨胀的精神需求欲望。德国学者本雅明早在 20 世纪 30 年代对巴黎商业步行街进行的玻璃顶棚景观设计与制作,就是当时社会中心由物质生产向文化生产转移的标志。

经济环节中心的变迁:由生产转为消费。这种变迁是由生产力与消费力博弈所决定的。所谓消费力,是指在一定时期内人的消费能力,是人们通过学习获得的消费知识技能和从分配中获得的支付能力。这种能力是一种个人才能的发展,生产力的发展。消费力分为个人消费力和社会消费力。个人消费力是由其收入所决定的,社会消费力取决于社会分配关系。在前工业时代,人类生产力相对不足,社会处于"短缺经济"时代,社会生活的重心在生产,所以生产在前,消费在后。生产什么,就消费什么,生产决定消费,消费只是作为生产的一个内在环节而存在,在商品畅销无阻的"卖方市场",人们不能按照自己的需求或意愿而消费。但到了第二次工业革命基本完成时,大工业生产初具规模,生产力相对过剩,社会商品相继进入一个相对供应充足的丰裕时代,生产与消费关系发生根本变化,先有消费需求,然后才进行生产。生产什么及多少,由消费决定。社会逐渐进入"消费引领生产"的"消费时代"。

3. 树立以消费为先导的思想

既然"消费引领生产"是历史的一种必然,而"文化生产与文化消费"又属于"生产与消费"范畴,那么"文化消费引领文化生产"也就一定是历史所趋,文化消费必然成为拉动经济增长的新动力。因此,我们必须首先转变观念,对文化产业有个全新的认识,文化产业是一种服务于人的心灵的产业,具有直接和间接创造经济价值、低碳环保节能、提高人的创造力等永久性财富的丰富内涵,绝不是单纯用产值(或增加值)所能衡量和涵盖的。如英国的文化产业占GDP 比重约为 8%,而世界文化强国日本的文化产业占 GDP 比重却只有 3%,即使世界文化超级强国美国的文化产业占 GDP 比重也只不过为 6%。所以说,文化产业产值(或增加值)与文化产业发展水平并无直接因果关系,孤立的"GDP"意义并不大。从这个意义上,我们就必须创造以人为中心的、劳动力再生产所需要的文化消费需求,既包括公民的显性需求,也包括公民的隐性需求。只有这样的 GDP,才是坚实的、不含水分的、公民需要的和可持续发展的。

(二)切入点:降低文化产品消费价格

马斯洛需要层次理论说明,文化产品是极具弹性的消费品。事实证明,自20 世纪 80 年代以来,全国几次大的预期波动都是由物价上涨引起的。同样,每次物价的降低,也会诱使消费者去最大限度地购买。因此,无论是企业还是消费者,对需求价格弹性都十分敏感。

1. 文化产品需求规律

文化产品需求规律是文化产品需求量与价格之间的内在变化关系。文化产品价格是影响文化产品需求的基本因素之一。在其他因素不变情况下,文化产品需求量是价格的函数,且它们之间成反比。即当文化产品价格提高时,需求量将下降;当文化产品价格下降时,需求量将增加(见图 9)。其函数式为:

$$Q = f(P) \tag{6}$$

其中,Q 为需求量,P 为价格,f 为它们之间的函数关系。

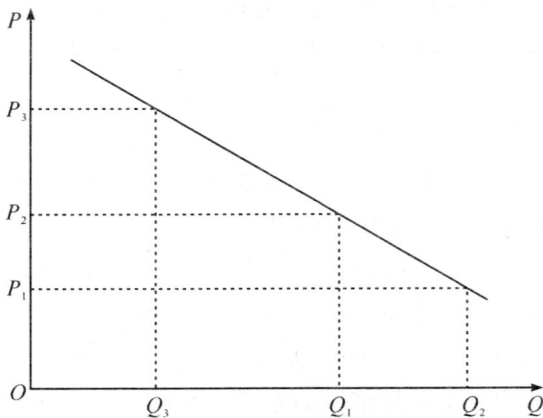

图 9　文化产品需求函数

仍以上述音乐会门票为例,将表 1、表 2 中有关数据代入(1)式中,可以得出:

$$Q_t = 100000 - 4200P_t \tag{7}$$

通过(7)式计算可以得出,当价格下降 1% 时,需求量将增加 2.6%。可见,在以上所描述的例子中,价格变化对需求量的影响还是相当明显的。

2. 文化产品需求的价格弹性

文化产品需求的价格弹性是指文化产品的需求量与价格之间的变化关系,通常用弹性系数来表示它们之间的变化程度大小。其计算公式为:

$$E_P = \frac{需求量变化百分比}{收入变化百分比} = \frac{\Delta Q}{Q} \div \frac{\Delta P}{P} = \frac{\Delta Q}{\Delta P} \cdot \frac{P}{Q} \tag{8}$$

式中,P 为文化产品价格,ΔP 为文化产品价格变化量,Q 为文化产品需求量,ΔQ 为文化产品需求变化量,E_P 为文化产品价格弹性系数。

按照文化产品弹性系数大小,可将文化产品分为三种:一是需求价格弹性大的产品,其价格变化幅度小于需求量变化幅度,绝对值 $E_P > 1$(见图 10),如期刊、报纸等;二是需求价格弹性小的产品,其需求量变化幅度小于价格变化幅度,绝对值 $E_P < 1$(见图 11),如古玩、字画等;三是介于两者之间的产品,其价格变化幅度与需求量变化幅度相等,绝对值 $E_P = 1$(见图 12)。

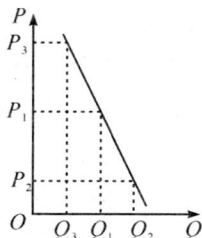

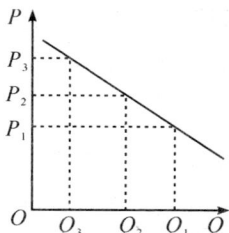

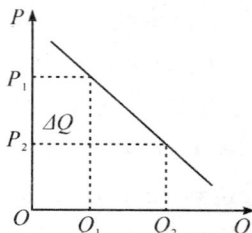

图 10　需求弹性系数 $E_P > 1$　　图 11　需求弹性系数 $E_P < 1$　　图 12　需求弹性系数 $E_P = 1$

消费者行为理论告诉我们,某种产品需求量不仅取决于其自身价格,而且还取决于其替代品价格及互补品价格(即交叉价格弹性)。用数学式表示为:

$$\varepsilon_{jk} = \frac{\Delta Q_j}{\Delta P_k} \times \frac{P_k}{Q_j} \tag{9}$$

式中,$\varepsilon_{jk} > 0$ 表示商品 j 和 k 互为替代性商品,$\varepsilon_{jk} < 0$ 表示商品 j 和 k 互为互补性商品。

根据需求交叉弹性大小,可以说明两种产品之间关系的强弱程度。该值越接近于 0,两者之间关系就越弱;该值绝对值越大,两者之间关系就越强。如音乐会与电影互为替代品,交通费为音乐会的互补品等。文化产品之所以极具弹性,就是因为其并非人的生活必需品,可以由物质生活必需品所替代,随机性较大。

3. 实例分析

对于一些与消费者日常生活密切相关的、交叉弹性系数较大的产品,消费者一般都会有其心理价格。如果该产品价格发生变化,就会对消费者购买选择产生明显的心理指向。尤其是面向中低收入阶层的替代性较大的大众化报纸,价格弹性比较大,只要价格稍微变动,需求量就会显著变化。《泰晤士报》和《每日电讯》是英国的两家老牌报纸。《泰晤士报》自创办以来,一直处于亏损状态,甚至一度停刊;而《每日电讯》自 1985 年以来一直处于赢利状态。默多克接手《泰晤士报》后率先向《每日电讯》发起价格战。1993 年 9 月,《泰晤士报》降价 1/3,当年年底《泰晤士报》发行量就提高了 24%,而《每日电讯》发行量却下降了 1.9%。1994 年 6 月,《泰晤士报》发行量由降价前的 35.5 万份攀升至 51.5 万份,超过英国《卫报》和《独立报》两家报纸,并把《独立报》远远地甩在后面;而《每日电讯》发行量却由降价前的 102.4 万份降至 100 万份以下。1994 年 6 月 23 日,《每日电讯》被迫跟随降价至与《泰晤士报》价格同等水平,而第二天《泰晤士报》随即又继续降价 1/3。就这样双方竞相降价。至 1995 年 1 月,双方均降价至降价前的 1/10。此时,《泰晤士报》发行量达到 57 万份,而《每日电讯》发行量仅恢复至 102 万份。1995 年 7 月,双方都恢复至降价前 56% 水平,1996 年双方又都彻底恢复至降价前水平。1997 年,《泰晤士报》发行量达到 79.2 万份,提高了 110%;而《每日电讯》发行量为 109.8 万份,基本维持原发行量。在展开价格战期间及以后的 7 年中,《泰晤士报》的需求价格弹性分别为:

第 1 年:发行量的变化比例/价格的变化比例 = 38%/(-77%) = -0.50(无弹性)

第 2 年:发行量的变化比例/价格的变化比例 = 62%/(-77%) = -0.81(无弹性)

第 3 年:发行量的变化比例/价格的变化比例 = 68%/(-54%) = -1.25(弹性的)

第 7 年:发行量的变化比例/价格的变化比例 = 67%/(-40%) = -1.68(弹性的)

由以上可以看出价格弹性系数对报纸业的影响有以下特点:第一,《泰晤士报》抢占先机,率先降价,不但一举扭亏为盈,而且还得以壮大和发展;而《每日电讯》遭受价格战后,虽又恢复到原发行量,但创伤惨重。第二,因为需求往往在长期内较短期内弹性大,也就是说消费者需要时间来改变他们的购买习惯。所以《泰晤士报》在价格战中的需求价格弹性越来越大。第三,《泰晤士报》与《每日电讯》两家报纸的价格战之所以如此激烈,主要因为它们同质化严重,可替代性强。尤其是《独立报》因同质化严重而从此一蹶不振。而《卫报》和《金融时报》却因办报风格独立,《卫报》发行量几乎未受影响,《金融时报》发行量甚至不降反升。

4. 运用需求价格弹性促销策略

目前我国居民文化消费需求是被压抑的,其中主要原因之一就是文化产品价格较高。所以应根据需求弹性理论,科学制定价格策略,矫正和改变当前生产成本高、市场流通不畅通、政府买单、定价体系不规范等不良现象,将消费门槛明显降下来。例如,目前国家推出的"以旧换新"家电促销活动,如果买彩电时交一台旧彩电,政府则给予 10% 补贴;如果直接买新彩电,则按原价格出售。当然此举的意义除对旧彩电再利用外,还有更重要的意义就是对需求弹性不同的消费者,采取区别定价方法。即对需求弹性较小的消费者制定较高的价格,对需求弹性较大的消费者制定较低的价格。因为新彩电对于已有旧彩电的消费者来说并不迫切,因而需求弹性较大;而对目前仍无彩电的消费者来说,则是需要尽快购买的,因而需求弹性较小。这样的例子还很多,如剧院先以高价提前预售一部分门票,然后再以低价出售剩余的门票,这种看似是将同样产品以不同价格出售给不同消费者的"价格歧视"政策,但这种行为确实可以使剧院和消费者共同受益。因为那些需求弹性较小的消费者愿以高价预先确定座位,而那些需求弹性较大的消费者只是为了省钱,到最后碰碰运气而已。

当然现实中也存在一些有关需求价格弹性的逆反心理,如"买涨不买落""越贱越不买"等现象。因此,在制定或调整产品价格时,应综合分析各种因素,把握消费者价格心理,做好市场预测,以刺激公民文化消费需求。

四、刺激文化产品消费的具体举措

20 世纪 80 年代,西方经济学开始对文化产品供给理论进行研究。90 年代,我国学界对此关注也逐渐增多。对于公共产品的供给方式选择,主要取决于其公共性质程度。一般来说,对于纯公共文化产品特别是优效性文化产品,由于其非竞争性和非排他性特征,决定了它们不可能由市场来供给,而应由政府及非营利机构等公共部门免费提供。对于私人产品,则应由完全的市场化来提供。对于准公共文化产品,由于其介于私人产品与公共产品之间,兼具两者性质,因此可在财政适当补助基础上,引入市场机制予以提供。

(一)增加纯公共性质文化产品

纯公共产品基本上是用于维持国家存在和正常运转的,这类公共支出对于国家来说是缺乏弹性的必需品,只能由政府提供,而不能由私人提供来代替(朱柏铭,2001)。因此,为了弥补公共文化产品的"市场失灵"缺陷,政府就应该像"灯塔作为公共品应该由政府建造"那样,担当起为公民提供纯公共文化产品的职责。

1. 增加财政文化基础场馆的建设投入

(1)建立财政投入持续增长的长效机制,提高文化基础场馆覆盖率和利用率,弥补群众基本文化需求不足。德国著名经济学家瓦格纳指出,当国民收入增长时,财政支出会以更大的比例增长;随着人均收入水平提高,政府支出占GNP比重将会不断提高。在此他还特别强调,教育、娱乐、文化、保健以及福利服务的需求收入弹性较大,随着人均收入水平的提高,人们的需求会增加得更快。政府公共支出增长会以超过GDP上升的比率而增长。目前瓦格纳的公共支出理论已被许多国家所证实。法国文化预算额度之大是世界公认的,自1959年起文化预算逐年增大。1960—2006年,文化预算占国家总开支比例由0.38%增长至1.0%(见表5)。法国的文化设施建设、公益性文化事业资助和文化艺术生产扶持等各级投资比例一般为:政府拨款占70%以上,社会捐助占20%,自创收入占10%左右。英国政府对文化投入最早可追溯到1579年伦敦建造的世界最大博物馆——大英博物馆,2005—2006财年英国政府文化投入预算较1998—1999财年增加114%。2000年芬兰文化事业财政支出比例为:中央政府占58.6%,地方政府占41.4%。

表5 法国文化部年度预算 （单位:万欧元）

年度	1961	1970	1980	1985	1990	1995	2000	2004	2006
预算	3900	8900	40500	130600	159800	206700	245200	263900	288600

资料来源:侯聿瑶:《法国文化产业》,外语教学与研究出版社2007年版。

然而,我国中央政府对公共文化事业的财政投入比重却明显偏低。2002—2006年,中央财政在文化广播事业财政总投资中所占比重仅分别为11.4%、11.1%、11.3%、10.3%、9.9%,而且这一比重还呈逐年下降趋势。也就是说,我国地方政府在文化广播事业财政投资中所占比重竟接近90%,这难以支撑文化产业的快速发展。目前,财政性文化经费占GDP比例是国际公认的评价指标。我们要根据国民经济发展情况和公共文化建设需要,制定各级政府财政投入最低标准和最高标准,确定各级公共文化财政投资增长率、各级公共文化财政投资占财政支出比重、中央与地方政府财政投资比重以及国家财政对欠发达地区的公共文化倾斜安排等,确保中央和地方财政对文化事业投入随着国民经济发展而逐年按比例提高,且增幅不低于同级财政经常性收入增长幅度,以确保公共财政投入的总量、速度、比重一同正向加速增长,建立持续稳定增长的财政文化投入保障机制。

为了保证财政投入的足额到位和有效使用,政府有必要进行规制,切实保护消费者权益。第一,科学精细编制预算,年初预算和预算执行中的超收分配都要体现法定增长要求。资金可来源于两方面:一是各级财政要对文化事业增加拨款,二是开征文化事业建设费。第二,加强资金使用监督,完善内部稽核和内部控制制度,认真审计项目建设经费使用情况。建立文化经费使用绩效评价制度,将使用绩效纳入责任目标管理中。第三,制定公共文化场馆建设长远发展规划,并纳入经济社会发展规划、城乡建设规划、各级领导责任机制及公共财政预算保障范围内。第四,给予土地优惠政策。对于公共文化场馆建设用地,要按照法律、法规规定,可以划拨的要划拨,应当有效供地的要给予适当优惠。在不改变土地使用用途的前提下,允许国有文化产业单位在原有用地范围内提高土地使用率,允许依法运用级差地租,采取土地置换方式筹措建设资金,用于文化场馆改造和建设。

对于文化基础场馆建设的财政投向,应主要放于群众的基本文化需求上。对于城市,主要是加大图书馆、博物馆、文化馆、美术馆、影剧院、体育馆、科技馆、青少年宫、群众艺术馆、电台、电视台、互联网等公共文化基础设施建设投入,加强社区文化设施、文化广场和文化大院等建设力度;对于农村,要加大广播电视"村村通"与"户户通"工程、乡镇综合文化站和基层文化阵地建设、农村放电影、农家书屋、书报阅览室、农民培训站、党员活动室、村民活动室、农民网校、篮球场等文体设施建设投入,实现县有文化馆、图书馆,乡有综合文化站,村有文化活动室。要统筹规划,综合利用,避免重复建设。要在大力推进基础场馆建设同时,充分利用现有大量闲置场馆资源;要将同一类型的农家书屋、共青书屋、科技书屋等统筹合并;要互通有无,对单位利用内部文化设施开展社会服务的,政府可给予补贴或准许适当收费;要同步推进文化产品的配套基础设施(如水、电、路、气、网络等)建设设施,提高基础场馆的覆盖率、利用率和公民满意度。

(2)加大专项资金支持力度,重点解决一些薄弱与急需的基础场馆建设需求。通过从财政预算中单列、中央财政转移支付、发达地区向欠发达地区横向转移支付等方式,建立以政府投入为主的专项投入保障机制,重点用于基层及中西部等亟待解决的文化基本场馆建设。在项目选择取向上,一是向农村和西部地区倾斜,优先改善贫困地区公共文化服务网络现状。对于地处偏远、人少、交通不便或经济欠发达的县市,可建两馆合一的综合性文化设施;乡镇文化站单独建设有困难的,可建多功能综合性文化设施或跨乡联建;牧区、山区应配备多功能流动文化车;面积狭小、馆舍危旧、设备简陋的文化场馆,应抓紧维修或改造。二是对于那些无人投资或不愿投资的公共文化场馆,如传统文化、民间艺术保护等,要依靠政府提供专项扶持资金。要加强历史文化名城和文物遗存保护,解决历史欠账问题。三是重点保障大型公共文化设施建设、乡镇综合文化站和村文化大院建设等重要项目。在优惠政策提供上,要利用财政、税收、信贷等文化经济政策,应缴的各项税费要比照相关政策予以减免,要根据具体情况安排一定的项目经费,金融部门要增加信贷投入。在立项、报批、用地手续、配套建设与服务等方面要给予大力支持,并依法保护其合法权益。另外,还可选择先富起来的居民和农民作为财政补贴对象,引导他们利用自己的房子、文化设施等有利条件,为居(村)民提供文化服务。

(3)案例分析。2001年由杭州市政府主导的西湖建设改造工程,如今已收到了巨大的经济效益与社会效益。20世纪80年代,在利益驱使下,西湖历史文化资源曾一度只消耗不维护,各景点处处收取门票,游人不厌其烦,西湖的生存受到极大挑战。进入21世纪,杭州市政府提出"还湖于民",决定对西湖实施综合保护,截至2002年,累计投资超过50亿元,西湖面貌焕然一新,水域面积扩大至6.5平方千米,环湖道路延长至38千米,新增景观几十处,西湖南线、新湖滨、杨公堤、梅家坞茶文化村等景观美轮美奂,重现"一湖映双塔""湖中镶三岛""三堤凌碧波"等美景,西湖变得更加妖娆诱人。硬件改善后,政府又紧接着改善"软环境",首先免费开放西湖南线的柳浪闻莺、涌金公园、长桥公园、学士公园及中山公园等景区,2003年又免费开放"西湖十景"中的杭州花圃、曲院风荷及花港观鱼等景点,2004年又继续免费开放15个历史文化景点中的13处。至此,西湖景区免费开放的景点总计达53处,占总景点数量的70%。如今西湖旺盛的旅游业收入和连带收入已是当年投入的几十倍。这也证明了政府当年远见的"241"算法是正确的,即如果游客在杭州市逗留时间平均增加24小时,则杭州市的年收入就会增加100亿元。

2. 充分保证场地运行经费

博物馆、文化馆等公益性文化产品具有正外部性,可以产生更大的社会效益,所以政府有理由给予补贴,以增加这些场馆的实际供给量。

纵观世界发达国家的做法,免费开放公益性文化场馆是最重要的一条。美国三分之一的博物馆是由政府拨款免费开放的,其中纽约爱乐乐团、波士顿交响乐团等高雅艺术表演团体,均以政府的经济倾斜政策而得以生存。英国凡受政府资助的博物馆都免费开放。法国政府管理的文化设施定期向公民免费开放,巴黎新歌剧院每年国庆免费公演一场音乐会,罗浮宫每月第一个星期日免费接待游客。至2008年,法国已有14座博物馆和纪念馆免费对外开放。在罗马歌剧院的全年收入中,各级政府拨款高达90%,而门票收入仅占10%。西班牙代表国家水准的舞蹈艺术团体经费全部由文化部拨款。2004年浙江省级博物馆率先免费开放,开创了全国的先河,而且这种免费还是包括办证等一切附加费在内的真正意义上的全免费。杭州、嘉兴、宁波等市图书馆也走在了全国前列,市馆、县馆与分馆或流通站之间资源共享,免费为公民提供图书阅读,而且实现"一证通"。最近,杭州岳王庙也准备作为国防教育基地对外免费开放。2004 年以来,嘉兴市加快建设文化大市,仅 2007—2010 年期间,农村文化建设投资就达 6 亿多元,人均 44 元/年,远高于全省的人均 7.8 元/年水平。嘉兴市规定乡镇分馆开馆费为 30 万元,由市、区、镇分摊;日常运行费每年拨款 10 万元,由市财政承担。这些经费主要用于购置图书。目前,嘉兴市已经基本形成包括以嘉兴大剧院、市图书馆、市博物馆为龙头的艺术演出、社会阅读、博物展览等阅览体系,以市群艺馆、市艺术创作研究所等为中心的公共文化产品创作生产体系,以戏曲歌舞、电影为主要文化产品和以社区、村落为主要服务对象的供求体系等在内的全市公共文化服务网络。

但是,当前我国公益性文化场馆免费开放状况不一,主要表现在东中西部之间和城镇之间的差距,主要制约瓶颈在于运行经费不足。目前,关于免费开放资金来源,国际通行的支持方式有三种:一是收入上缴,财政拨款;二是收入分成,财政补助;三是自收自支,财政补贴。我国各省的支持模式也不尽相同,如浙江实行全补,江苏实行补项目,陕西实行"创收补足"等。结合我国实际,建议采取如下方式:

第一,建立中央地方财政分摊原则和补助标准。合理界定中央与地方事权和支出责任,建立中央地方财政共担保障机制。认真执行"中央级美术馆、图书馆所需经费由中央财政统一安排,省级美术馆、图书馆、文化馆所需经费全部由省级财政负担,市县两级公共文化业务活动经费以同级财政为主。地市级图书馆、文化馆补助标准为 50 万元,县级图书馆、文化馆补助标准为 20 万元,乡镇综合文化站补助标准为 5 万元,中部和西部地区负担比例分别为 50%和 80%。东部地区所需经费由地方财政自行解决,中央财政通过'以奖代补'方式支持。对财力困难的地区予以适当补助"等规定,这是保证文化场馆运行的基础,各级财政必须及时足额到位。

第二,设立专项资金,支持重点项目。中央要设立专项资金,重点对中西部地区地市级和县级美术馆、公共图书馆、文化馆以及乡镇综合文化站等基本公共文化服务项目所需经费予以补助;重点弥补公益性文化场馆免费开放后的运行经费增量部分,如新增配套设备、新增服务项目、新增服务人员、增加业务时间与强度、公共空间设施场地免费开放等。地方政府要设立文化专项资金,用以街道社区民间艺术文化活动和农村郊区影片放映、节目演出等文化下乡项目开支,特别是对演出服装道具、演出舞台等经费的补助。要保证专项资金不得用于规定用途之外的项目,不得以任何形式挤占或挪用,不得用于基本建设或抵充行政事业经费,不得用于捐赠赞助、偿还债务及罚款等支出。

第三,吸引社会力量,拓展经费来源渠道。国外有的文化团体除正常经营收入外,还允许发生公债、抽奖、拍卖等活动。如纽约大都会歌剧院 6 年期间,通过抽奖活动推销带有附加票价的演出票筹资 100 万美元。纽约大都会艺术博物馆通过会员享受不同等级的优惠待遇,所吸收的募捐收入占全部经费的13%。由此,建议我国有关公共文化场馆免费开放后,也可开展多种形式的资金筹措活动。方式不仅限于自创收入,也包括企业投入、社会捐赠、基金制度等。通过多元化办馆机制,真正解决场馆的运行经费问题。

第四,为保障场馆免费开放后运行经费切实到位,各级政府应纳入财政预算,确保资金取得预期成效。各级财政部门要建立财政投入监管、评价和反馈机制,引入中介组织全面推行项目审计、验收和社会公示制度,通过法定程序组织单位、街道、居委会、群众社团参与和监督,对专项资金使用管理进行定期或不定期检查,向社会公开资金预算、使用情况,提高财政资金的使用透明度。

宁波市镇海招宝山炮台具有悠久历史和爱国主义教育意义,理应尽快向公民免费开放。为解决免费开放的运行经费来源,建议从以下三方面着手:一是实行分期免费开放方案。近期可考虑实行低票价、优惠价、定期免费等分期免费方案。如定期免费日、家庭套票、特定时段票价等,未成年人、老年人、现役军人、残疾人、特定教师及科技人员等社会群体免费或优惠券……待时机成熟后,再实行全免费。二是参照国外做法,在不改变场馆公益性质前提下,可以在其附属设施中开办一些餐饮店、书刊店乃至综合性服务巡航所等经营活动,但要"以文补文",所得收入全部用于场馆文化经费补充。三是可以考虑聘请一些高校大学生为义务讲解员,既为场馆节约成本,为社会提供服务,又为大学生提供了实践岗位,陶冶了大学生情操。

(二)让市场提供准公共文化产品

其实,现实中的纯公共文化产品并不多,大多是介于两者之间的准公共文化产品。由于公共文化产品政府供给的"政府失灵"缺陷,20 世纪 80 年代以后,西方学者更多关注于准公共文化产品的市场供给研究。但是,这并非说政府就可以将准公共文化产品完全托付市场,相反,更应该积极为准公共品私人供给机制提供制度保障和激励,以提高市场效率,实现帕累托最优。

1. 放宽市场准入条件以增加竞争

（1）降低门槛，引导多方资金进入市场竞争机制。据统计，美国的个人、公司和基金对公益性文化事业的资助是政府投资的 4 倍；英国的企业资助占政府投入的 40％；德国和法国也都分别高于 30％。2006 年浙江省筹措文化社会资金和实物达 5000 余万元。其中，绍兴市捐赠文化活动资金超过 1000 万元；2006—2008 年间，台州市路桥区民营投资文化基础建设高达 1 亿元，占总投入的 33％。这些国内外值得借鉴的先进经验无一不是降低门槛、发挥财政杠杆作用、寻求引导带动社会资本和金融资本投入文化产业的路径、方法和机制，形成多方投入的市场竞争格局，以解决政府投入不足与大量社会资本闲置之间的矛盾。

可以通过以下模型，寻找多元化支持文化产业发展新途径。

$$F = (A+B)\sqrt{\frac{B}{A}} \cdot P \eqno(10)$$

其中，A 为某单位（团体）公共文化项目预算投资金额，B 为该项目的社会资金筹集数额，F 为政府对该项目拨付金额，P 为政府结合实际情况而定的百分比。

在上述"杠杆"模型下，政府可运用财政补贴、政府采购、以奖代补、税收优惠等"支点"，通过投资控股、金融信贷、资本市场融资等多种形式"撬动"社会，发挥参与文化产业发展的最大"乘数效应"。一是鼓励民营资本投资文化产业。通过协作、代理、捐赠、股份制、管理权、冠名权等机制吸引民间资本。目前国外发行彩票资助范围已遍及慈善、救助、教育、体育、卫生及文物保护等诸多领域，而且一直以 15％的速度增长。目前我国在彩票发行方面已积累了一定经验，但类型还仅限于福利彩票和体育彩票两种。可考虑发行公共文化福利彩票，以聚集社会资金，用于公共文化建设。二是支持 NGO 组织各项公益文化活动。通过贴息贷款、财政补贴、财政担保、政府采购及税费减免等间接手段，鼓励 NGO 组织设立多项专项基金，扶持文化产业发展。三是引导金融资本为公共文化发展提供帮助。金融机构应调整经营理念和信贷政策，消除对非公经济的歧视性待遇，在还款期限、贷款利率、信用担保等方面，尽可能多地给予经营性文化企业一些优惠待遇。四是积极引进外资参与国际市场竞争。美国文化产业在国际化竞争中得到了巨大繁荣，并为其带来了丰厚回报。如全球票房冠军《蜘蛛侠》票房收入高达 8 亿美元，但总投资却只不过 1.39 亿美元；《泰坦尼克号》票房收入高达 18 亿美元，但总投资却不足 2 亿美元。五是放宽企业融资条件和限制。允许国有文化产业单位以国有资产作为国有资本投入经营;允许符合条件的文化产业单位发行企业债券;鼓励并支持具备条件且有竞争力的非公企业上市融资,如发行短期企业债券等;鼓励以自主知识产权技术作价出资,出资比例最高可占注册资本的70%。

(2)降低门槛,建立文化市场主体多元化体系。目前非公经济虽然在我国社会主义市场建设中享有一定优惠政策,但长期的政府垄断供给模式和严格的政府管制、行政审批以及各种歧视性制度等惯性思维还不同程度地存在,致使一些非公经济难以进入文化市场领域。而非公有制经济当前已成为我国文化产业的重要力量。有数据显示,在文化部门管理的文化产业中,非公有制文化产业增加值已占到文化产业总增加值一半以上,就业人数占三分之二。因此,政府职能要由管理型向服务型转变,降低市场门槛,为非公有制经济创造一个合理、公平、宽松的竞争环境,鼓励和引导它们积极参与到文化产业发展中来。

一是打破市场准入壁垒。要对现有的各类政策和法规进行梳理,对于那些不利于非公有制文化产业发展的带有所有制歧视、不平等竞争、垄断和过时色彩的,以及严重制约非公经济发展的非国民待遇和产业准入制度方面的政策和文件,要坚决予以全面清理、修改或废止。对于那些进入门槛比较低的文化产业,要首先向民营企业和民间组织开放。对"非禁即入"的文化产业领域,要创造宽松准入环境,鼓励民营资本和外资进入,以兴办娱乐、演艺、放映、影视制作、书报刊印刷、发行、广告、会展、体育及中介等文化企业。对于一些已经逐步放宽准入的行业,要在政策最大限度内进一步降低门槛,鼓励并支持非公有制经济以独资、合资、合作、联营、参股、特许经营等多种形式进入。凡国有文化企业享受的优惠政策,民营文化企业也同样可以享受。凡有市场、有效益的项目,非公企业在资质认定、项目审批、土地使用、财政税收、投融资等方面,也应与国有文化企业享受同等待遇;要完善信用担保体系,引导金融机构加大对非公有制文化企业在贷款等方面支持,鼓励各类基金组织、投资公司投资文化产业。

二是优势互补,共同发展。要支持非公有制文化企业以承包、收购、兼并、租赁、参股、控股、投资等形式参与国有文化产业的资产重组、产权结构调整及体制改制等。非公企业与国有企业要相互渗透,相互融合,优势互补,建立基于产业链的协作体系,并依托产业集群建设,提高中小企业的配套率,形成跨地区、跨部门、跨所有制的大型文化集团。对进入门槛比较高的由政府提供的准公共文化产品,政府要通过寻求共建单位和合作对象来完成,如通过公开招标和政府采购等方式,引入市场竞争机制,提高供给效率和水平。同时,非公企业在与国有文化企业协作整合中,也要创新管理,重点培育核心产品与技术,扩大经营规模,不断提高自身市场竞争力。

2. 政府减免税费和基金

文化产品的特殊属性决定了财税政策的介入。提出该项主张的首推代表人物为庇古(Pigou),他认为通过"税收—补贴"政策可以克服文化产品的外部效应,鼓励企业增加文化产业投入,最大限度地降低文化产业投资成本与风险。同时也会产生一种示范效应,引导资金流向文化产业,带动文化产业更快地发展。

政府对准公共性文化产品的矫正性税费减免,只有在详细掌握外部性价值基础上,才能对企业征收"修正性税",使私人边际成本与社会边际成本相一致。但由于文化产品的价值难以衡量,其外部性也难以测量,所以"修正性税"具体数额就难以确定。为此,可根据美国经济学家乔根森所提供的模型,确定企业所得税征税和补贴标准,其计算公式为:

$$R_g \times (1-T) = I + D - \alpha - K \tag{11}$$

式中,R_g 表示企业投资税前总收益率,I 表示市场利率,T 表示企业所得税税率,D 表示资产年经济折旧率,α 表示资产折旧税款节省率,K 表示投资税收抵免率。其中,T、α、K 三个变量是由企业所得税制决定的。

从(11)式可以看出,企业所得税既影响企业投资收益,又影响投资的资本使用成本。但对企业投资行为的最终影响,取决于所得税(T)对等式两边的影响程度。如果对投资收益率影响小于资本使用成本,则等式左侧的投资净收益率就大于等式右侧的资本使用成本。这样,降低企业所得税,就会刺激企业增加投资,并按企业所得税制产业导向进行投资。因此,政府通过税收优惠政策,可以引导并刺激企业对文化产业的投资。

对于消费者而言,文化产品的税收效用具有很大的不确定性。而税收和基金作为对文化产业的固定约束,可以引导和扶持文化产业发展。因此,减免税费和基金是许多国家政府扶持文化产业发展的重要做法。英国实行图书报刊零增值税已有 100 余年历史,并将其列为与食品和儿童用品同列的仅有几项的免征增值税范围,还享有免征进出口税优惠,英国因此而跻身于世界出版大国。美国对非营利文化团体全部实行免税。2007 年次贷危机期间,美国对全国 50 个州中除爱荷华州以外的其余 49 个州的经营性影视、广告、游戏等行业全部实行税收减免,有效增加了就业岗位和财政收入。凡不考虑公共支出的税制,绝不是优化的税制。目前我国现行的税法体现不出"文化立国"理念,即使有一些支离破碎的文化税收优惠政策也多散见于其他税种中,方式单一,缺乏激励和导向效果。因此,应建立一部以《文化产业促进法》为统领的,包括各种税收扶持政策在内的文化产业法规,形成一个完整的促进文化产业发展的税收政策体系。

在企业所得税方面,要借鉴德国做法,提高小型企业课税收入最低标准,增加税收抵免项目,允许小型企业等非公有制经济建立税前扣除多种准备金(如亏损准备金、呆账准备金、折旧准备金等)。规定凡企业用于研发新设备、新工艺的,均可实行双倍余额递减法或年数总和法等加速折旧方式实现税收优惠,还可对国家鼓励的技术投资实行"期初扣除"折旧方式,允许在投资当年即扣除 50%～100%。为了减少非公有制经济投资风险,还可运用投资盈亏互抵或亏损结转政策,允许非公有制经济投资的净资本损失在一定比例内从应税所得中扣除,超过比例部分允许在一定年限内向后结转。对国家鼓励型文化企业,应取消按国家银行贷款利率标准列支利息的限制,对不违反现行法规的融资利息支出,应准予按实税前列支。对规模特别小的企业在税收待遇上,可允许纳税人通过缴纳个人所得税来代替企业所得税。

除文化企业的缴纳税种和税率应与其他工商企业有所区别外,对文化产业的内部税收也应有所区别。对于学术价值高、社会效益好的产品,应实行低税、减税或免税,而对于一些粗制滥造的通俗性和娱乐性产品则应课以重税。对营业性演出应实行重税,而对公益性演出则应减税或免税。城市的税收征收成本低于农村的税收征收成本,所以对农村文化产品应予以税收优惠,而对一些高消费、高报酬的单位和个人应征收重税。要建立文化产品研究开发税收激励机制,如直接减免、加计扣除、纳税抵免等。要对创业投资企业按投资一定比例抵扣应纳税所得额,并把现行的咨询业等企业在创办初期的免税优惠政策,扩大至所有类型的非公有制经济范围内,减免税期限可延长至 2～3年,同时按照不同行业类型规定 1～3 年不等的优惠期限。对于企业和 NGO组织的公共文化捐赠所得税,经过必要的审核后可比照其他类似组织如中国教育发展基金会进行全额或按比例扣除;对于个人无偿提供场所、设施和资金的个人所得税,可比照慈善捐赠税收优惠政策的有关规定减免税收。对文化产业核心层产品,应适用较低税率征税,如广播、电视、新闻、电影、文化艺术、出版发行和版权等;对文化产业外围层产品,应参照娱乐业营业税规定适用5%～20%弹性税率,维持当前营业税征税模式不变;对文化产业相关产品,应按照增值税 13%税率征税,以增加文化产品的供给,如文化用品设备和相关文化产品的生产与销售。

目前征收文化建设与发展专项基金,已越来越成为文化企业的沉重负担。对此,我国著名电影导演冯小刚曾呼吁,按票房总收入5%缴纳国家电影事业发展基金已经实行了21年,由于以前市场规模比较小,全年票房总收入只不过6亿~7亿元。而近年来票房收入激增,所缴纳的电影基金数额也随之攀升,这对企业来说有点不堪重负。据报道,2010年华谊兄弟影院票房收入为17亿元,净利润约8000万元,而按近5%比例缴纳的电影基金就达5000万~6000万元。在此背景下,一些电影业纷纷回避现实作品,一窝蜂向历史题材示好,以逃避电影审查的压力。这种现象严重制约了文化市场的繁荣,阻碍了文化事业的发展。因此,当前必须减免基金,让企业轻装前进。眼下要特别考虑严重亏损企业、遭受自然灾害损失企业、创意文化产业基地、非营利科研机构、大学生创业企业、技术开发项目企业、资源综合利用企业、旧厂改造企业、搬迁企业、乡镇企业、承担政府指令性任务企业等,予以基金减免。

还需要指出的是,目前我国的税费和基金减免优惠政策,仅限于开发生产及衍生品生产环节上,而当今国际竞争已由传统的企业和产品竞争转变为产业链竞争。因此,税费和基金减免优惠政策应不仅仅局限于单一的文化产品或衍生产品,而应贯穿于整个产业链的"一揽子"体系中。

课题组组长:朱柏铭
　　成员:苏丹旦　任祎卓

支持文化创意产业发展的财税政策研究

——以杭州实践为例

杭州市财政局课题组

　　近年来,杭州市相继出台了一系列财税政策,在推动和支持杭州市文化创意产业发展上发挥了积极作用。为了深入研究财税政策对文化创意产业发展的作用,本文对目前杭州涉及文化创意产业的财税政策做了细致的梳理,并深入分析了目前政策存在的不足之处,在借鉴国内外其他国家和地区推动文化创意产业发展的经验基础上,提出了优化杭州财税政策,进一步助推杭州文化创意产业发展的政策建议。

一、杭州市文化创意产业发展现状

(一)基本情况

　　据统计,自 2007 年以来,全市文化创意产业增加值年均增速高于全市 GDP 增速 6.1 个百分点。2010 年,全市文化创意产业增加值突破 700 亿元,达到 702 亿元,占全市 GDP 比重达 11.8%,比上年提高 0.39 个百分点,同比增长 16.2%,高于全市 GDP 增速 4.2 个百分点,高于全市服务业增加值增速 3.9 个百分点。全年全市文化创意产业限额以上企业资产总计 1914.89 亿元,同比增长 24.9%;从业人员为 28.06 万人,同比增长 13.9%。2011 年 1—6 月,杭州文化创意产业实现增加值 340.96 亿元,按可比价计算,增长 13.5%,增幅高于 GDP 增幅 2.9 个百分点,高于三产增加值增幅 1.6 个百分点。限额以上文创企业实现主营业务收入 699.45 亿元,增长 21.9%;实现利润 63.04 亿元,增长 53.9%;实现利税 82.6 亿元,增长 47.3%。

　　从增加值总量来看,2010 年杭州市文化创意产业居于全国第四位,位于北京、上海、深圳之后(见表 1)。

表 1　2010 全国文化创意产业增加值城市排名（前五位）

地区	增加值（亿元）	同比增长（%）	高于全市 GDP 增速（%）	占 GDP 比重（%）	比上年提高（%）
北京	1692.2	13.6	0.2	12.3	0
上海	1673.79	15.6	5.3	9.75	0.51
深圳	726	36.65	——	7.6	——
杭州	702	16.2	4.2	11.8	0.39
青岛	436.3	14.82	——	7.7	——

　　从分行业增加值来看,2010 年,以信息服务、动漫游戏、设计服务、现代传媒、艺术品、教育培训、文化休闲旅游、文化会展等八大行业为主的文化创意产业核心层实现增加值 460.36 亿元,增长 19.7%,占全部文化创意产业的 65.6%,比上年提高 2.0 个百分点。信息服务业实现增加值 143.91 亿元,占全市文化创意增加值比重 20.5%,位居首位;其次是设计服务业和教育培训业,实现增加值分别为 100.11 亿元和 99.51 亿元,占全市文化创意增加值比重分别为 14.3% 和 14.2%,分别位居第二和第三位。从发展速度上来看,信息服务业、文化休闲旅游业、设计服务业发展较快,增速分别为 44.2%、18.4% 和 17.5%,分别高于全市文化创意产业增速 28.0、2.2 和 1.3 个百分点(见表2)。

表 2　2010 年杭州市文化创意产业增加值情况

行业	增加值(亿元)	比重(%)	同比增长(%)
文化创意产业	702	100	16.2
核心层	460.36	65.6	19.7
其中:信息服务业	143.91	20.5	44.2
设计服务业	100.11	14.3	17.5
现代传媒业	57.82	8.2	3.7
艺术品业	26.92	3.8	3.4
教育培训业	99.51	14.2	10.9
文化休闲旅游业	23.69	3.4	18.4
文化会展业	8.39	1.2	1.8
外围层	241.64	34.4	10.1

　　注:因动漫游戏业在国家统计口径中包含在其他专业技术服务和基础软件服务行业中,无法单独测算增加值。

动漫游戏业发展迅速,2010 年,杭州原创动画产量达 3.5 万分钟,比上年增长 30%,连续两年位居全国各城市第一。中国国际动漫节被国家广电总局和中国动画学会评为"中国最具影响力的动漫节展",杭州高新技术开发区动画产业园被国家广电总局评为 2010 年全国唯一的"最佳动画产业基地"。

从产业布局来看,杭州文化创意产业集聚初具规模。据初步统计,截至 2011 年 6 月底,全市 16 家市级文创园区规划建筑面积达 666.59 万平方米,建成面积达 231.41 万平方米,已投入使用面积达 177.14 万平方米,集聚企业 2642 家,实现营业收入 62.29 亿元,就业人数达 59782 人,完成招商引资额达 14.83 亿元。其中,之江文化创意园被国家科技部、教育部联合命名为"中国美院国家大学科技园",是迄今为止全国唯一一个以艺术创意为特色的国家大学科技园区。山南国际设计创意产业园在第五届中国文化创意产业年度高峰会上喜获"2010 中国创意产业年度大奖最佳园区奖"。

(二)存在的问题

近年来,杭州文化创意产业发展取得了显著成效,但也面临着一些问题,主要表现在以下五个方面:

一是产业集聚效应不明显。这主要表现在园区内企业的数量少、企业之间的关联度低和园区之间同质化现象严重等方面。

二是人才集聚程度较低。杭州市文化创意产业不仅在人才总量储备上较少,而且在人才结构上也不合理,复合型高端创意人才尤其缺乏。

三是知识产权保护任务重。目前杭州市针对文化创意产业知识产权保护的法规体系尚未健全,知识产权保护力度有待加强。

四是公共服务建设滞后。目前,杭州市文化创意产业公共服务平台建设相对滞后,无法满足中小文化创意企业日益增长的对公共技术、人才培训、信息咨询和成果推广等方面的服务需求。

五是产业国际化程度较低。这主要表现在杭州的文化创意产业发展更多地依赖于本地资源,与北京、上海等城市相比,在对域外特别是国外知名创意企业和人才的引进上存在较大差距。

二、杭州市文化创意产业财税政策的现状

近年来,杭州市委、市政府根据杭州文化创意产业发展实际,相继出台了

一系列支持文化创意产业发展的财税政策。概括起来,杭州市现有文化创意产业财税政策主要涵盖以下几个方面内容。

(一)支持全市统筹方面的财税政策

一是自 2008 年起,市大文化产业专项资金更名为市文化创意产业专项资金,资金总额增至 1.52 亿元,并根据财力逐步递增,2010 年达到 2.82 亿元,2011 年达到 4.11 亿元,以奖励、贴息、资助等方式扶持重大文化创意产业项目及企业。二是从市科技计划相关专项资金和市人才专项资金中安排一定资金,用于扶持文化创意产业发展。三是扩大市本级财政资助覆盖面,市本级企业的项目资助由市文化创意产业办公室从市文化创意产业专项资金中予以安排;区级企业(不含萧山区、余杭区)的项目,按财政体制分成比例,以市级企业资助标准的 25% 安排各项扶持资金;萧山区、余杭区和五县市项目按市级企业扶持标准的 25% 安排市财政资金,其他区(含风景名胜区、各市级开发区)级项目按市级扶持标准的 50% 安排市财政资金,各区、县(市)分别按 75% 和 50%的比例安排配套资金。

(二)支持园区建设方面的财税政策

一是市财政每年安排一定规模资金扶持文化创意产业园区建设(2011 年扶持资金规模为 1100 万元),重点支持文化创意产业重点集聚区、公共服务平台建设。二是凡经市文化创意产业指导委员会认定为杭州市级文化创意产业基地的,由市文化创意产业专项资金一次性给予 50 万元资金资助。三是对利用空余或闲置工业厂房、仓储用房等存量房地资源兴办文化创意产业,不涉及重新开发建设且无需转让房屋产权和土地使用权的园区,经市文化创意产业指导委员会确认并报市政府批准,属于符合国家规定、城市功能布局优化及有利于产业升级的,暂不征收原产权单位土地年租金或土地收益。四是对利用依法取得的商业服务用途的国有划拨建设用地兴办文化创意产业,且无需转让房屋产权和土地使用权的园区,其土地用途和使用权人可不作改变,同时经市、区、县政府批准可暂缓实行有偿使用。五是鼓励园区争创国家、省级产业示范基地,凡被认定为国家、省级示范基地的,由市文化创意产业专项资金给予一定的配套奖励。六是市财政安排一定规模文化创意先进单位奖励资金,专项奖励文化创意产业发展先进园区、先进单位。

（三）支持人才培养方面的财税政策

一是市财政从市文创专项资金、市人才专项经费中每年统筹安排 1500 万元，设立杭州市文化创意产业人才队伍建设专项经费，加大文化创意人才培养。二是实施紧缺人才培训工程，特别是新一轮新世纪"131"优秀中青年人才培养计划和新一轮"356"培训工程，加大文化创意经营管理人才的培养力度。三是市财政每年安排 3000 万元，用于实施"青年文艺家发现计划"，专门用于杭州青年文艺家发现、培养和引进工作。四是在白马湖生态创意城等文化创意产业园区专门开辟"青年艺术家村落"，财政出资为业有所成者提供良好创作场所，给予大学生和初创业者租金、税收等方面的支持。五是实施"中国杰出女装设计师发现计划"，从 2007 年至 2017 年，杭州市政府设立中国杰出女装设计师发现计划专项基金，每年投资 400 万元，用于引进和培养杰出女装设计师、优秀女装设计师、女装企业高层经营管理者、服装制作技师等人才。六是实施引进和培养百位工艺美术大师三年行动计划，从 2011 年至 2013 年，从杭州市重点传统工艺美术保护发展专项资金中，市财政每年安排不少于 500 万元用于工艺美术大师的引进和培养。七是市财政安排专项经费积极引进国际一流的艺术大师、设计大师、经济大师、社会问题研究大师、中国问题研究大师等高层次文化创意人才。八是对高等院校和创意培训机构开展文化创意人才培养成绩突出者给予一定奖励；鼓励文化创意企业选送优秀员工参加高等院校和创意培训机构组织的学习与培训，对完成培训课程或取得相关从业、毕业、结业证书的员工，由市文化创意产业专项资金给予一定比例的培训费资助。

（四）支持投融资方面的财税政策

一是市财政每年安排一定规模的文化创意产业投融资扶持资金，解决投融资瓶颈问题。2011 年扶持资金规模为 1400 万元。二是建立健全银政企合作风险补偿机制，杭州市文创办与杭州银行共同发起成立了 1 亿元授信规模的文化创意产业无形资产担保贷款风险补偿基金，对向文化创意企业提供贷款业务的银行等金融机构，经认定后，每年按其新增贷款余额给予适当的风险补偿。三是鼓励银行等金融机构积极探索以无形资产质押贷款或以无形资产质押为主的组合贷款业务，为文化创意企业提供融资服务，对企业获得的贷款或纯公益性项目和市里认定的重点文化创意产业项目发生的贷款业务，经认定后，按实际发生利息额给予贷款单位全额贴息补助；对其他文化创意企业获得的贷款,经认定后,按实际发生利息额给予贷款单位 50% 的贴息补助。四是对担保机构为中小文化创意企业的融资提供担保给予财政补助,年日均担保责任余额在 2000 万元以上 5000 万元以内(含 5000 万元)的部分,按年日均担保额的 0.5% 给予补助;对年日均担保责任额在 5000 万元以上的部分,按年日均担保额的 1% 给予补偿。五是市文化创意产业专项资金每年安排一定的资金,委托相关国有资产投资公司为出资主体,认购相关协议金融机构发起的债权信托产品,按一定比例公开募集社会资金,放大财政性资金引导效应,为有债权融资需求的文化创意企业提供融资服务,融资企业的融资成本控制在 9% 以内。

(五)支持自主创新方面的财税政策

一是加强对重点文化创意企业和重点文化创意产业的财政扶持,引导和推动文化创意企业提高自主创新能力。二是鼓励企业积极争取国家和省各类文化创新建设资金,对争取到创新建设资金的企业地方落实配套资金。三是对单位和个人从事技术转让、技术开发和与之相关的技术咨询、技术服务业务取得的收入,免征营业税、城建税、教育费附加和地方教育费附加。企业、事业单位符合条件的技术转让所得,一个纳税年度内不超过 500 万元的部分,免征企业所得税;超过 500 万元的部分,减半征收企业所得税。四是对国家重点扶持、拥有核心自主知识产权、符合相关条件的高新技术企业,按 15% 的税率征收企业所得税。五是对科研机构、高等院校转化职务科技成果,以股份或出资比例等股权形式给予科技人员的个人奖励,经主管税务机关审核后,暂不征收个人所得税。六是创业投资企业采取股权投资方式投资未上市中小高新技术企业 2 年(含)以上且符合相关条件的,可按其对中小高新技术企业投资额的 70% 抵扣该创业投资企业的应纳税所得额。七是允许企业为开发新技术、新产品、新工艺发生的研究开发费用,未形成无形资产计入当期损益的,在按照规定据实扣除的基础上,按照研究开发费用的 50% 加计扣除;形成无形资产的,按照无形资产成本的 150% 摊销;企业为开发新技术、研制新产品所购置的试制用关键设备、测试仪器,单台价值在 30 万元以下的,可一次或分次摊入管理费用。八是对文化创意产业园区内企业自主创新的文化产品、知识产品和服务实行优先采购。

(六)支持知识产权保护方面的财税政策

一是在杭注册的文化创意企业,其申报软件著作权、专利权等知识产权所发生的费用,由市文化创意产业专项资金或市科技计划相关资金给予一定资助。二是市财政每年安排一定规模的知识产权申请资助资金,2010 年为 2500 万元,2011 年增加到 3600 万元,专项用于对企业各类专利申请资助和奖励。三是市财政每年在工信专项资金中,安排一定规模的奖励资金,并根据情况逐年增加,2010 年为 3560 万元,2011 年为 4100 万元,专项用于名牌及驰名商标奖励、标准制定及其先进奖励。

(七)支持大行业大项目大企业大集团培育方面的财税政策

一是市财政安排一定规模文化创意产业重点行业扶持资金,2010 年资金规模为 4600 万元,2011 年资金规模为 4700 万元,专项用于扶持鼓励发展的优势文化创意产业项目。二是从 2009 年起,市财政将每年安排 4500 万元资金,建立市信息服务业专项资金,2011 年专项资金规模达到 7000 万元,重点支持通信、软件、集成电路设计、电子商务、即时通信、搜索引擎、网络游戏等产业领域的技术创新、企业资质认定、公共技术服务平台建设、产学研合作和人才培育。三是从 2010 年起,市本级财政在每年市文化创意产业专项资金中安排动漫游戏产业发展专项资金 7000 万元,并根据实际需要适度增长,重点支持动漫游戏作品原创、中国国际动漫节承办、动漫产业研究以及对动漫游戏企业和各类动漫游戏平台建设的资助、奖励、贴息等。四是对纳入"杭州市文化创意产业重点企业(集团)培育库"的重点文化创意企业(集团)所申报的重点项目,经市文创委研究同意,可按项目投资额的 25% 以内给予资助,最高不超过 250 万元。对由杭州市范围以外引进至杭州落户的大型文化创意企业申报的项目,可按照重点企业、重点项目的标准给予扶持。部分对杭州文化创意产业建设具有突出影响和意义的重点项目,其扶持方式和额度可由市文创委另行议定。五是将高新技术文化创意企业纳入市级高新技术企业认定范畴,凡经认定的企业可享受财政扶持等优惠政策。

(八)支持文化创意产业改革方面的财税政策

一是"十二五"期间,每年在市文化创意产业专项资金中安排文化体制改革专项资金 200 万元,并根据实际需要逐步增加。二是"十二五"期间,市财政根据需要,安排一定规模文艺院团改革经费,专项扶持文艺院团的改革与发展。三是"十二五"期间,在市文化创意产业专项资金中安排一定规模资金,专项用于新建改建影院补贴、公共服务采购、发行版权收购、重点企业和项目扶持等;安排一定规模资金,专项用于数字兴农项目。四是"十二五"期间,每年在市文化创意产业专项资金中安排一定规模的文化创意产业理论研究经费，加强对文化创意产业的理论研究。五是对经营性文化事业单位改制为企业的，自转制注册之日起免征企业所得税。六是由财政部门拨付事业经费的文化单位转制为企业，自转制注册之日起对自用房产免征房产税。

这一系列财税政策，有力地推动了杭州市文化创意产业的发展：一方面，为文化创意企业发展提供了有力的资金支持，2007—2011 年，杭州市财政安排文化创意产业专项资金达 11.47 亿元，解决了一批文化创意企业发展过程中遇到的资金困难，推动了文化创意产业集聚区建设、人才培养和自主创新；另一方面，通过积极开展政策创新和服务创新，充分发挥了政策导向功能，吸引和带动了社会资本进军文化创意产业，加速了文化创意产业规模化、集群化、市场化、资本化，提升了杭州市文化创意产业的整体水平。

三、杭州市文化创意产业财税政策的不足

虽然财税政策在推动杭州文化创意产业发展方面发挥了积极的作用，产生了良好的效果，但是也显露出一些不足：一方面，随着文化创意产业的迅速发展，企业对资金和政策的需求日益增加和迫切；另一方面，随着"全国文化创意产业中心"建设进程的加速，市委、市政府也对财税政策提出了更新更高的要求；同时，北京、上海、深圳等兄弟城市文化创意产业财税政策的不断调整和完善，也对我们财税政策调整形成了外部竞争压力。总的来说，目前杭州财税政策主要存在以下不足。

（一）财政政策与税收政策的匹配协调度不高

目前，杭州市文化创意产业财税政策中财政政策与税收的匹配协调度不高，较大程度上影响和制约了财税政策的协同效应发挥，主要体现在两个方面：一方面，政策数量不匹配，文化创意产业财政政策居多，而涉及文化创意产业的税收优惠政策很少，与"税收政策为主、财政政策为辅"的理想政策结构存在较大差距。另一方面，政策适用范围不匹配，受到税收政策立法权限和管理权限的限制，目前没有针对文化创意产业这个大产业的专门税收优惠政策，只有针对动漫、高新技术等个别行业的税收优惠政策，适用范围较为狭窄；而财政政策虽然适用范围较广，但是受资金规模限制，惠及的企业仍然很有限。

(二)财税政策引导集聚社会资本的功能尚未充分发挥

虽然杭州市已经出台了一系列财税政策,有力地支持了杭州市文化创意产业的发展,但是这些政策的引导集聚效应尚未充分发挥,具体体现在:一是虽然设立了文化创意产业专项资金,且规模逐年增长,但资金规模仍然偏小,仍然难以满足迅速发展的文化创意产业迫切而又巨大的资金需求。从本市专项资金占比来看,文化创意产业专项资金占市本级财政专项资金的比例为2010 年 1.04%,2011 年 1.34%;从与其他城市相比来看,杭州的文化创意产业专项资金规模也小于北京、深圳等城市。二是杭州市对文化创意产业的资金支持,目前基本上仍然处于财政资金单兵作战的阶段,尚未形成对社会资本的强有力的引导,财政资金吸引集聚社会资本的"核"功能尚未充分发挥,"四两拨千斤"的杠杆效应尚未有效显现。虽然目前已经引导成立少数社会资本参与的基金,但是尚未形成整体气候,文化创意企业融资难,资金短缺的现象没有得到较为有效的解决。

(三)财税政策引导创意人才集聚的功能尚未充分发挥

创意人才缺乏是目前杭州市乃至全国文化创意产业发展面临的最关键的问题,目前杭州财税政策对创意人才集聚支持不足的表现为:一是对引进和培养国际、国内高端创意人才支持不足,尤其是动漫设计、工业设计、技术研发等方面的高端创意人才引进不足。二是对引进和培养创造型、经营型、实用型、复合创意人才支持不足。目前,杭州以引进和培养文艺人才等内容创意人才为主,对既擅长文化创意又精通经营管理、品牌运作、市场推广、投资融资等文化创意复合经营人才引进支持不足。根据杭州市文化创意产业人才队伍建设联合课题组的调查结果显示,38.7%的被调查者认为复合经营型人才最为紧缺。三是对引进创意领军人物及其创意团队整体入驻杭州的支持不足,尤其是在启动经费资助、专项资金申报等方面有待进一步改进。

(四)财税政策引导产业集群发展的功能尚未充分发挥

集群发展,是文化创意产业发展的必然趋势和必然要求,财税政策在推动文化创意产业集聚方面发挥了积极作用,但是仍然存在一些不足:一是杭州市目前财税政策手段较为单一,主要以财政资金投入手段为主,在税收、融资、招商推介、环境营造等方面的考虑较少,各园区所在地政府财力不同,对各园区的配套资金支持力度也不尽相同,以资金作为产业引导的方式容易导致园区发展不平衡。二是目前市文化创意产业专项资金中,真正用于集聚区开发与建设的较少,导致集聚区基础设施难以满足文化创意产业的集群发展。三是缺乏能够有效引导企业集群发展的财税政策。目前,园区规模小、投资密度低、园区之间同质化严重,园区内企业的数量少且规模小,创意团队、资金等资源明显不足,营销能力和抗风险能力差,最终导致创意产业化的能力不足。最严重的是,集聚区内企业之间的产业关联度低,产业链互补性差,因此只是形式上的集聚,而没有形成有效的集群发展,需要包括财税政策在内的各种政策加以积极引导和推动。四是对文化创意产业公共服务平台建设投入不足,公共服务平台建设落后于文化创意产业发展,也影响了集群发展的速度和规模。

(五)财税政策对知识产权保护投入有待进一步加大

国内外的经验表明,政府对知识产权的保护力度对当地文化创意产业的发展具有非常重要的影响。文化创意产业作为智力密集型的产业,其产品和服务的开发需要投入大量的人力和资金,并产生属于开发者的知识产权。政府对于知识产权的保护,可以帮助文化创意产业的投资人获得投资收益,进而促进其发展文化创意产业的积极性。而目前,杭州文化创意产业知识产权保护还存在一些不足:一是对文化创意企业、个人申报和自主保护的政策引导和支持力度有待进一步加大。文化创意企业及个人申报和保护知识产权的,因为成本过高、难度过大而积极性不足。二是对文化创意知识产权交易平台建设的投入力度不够。文化创意知识产权交易平台的建设滞后于文化创意知识产权保护的需求。三是对文化创意知识产权各类中介机构发展的政策引导和支持力度不足,文化创意知识产权中介组织发展缓慢。四是对文化创意知识产权保护理论研究、保护机制和保护网络建设投入不足,有效的文化创意知识产权保护体系建设滞后。

四、国内外文化创意产业财税政策借鉴

(一)政府给予文化创意产业大力资金支持

1997年英国创意产业专责小组成立后最重要的工作之一就是为创意产业从业者寻求资金;英国科学、技术及艺术基金会则为具有创新点子的个人提供发展资金。韩国也设立了文艺产业振兴基金、信息化促进基金、广播发展基

金、电影振兴基金、出版基金等众多基金会。

北京从 2006 年开始,每年安排文化创意产业专项资金就已经达到 5 亿元,此外还安排了文化创意产业集聚区基础设施专项资金,资金规模 5 亿元,分 3 年投入。深圳从 2004 年开始,每年安排的文化创意产业专项资金 3 亿元,从 2011 年起增至每年 5 亿元。

(二)都选择某一产业作为核心产业重点发展

美国的文化创意产业以版权业为核心,以至于大部分人将美国文化创意产业称为"版权产业"。现在,美国是全球版权产业最为发达的国家,版权产业已经成为当今美国最大、最富有活力并带来巨大经济收益的产业。日本创意产业以动漫产业为核心,以年营业额 230 万亿日元成为日本第二大支柱产业,广义的动漫产业占日本 GDP 比重超过 10%,成为超过汽车工业的赚钱产业。现在,日本是世界上最大的动漫制作和输出国,目前全球播放的动漫作品中有六成以上出自日本,在欧洲这个比例更高,达到八成以上。

深圳对以工业设计为文化创意产业的核心产业进行重点发展。目前深圳集聚了 6000 多家设计类企业,60000 多名专业设计师,占领全国 60% 以上的工业设计业务市场,年产值达到 15 亿元,占深圳 GDP 的 5%。2008 年 12 月,被联合国教科文组织认定为"设计之都"。

(三)集群发展是推动文化创意产业发展的有效方式

英国是文化创意产业集群的发展的典型。伦敦作为世界级的文化创意产业集群,集聚了英国 1/3 的演艺公司、70% 的唱片公司、90% 的娱乐活动、75% 的广播电影收入、46% 的广告从业人员、85% 的服装以及其他各类设计师。其他比较有影响的集群主要有:伦敦西区的戏剧集群、曼彻斯特北部的音乐产业集群及布里斯托尔的电视与数字媒体产业集群等。美国的文化创意产业集群发展最为迅速,从 1980 年到 2001 年,美国的文化产业园区的数量从 12 个迅速发展到了 900 个以上。

在我国,文化创意产业发展较快的北京、上海、深圳等地,也都纷纷结合自身的文化资源基础,建设了大量的文化创意产业集聚区,推动了本地文化创意产业的集群发展。

(四)非常重视高端创意人才的引进

美国是引进创意人才的典范。据资料显示,仅 1990—1991 年间,美国仅从苏联就引进了 3 万多名文化创意人士,其中著名人才达 1500 多人。近 20 年来,更是引进和集聚了不计其数的世界顶级创意人才。新加坡,通过提供高薪与住房、"博采东西之长的国际化教学模式"和"大力强化对创意产业领域的教育资源",吸引了来自 120 多个国家和地区的 8 万多名国际学生,他们为新加坡在艺术、信息、广告、设计、管理等多个创意产业领域积累了巨大的潜在力量。

香港,专门颁布了《优秀人才入境计划》,吸引优秀创意人才入境。自 2003 年 7 月实施该计划以来,截至 2009 年 2 月,已经招揽了包括郎朗、章子怡等各类高端创意人才 886 人。上海,2005 年发布了《上海市重点领域人才开发目录》,其中文化创意产业人才招揽计划赫然在列。根据《上海市重点领域人才开发目录》,上海将在今后几年内在海内外招揽 30 多类高端文化创意人才。

(五)积极构建畅通高效的融资渠道

一是上市直接融资模式。例如,英国的创意产业主要以典型的公司制存在,包括大企业集团和中小企业集群,许多大型公司通过上市发行股票实现了投资主体的多元化,获得了畅通的融资渠道和丰富的资金来源。

二是政府信用担保模式。例如,法国成立的影视业融资信用担保基金。法国政府及政府银行和民间银行分别出资成立电影电视业融资信用担保基金,为企业因制作影视作品资金不足而向银行借贷时提供借款额的 50% 信用担保。如果为电影制作提供融资的银行因电影票房收入欠佳而无法收回融资时,该基金必须埋单。

三是市场信用担保模式。例如,美国只要制片商拿到与演职人员签订的制作电影意向合同后,即可与发行机构签订预售合同,并用制片预算 6% ～ 10% 的费用,向专业的担保机构完成发行公司投保,然后用预售合同和担保合同向银行申请融资,担保公司通常会借助再投保来化解风险。

四是产业链共同投资模式。例如,日本 80% 以上的影视作品由电视台、广告公司、出版社及玩具厂商、唱片公司、游戏软件厂商、商社等共同出资,组成作品制作委员会来进行投资,从而迅速解决了资金不足的困难,还能将投资贯通到整个产业链上,迅速有效并有序地延伸了产业链。

(六)从战略高度实施知识产权保护

美国政府将知识产权保护作为文化创意产业发展的核心内容。美国政府机构中特别配置了美国贸易代表署、版权办公室、版权税审查庭、商务部国际贸易局和科技局等相关的行政部门,成立了直接隶属政府部门的工作小组,加强版权的监督和保护,并积极推动版权立法。先后通过了《版权法》《跨世纪数字版权法》等一系列版权保护法规,形成了全世界保护范围最广、相关规定最为详尽的法律系统。日本提出要把日本建成世界第一知识产权国,并为此建立和完善了一系列文化创意产业的法律法规,如 IT 基本法、知识产权基本法、文化艺术振兴基本法等。

　　上海为了保证本地文化创意产业的健康发展,也进一步加大了对知识产权的保护力度,并成立了"上海创意产业知识产权事务中心",为有创意的个人和团体提供知识产权的咨询与保护。

五、杭州市文化创意产业财税政策的建议

(一)进行政策整合,形成政策协同效应

　　一是根据市本级地方财力变化,逐步壮大市文化创意产业专项资金,并引导主城区和两区五县市,根据本地实际配套成立并逐步壮大文化创意产业资金;同时,加强文化创意产业专项资金对创投引导基金、创业投资基金、社会风险资本等政策的引导与撬动,形成有效互动。二是调整文化创意产业财税政策导向,对八个行业进行分层次错位扶持,避免资金平均使用。根据杭州各类资源比较优势,建议选取动漫行业作为文化创意产业中的首位行业,在资金支持和政策扶持上给予优先支持和重点保障,确保动漫行业优先发展,将动漫产业打造成为杭州文化创意产业的龙头行业和招牌行业,然后由动漫产业驱动和催生其他行业发展。三是充分利用财政体制和税收体制改革契机,依托"全国文化创意中心"获批和建设,积极进行杭州财政体制创新和税收管理创新,在用足用好国家、浙江省各项税收优惠政策和文化创意产业专项扶持政策的同时,有针对性地出台各项财政政策,实现杭州政策与全国、全省政策,财政政策与税收政策、财税政策与其他部门政策的协同效应。

(二)强化政策引导,推动产业集群发展

　　第一,建立文化创意产业集聚区建设专项资金,按照"高起点规划、高水平开发、高强度投入、高密度产出"的要求,调整和优化全市文化创意产业集聚区的整体规划,按照比较优势的原则选择创意产业的切入点,实现错位发展,并根据集聚区定位重点加大集聚区基础设施开发投入,打造集聚区特色功能,增

强集聚区产业承载能力,改变目前集聚区"低、小、散、同"的状况;对符合全市规划导向、由社会资本投资建设的文化创意产业集聚区,对有利于促进产业集群发展的基础设施建设和改造给予专项资助。第二,建立文化创意产业集群发展引导资金,重点用于以下四个方面:一是完善搬迁企业税收留成、资金补助政策,以产业链互补和集群发展原则为导向,引导文化创意企业按照全市规划和园区定位,在园区内园区外、不同园区之间合理流动,引导文化创意企业迁入合适的园区发展。二是鼓励引导园区内文化创意产业龙头企业,剥离发展专业化配套企业或者进行服务外包,对产业带动作用大、协作配套层次高的文化创意行业龙头企业,给予一定的财政资助。三是鼓励园区内中小文化创意企业加强与行业龙头企业在生产、质量、标准、管理等方面的协作和融合,进入其产业链,对集群内中小企业为融入龙头企业产业链而实施的技术改造项目,优先列入市重点技术改造计划给予财政支持。四是鼓励园区内文化创意企业通过联合、并购、控股、品牌经营和虚拟经营等方式对产业链上下游的关联配套企业进行整合重组,组建产业发展战略联盟,提高产业集中度,对产业战略联盟的各类项目优先给予财政支持和奖励。第三,建立文化创意产业公共服务平台建设专项资金,重点加大信息发布平台、创意交流平台、产品展示平台、技术服务平台、企业融资平台、产权交易平台、行业协会平台、产业联盟平台等公共服务平台建设的投入与支持,加快公共服务配套体系建设。

(三)加大投入力度,引进高端创意人才

一是整合设立杭州市文化创意人才引进资金,全力以赴引进高端创意人才、创意行业领军人才、复合型创意人才、国际知名创意人才这四类杭州急需的创意人才。要重视文化创意人才的引进,尤其是在文化创意产业发展的初级阶段,加快四类高端创意人才的引进和集聚,提升杭州文化创意人才档次,形成强大的辐射效应和集聚效应,形成完整的创意人才链,促进今后文化创意人才的进一步引进和本土化培养。二是整合设立杭州市文化创意人才开发资金,加快文化创意专业培训机构和平台建设,依托浙江大学、中国美术学院、浙江传媒学院等院校和国际知名院校、培训机构重点加大动漫设计、工业设计、服装设计、创意经纪、市场运作、经营管理等本土创意人才培养力度。三是整合设立杭州市文化创意人才奖励资金,对参加国内外各类高端创意大赛获奖、获得各类高规格专利、作出特殊贡献的各类创意企业和创意人才,给予奖励。

（四）实施政策创新，畅通投资融资渠道

一是设立文化创意产业政府创业投资引导基金，并逐步扩大引导基金规模，重点采用阶段参股方式，吸引和撬动社会资本共同发起设立文化创意产业、创业投资企业和创业投资基金；采用融资担保方式，支持历史信用记录良好的创业投资企业和创业投资基金，通过债权融资增强投资能力；采用跟进投资方式，吸引国内外的风险资本投向初创型文化创意企业。二是整合设立文化创意产业融资信用担保基金和融资风险补偿基金，支持各类金融机构进行金融创新，为文化创意企业尤其是中小文化创意企业提供无形资产担保贷款、订单贷款、应收账款贷款、融资租赁贷款、股权贷款、信用贷款等形式的贷款。三是支持和培育精通文化创意产业融资运作的专业担保机构和市场信用评估机构，构建信用融资担保和再担保体系，拓宽文化创意产业信用融资渠道。四是继续扩大文化创意企业集合信托债权基金，在"宝石流霞""满陇桂雨"项目基础上，继续针对不同类型的文化创意企业或者不同文化创意项目，推出更为灵活、更为丰富的集合信托债权产品，为更多的文化创意企业提供直接融资服务。五是设立文化创意企业上市培育基金，对有潜力的文化创意企业分批、分阶段进行重点培育和上市辅导，加速企业上市进程，提高企业上市成功率。六是引导同一产业链上的不同节点的文化创意企业开展共同投资，可有效控制投资风险，又能借助各投资主体的市场经验，迅速有效并有序地延伸产业链，最大限度地调动投资参与者在产业链中的积极性，强化其在相关产品领域的竞争优势。

（五）强化政策支持，加大知识产权保护

一是加大对知识产权公共交易平台建设的投入力度，尽快建立杭州市知识产权公共交易平台，为文化创意企业或个人的知识产权交易打造权威高效的平台，加快文化创意产品的市场化进程。二是加大知识产权保护联盟、各种资质认证中心、版权资源信息中心、版权评价交易中心、知识产权评估机构等行业组织和中介机构发展的扶持力度，不断促进知识产权可评价、可物化、可质押、可交易。三是设立知识产权发展资金，加大对文化创意企业或者个人申请各类专利、版权、商标、品牌、认证、标准等的资助和奖励力度，尤其是对申请周期长、难度大、费用高、效益好的各类国际专利、版权、商标、品牌、认证、标准的要给予更多的资助和奖励。四是设立知识产权保护资金，成立杭州市知识产权保护促进中心，为文化创意企业或者个人提供知识产权事务咨询、指导、

维权和保护等服务。五是加大知识产权保护的理论研究与制度建设经费投入，提高知识产权保护的针对性和有效性，改变以往将知识产权重点放在打击消费者层面的侵权的做法，将知识产权保护重点转移到防止企业与企业之间的侵权，从根源上保护知识产权保护。六是加大"全国版权保护示范城市"和"国家数字出版基地"创建经费的投入，充分发挥市知识产权工作领导小组和市国家版权保护示范城市创建工作领导小组的作用，进一步加强法规建设、队伍建设和基础建设。

　　课题组组长：余田法
　　　　成员：李雪丰(执笔)

加快桐乡文化创意产业发展的财税对策研究

桐乡市财政局课题组

加快经济发展方式转变,以文化创意驱动桐乡产业经济转型升级,培养传统支柱型产业,是当前亟待解决的一项重要课题。本文结合桐乡实际,就财税部门如何以文化创意驱动桐乡特色产业升级,助推桐乡经济社会继续保持又好又快发展,提出一些意见和建议。

一、加快桐乡市文化创意产业发展的必要性

文化创意产业是经济社会发展进步的标志性产业,对于拉动消费、助推转型、提升城市品位、推动特色产业转型升级、夯实经济社会发展的软实力、促进社会全面发展均有着重要意义。

(一)桐乡经济的持续发展需要文化引领

发展文化创意产业、促进产业融合,是区域经济发展到一定阶段的必然选择。多年来,全市人民共同努力,埋头苦干,桐乡经济始终保持高速增长,但是可喜的成绩背后也存在着许多问题。继续走高能耗、高污染、高投入、低效益水平的发展之路,必然是越走越窄,难以为继。席卷全球的金融危机已经给我们敲响了警钟,今后的区域间竞争更趋激烈,落后必遭淘汰,要避免悲剧上演,就必须尽早尽快地转型,走文化、知识引领的发展新路。21世纪前10年的经济社会发展显示,一个知识资本为王的时代已经到来,依靠密集劳动、微利竞争、环境破坏换取的优势越来越微弱,而文化创意产业以知识技术性强、融合渗透性强、产品附加值高、投入回报率高、资本投入较低、能源消耗极低的明显优势腾空而起,为调整优化产业结构,促进经济转型升级照亮了前进方向,为未来五年乃至更长时间桐乡经济又好又快发展提供了希望。

(二)桐乡城市的和谐发展需要文化支撑

桐乡市"十二五"规划明确了"构建产业高地、打造生态家园、建设宜居宜游城市"的奋斗目标,但是又一直困扰于经济发展和资源环境限制的矛盾之中,如何实现生产发展与生态建设、生活富足与精神充实的多赢目标,城市功能的转型升级是发展的必然趋势,即从一个生产制造的中心向生活服务的中心转化,向文化创意中心和科技创新中心转化。文化创意产业是最具活力、魅力和影响力的新兴战略性产业,大力培育发展文化创意产业,不仅能有力推动传统产业升级,加快发展现代产业体系,从"桐乡制造"向"桐乡创造"迈进,还有助于传承和发展桐乡特色文化,提升城市品位,打响"文化桐乡""创意桐乡""魅力桐乡"的城市品牌。加快发展文化创意产业是把桐乡建成一个经济发达、碧水蓝天、和谐幸福的现代化新城市的重要途径。

(三)桐乡人民的全面发展需要文化繁荣

随着科技进步,效率提高,经济高速增长,群众经济收入越来越高,休闲时间也越来越多,在精神文化方面自然而然地产生了更高更大更为迫切的需求,这是加快发展文化产业最直接的动力,也为产业发展提供了深厚的社会基础和广阔的需求空间。统计表明,城市人均 GDP 达 4000 美元时,精神文化需求就驶入了快车道,目前,桐乡人均 GDP 已达 1 万美元,追求时尚品牌、外出旅游、健身娱乐的消费人群明显增加。同时,文化创意产业所提供的产品、服务与一般产品不同,优秀文化创意能化平淡为神奇,大大提升产品、服务的价值,它所传递的精神感受、人文关怀能够让人心灵愉悦,提高人民群众的审美情趣、道德情操、文化素质和生活品质,促进人与社会的全面协调发展,是以人为本、科学发展的集中体现。

二、桐乡文化创意产业发展的独特优势

桐乡市文化产业发展还基本处于自发状态,进展缓慢,总量偏低,层次不高,缺少有规模、有影响的企业、门类,整个产业正处在起步爬坡阶段,亟待规划引导、政策助推,从而促进产业发展加速。然而,作为一直领先的百强县市,桐乡也有着自己鲜明的特点和独到的优势,立即行动,乘风扬帆,紧紧抓住当前国家大力推动文化创意产业发展的黄金时机,把握天时、发挥地利、培养人

才、充分挖潜,桐乡文化创意产业发展一定大有可为。

(一)优越的区位条件

桐乡处于长三角中的金三角,拥有沪杭同城的战略区位。上海要打造世界级创意产业中心,杭州要成为全国文化创意产业中心,沪杭文化创意产业的快速发展对桐乡市利用文化创意推动传统产业升级有着重要带动作用。桐乡可利用沪杭同城区位优势,积极建立与上海、杭州文化创意产业发展的协作机制,既要依靠上海、杭州产业先发优势,又要注重桐乡实际错位发展。

(二)雄厚的产业基底

桐乡市在长期发展中形成的濮院毛衫、崇福皮草、乌镇旅游等特色产业升级要求迫切,使文化创意产业有了无限的发展空间。濮院先行提出用文化创意促进毛衫产业升级,"320创意广场"为制造业企业提供研发设计、品牌策划、文化传播、电子商务等服务,是利用文化创意助推传统产业升级的一个先行者。丰同裕蓝印布艺公司不断植入现代创意理念和本土文化元素,吸收国画、民间剪纸等多种艺术形式,制品在北京、上海、日本、韩国等国内外市场享有盛誉。丰子恺纪念馆研发的"子恺漫画"瓷器系列茶具,将瓷器的温润华美和子恺漫画的清新淡雅相融合,既满足了游客的消费需求,又契合了游客的收藏心理。

(三)丰富的资源禀赋

桐乡自古人灵地杰,孕育了张履祥、吕留良等古代名仕和茅盾、丰子恺、钱君匋等现代大家。石门孕育了吴越争霸的故事,濮院流传着范蠡西施的缠绵爱情。桐乡拥有1个世界级非物质文化遗产——"中国蚕桑丝织技艺"、2个国家级非遗项目和13个省级非遗项目。桐乡是中国民间艺术(漫画)之乡、中国摄影之乡、中国书法之乡,君匋艺术院、博物馆等场馆,馆藏文物极为丰富。可以说,桐乡集良渚文化、运河文化、蚕桑文化和名人文化等多种文化元素于一身,为驱动桐乡传统产业升级提供了创作之源。

(四)独特的高校资源

浙江传媒学院桐乡校区设有文化创意学院、设计艺术学院,是一座文化创意的思想和人才富矿,高校师生的创意能力和研究成果,源源不断地为文化创意产业的发展提供强大的智力支持。传媒学院不仅可为文化创意企业输送专门应用人才,还在兴办文化创意企业方面发挥先锋作用。

三、文化创意产业财税政策的现状与问题

(一)税收扶持政策不健全

近年来,国家制定并出台了一系列扶持文化创意产业的税收政策,涉及增值税、营业税、企业所得税、个人所得税、房产税、城镇土地使用税、车船使用税、印花税等多个税种,扶持范围涵盖科普文化事业,广播、电影、电视、新闻、出版事业,新办文化事业,文化体制改革试点中经营性文化事业单位转制为企业,文化体制改革试点中的文化产业,文化事业捐赠活动,个人从事文化活动等七大类。但这些税收优惠政策主要以相关部委颁布的部门法规为主要形式,大多散见于各个实体税法之中,行业针对性不足、措施协调性不强、政策覆盖面不全。例如,对小型微利企业的所得税低税率政策,对网络软件与动漫企业比照高新技术企业的增值税与所得税优惠规定,以及对文化产业从业人员的个人所得税减免措施,都无法体现对文化产业的整体性扶持,以及对行业特殊性的照顾。而桐乡市的产业基本属于微小企事业,对于国家出台的一系列税收优惠政策,能真正享受的微乎其微。

(二)财政政策支持力度不够

产业发展理论和先发地区产业发展的实践表明,相比传统企业,文化企业成长阶段风险难测,回报时间较长,政府宏观引导和政策机制保障有着至关重要的作用和影响。要充分发挥政府主导作用,增强政策扶持力度,帮助企业生根发芽,需要财政的扶持。如绍兴投资 10 亿元启动中国轻纺城创意产业基地和纺织工业设计基地的建设,设立 2000 万元创意产业发展专项资金奖励文化创意人才。而桐乡市虽然在经济扶持政策中涵盖了农业、工业等政策,但没有系统的文化创意政策和扶持资金。如丰子恺纪念馆由于融资难,只能通过自身累积资金扩大生产,制约了其快速发展。

(三)财政对民间资本的引导不够、社会投资渠道不畅

有效地吸引和利用社会资本,一直是文化产业发达地区解决产业投资不足、提高产业经营效率的重要手段。然而长期以来,桐乡市对文化创意产业的

财政支持手段较为单一,政府包办的体制以及政策的不稳定,使得民间资本进入的成本较高,而且文化创意产业的建设、创作、培养周期和成型周期都比较长,出于对投资回报的考虑,社会上的闲散资金难以向文化创意产业聚拢。同时,政府又缺少对社会资本转向文化生产领域有力的引导,使得文化创意产业的资本投入不足,严重制约了产业的发展进程。

四、推动文化创意产业发展与繁荣的财税政策建议

坚持政府引导、市场主导、企业主体的发展模式,在政策聚集、人才引进、平台搭建、宣传推介等方面进一步凸显政府"有形之手"的功能。

(一)建立和完善文化创意产业税收优惠体系

从当前实际情况看,建立文化产业的税收优惠体系应包括以下内容:

1. 完善与推进增值税的扩围改革。一是完善增值税范围的扣除规定。首先,要完善有形资产的进项扣除,把厂房、不动产以及运输车辆完全纳入抵扣范围。其次,把无形资产的转让,即纳入农业税征收范围的特许权、技术专利转让等行为也纳入抵扣的进项范围。二是提高小规模企业的扶持力度,降低文化创意产业中的中小企业一般纳税人的认定标准,提高增值税和营业税的起征点,真正体现增值税改革对中小规模文化创意产业的优惠和促进作用。

2. 建立更具针对性的所得税优惠体系。一是对文化创意产业企业取得的收入,实行特定减免税,或按一定比例进行抵扣,或者可以考虑在实行普遍征税的情况下,将所征收的税额作为政府和发展基金,用于扶持和奖励该领域中具有原创性与公共性企业的成长,通过税式支出的形式推动文化创意企业的发展。二是由于文化创意产业属于知识密集型产业,知识和创意是产业的核心,技术人才是创造财富的直接来源。可比照现有企业所得税政策,将人才引进和培训费用类似外购与自行开发的无形资产开发成本,允许企业进行返销扣除。三是对特定文化创意区内生活与工作的技术产业的人员,取得的直接收入减征或免征个人所得税,对其生活、接待、娱乐所发生的费用允许适当抵扣,以提高对文化创意产业人才的吸引力。

(二)不断加强对文化创意产业的财政扶持

1. 建立非营利性文化创意发展的专项基金。在 2013 年的经济转型发展

扶持政策中,增设文化创意产业扶持政策和文化创意产业发展专项资金,出台文化创意与传统产业融合发展的促进措施,鼓励传统企业分离设立文化创意、工业设计机构。引导银行和担保机构开设新型金融、担保产品,帮助文化创意企业特别是中小企业解决资金问题。建议政府设立"文化创意产业基金",吸引社会资金参与,形成政府资金、民间资本、银行贷款、创业投资等相结合的多元化投融资机制,加快对文化创意大项目的建设。

2. 加大对公共性文化创意产业的财政支出力度。一是建议成立市级层面领导协调机构,设立专职工作机构,加强专职人员配备,建议市政府成立文创产业集团,整合文化资源,加快推进市场化运作。二是尽快出台《文化创意产业发展规划》和发布《文化创意产业投资指南》,进一步明确产业导向、发展空间,规划既要具有前瞻性、高水准,又要结合实际,与全市"十二五"经济社会发展规划相衔接。建议打造以浙江传媒学院桐乡校区—龙翔街道—乌镇国际旅游区为重点的文化创意产业带,以濮院毛衫、崇福皮草、石门洲泉制鞋、大麻家纺产业集群为重点打造工业设计创意园,加强配套服务,驱动产业集群转型升级。

3. 进一步创新财政投入和管理方式,努力提高财政资金使用效益。继续发挥财政资金的杠杆作用,探索实行项目补贴、定向资助等政策措施,鼓励各类文化创意企业和个人参与提供公共文化服务;通过贷款贴息、保费补贴以及设立产业投资基金等方式,引导和带动金融资本和其他社会资本投入文化产业。

(三)进一步完善文化创意产业的保障机制

1. 强化政策支持引导,加大人才培养引进。建立与文化创意产业发展相适应的人才培养、人才引进、职业培训和激励机制,培养具备"A＋B＋C"(A＝Art 艺术,B＝Business 商业,C＝Computer 计算机)的复合型人才,为文创产业发展提供智力支持。充分发挥浙江传媒学院学生思想自由、思维活跃优势,举办桐乡城市礼品设计大赛、杭白菊包装设计大赛、蓝印花布应用产品设计比赛等,使创意人才脱颖而出。重视本土文化创意人才,建议评比"文化创意艺术学科带头人",并给予专项经费,鼓励学科带头人加快智力产业化,使本地文化创意人才人尽其才、才尽其用,给本土创意人才成长的平台。

2. 鼓励吸引社会投资。发展非营利创意文化产业,全部依靠政府的投入会给财政带来沉重的负担。可以借鉴成熟资本市场的"产业投资基金"动作模式,鼓励私人或企业对非营利性创意文化产业的赞助和捐赠,降低企业的投资风险,减轻财政的支出压力。

3. 完善知识产权保护。加强知识产权的教育培训和宣传,引导文化创意企业建立知识产权管理体系。设立专利申请通道,为创意设计成果提供知识产权保护与开发的渠道,加快创意成果的产业化速度。加大执法力度,打击侵权行为,形成尊重创新、鼓励创新、保护创新的氛围。

4. 发挥中介组织作用。政府要培育以市场为导向的中介机构,注重发挥中介组织的积极作用。可将部分权力下放到中介组织,通过政府购买服务和资助等方式,鼓励中介机构开展产业发展研究、政府决策咨询、人才培养与交流等产业服务工作。

　　课题组组长:姜　玮
　　　　成员:陈敏娅(执笔)

宁波市促进文化产业发展的财税政策研究

宁波市财政局课题组

　　党的十七届六中全会通过的《中共中央关于深化文化体制改革推动社会主义文化大发展大繁荣若干重大问题的决定》,强调了文化产业在建设社会主义文化强国中的积极作用,标志着我国文化产业发展进入了新的阶段。宁波市委根据十七届六中全会的精神确立了"到 2020 年在全省率先基本建成文化强市"的奋斗目标。文化强市的建设离不开文化产业的发展。文化产业范围广、可塑性大、适应性强、环境污染小、关联度高,是具有发展前景的朝阳产业。本文通过分析宁波文化产业发展现状和存在问题,评析现行财税政策对文化产业的支持、促进作用,研究提出进一步促进文化产业发展的财税政策建议,为建设文化强市提供智力支持。

一、宁波文化产业发展现状

　　在过去的十年,宁波以改革为动力,不断推进文化产业发展,文化产业建设取得了重要突破和重要成果,尤其是"十一五"期间,文化产业发展迅速。但是与杭州、深圳、青岛等城市相比,宁波文化产业的实力、规模、发展速度等仍处于相对较弱的地位。

(一)宁波文化产业发展现状

　　近几年,宁波文化产业加快发展,规模总量持续扩大,文化产品和服务更加丰富。文化产业增加值从 2004 年的 73.85 亿元增加到 2011 年的 295.44 亿元,年均增长 37.51%;文化产业增加值占 GDP 的比重从 2004 年的 3.5%提高到 2011 年的 4.88%。

　　1. 总量规模不断扩大,产业结构逐步优化。2011 年宁波市文化产业增加值 295.44 亿元,比上年增长 18%,总量规模正以每年 20%左右的速度持续扩大。宁波文化产业增加值构成中,核心层、外围层和相关层的比例目前为16.5∶28.8∶54.7,比例结构渐趋合理化。随着 2011 年年底市、县两级 15 家经营性文化单位全面完成转企改制,相继组建了宁波出版发行集团有限公司、宁波市演艺集团有限公司和宁波广电网络股份有限公司,现代传媒与出版发行、广播电视电影服务、文化演艺等核心行业和网络服务等外围行业逆势上扬,在文化产业增加值中的比重持续提升。

2. 传统产业保持优势,新兴文化业态加速形成。宁波块状经济发达,制造产业集聚,文化用品、休闲娱乐等传统文化行业发展迅速,一批从事文体用品、古旧家具、包装、根雕等行业的民营文化企业快速成长起来。其中,以广博、得力、贝发等民营企业为龙头的宁波文具业发展最为迅速,年产量占全国的五分之一,出口占全国的三分之一。近几年,宁波通过"引进—培育"的路子,会展、文化旅游、动漫、网游、数字新媒体等现代文化产业群初步形成。2010 年全市动漫产品产量 13000 多分钟,居全省第二、全国第七。宁波水木动画设计有限公司被评为国家动漫游戏原创产业基地,由其生产的动画片《中华五千年》成为东南亚 600 多所华文学校的教材。

3. 文化产业特色园区快速涌现。在宁波首先开办的创意园区是"新芝 8 号",在此带动下,又相继开办了镇海创 E 慧谷、江东和丰创意广场、鄞州 128 创新园、江北创意 1956 等产业基地,有效推动了宁波文化产业的集群化、规模化发展。

(二)宁波文化产业发展与杭州、深圳等城市的比较

文化产业范围广、可塑性大、适应性强、环境污染小、关联度高,正成为各地争创发展新优势的强力支撑。文化产业已经成为深圳、杭州等城市的重要支柱产业。

杭州的文化创意产业在 2009 年就超过了商贸物流业、金融服务业,居现代服务业十大门类之首。深圳的文化创意产业则成为继高新技术产业、金融业、物流业之后的第四大支柱产业,现已进入了一个相对平稳的增长期。青岛的文化产业增加值占 GDP 的比重也较高,足以成为其城市的支柱产业。苏州的文化产业虽然起点不高,但是发展速度高出杭州、深圳等城市近 20 个百分点,其后发潜力不容忽视,同时,苏州的文化产业增加值已占到江苏省的三分之一左右。由表 1 比较可见,宁波的文化产业实力在这几个城市中处于明显的劣势,发展规模、发展速度以及占 GDP 比重都不及杭州、深圳等城市。宁波文化产业发展已经起步,发展空间较大。

表1 2011年宁波与相关城市文化产业主要指标比较

	杭州	深圳	苏州	青岛	宁波
文化产业增加值(亿元)	843.3	875	533	510	295.44
同比增长(%)	20.1	20.5	40.44	16.9	18
占GDP比重(%)	12.03	8	5.08	7.7	4.88

数据来源:相关网站。

(三)宁波现行财税政策对文化产业的发展发挥了重要的支持、促进作用

财税政策作为重要的经济调控手段,是文化产业发展的助推器。近两年,宁波积极贯彻落实文化产业相关税收优惠政策,逐年加大财政扶持力度,文化产业发展取得了新突破。

1. 落实好相关税收政策,支持文化产业发展。现行税收政策对文化产业的支持,主要以国家税务总局会同财政部、海关总署制定下发的一些政策为主,如《关于文化体制改革试点中支持文化产业发展若干税收政策问题的通知》《关于文化体制改革中经营性文化事业单位转制为企业的若干税收优惠政策的通知》是专门支持文化体制改革的政策,这些政策在宁波市、县两级15家经营性文化单位全面完成转企改制过程中发挥了重要支持作用,为文化产业的发展奠定了基础。此外,在增值税、营业税、企业所得税、关税方面都有关于支持文化产业发展的税收优惠政策,详见表2。

表2 文化产业相关税收优惠政策

税种		具体优惠内容
增值税	降低税率	从2009年1月1日起,对图书、报纸、杂志的增值税率下调为13%
	免征	古旧图书,直接用于科学研究、科学试验和教学的进口仪器、设备 广播电影电视行政主管部门按照各自职能权限批准从事电影制片、发行、放映的电影集团公司、电影制片厂及其电影企业的销售电影拷贝收入、转让电影版权收入、电影发行收入以及在农村取得的电影放映收入(2009年1月1日到2013年12月31日) 党报、党刊将其发行、印刷业务及相应的经营性资产剥离组建的文化企业,自注册之日起所取得的党报、党刊发行收入和印刷收入
	出口退税	出口图书、报纸、期刊、音像制品、电子出版物、电影和电视完成片

续表

税种		具体优惠内容
营业税 免征		广播电影电视行政主管部门按照各自职能权限批准从事电影制片、发行、放映的电影集团公司、电影制片厂及其电影企业取得的销售电影拷贝收入、转让电影版权收入、电影发行收入以及在农村取得的电影放映收入（2009 年 1 月 1 日到 2013 年 12 月 31 日） 文化企业在境外演出从境外取得的收入 有关单位根据省级物价部门有关文件规定标准收取的有线数字电视基本收视维护费（2009 年 1 月 1 日起的三年内）
企业所得税	降低税率	文化企业支撑技术等领域内，按规定认定的高新技术企业，减按 15% 的税率征收企业所得税
	加计扣除	文化企业开发新技术、新产品、新工艺发生的研究开发费用，允许按国家税法规定在计算应纳税所得额时加计扣除
	税前扣除	出版、发行企业库存呆滞出版物、纸质图书超过五年，音像制品、电子出版物和投影片超过两年，纸质期刊和挂历年画等超过一年的，可以作为财产损失在税前据实扣除
	免征	经营性文化事业单位转制为企业，自转制注册之日起免征企业所得税
	其他	从 2009 年 1 月 1 日起，经认定的动漫企业自主开发、生产动漫产品，申请享受国家现行鼓励软件产业发展的所得税优惠政策
关税 免征		从 2009 年 1 月 1 日至 2013 年 12 月 31 日，为生产重点文化产品而进口国内不能生产的自用设备及配套件、备件等

2. 财政支持力度逐年加大。财政对公共文化服务体系和文化产业的扶持，已经逐步由传统的财政直接投入向多元化的混合投入方式发展，除对公益性文化事业单位保障经费之外，还通过直接补助、专项投入、贷款贴息等多种方式支持文化产业发展，财政投入的绩效水平也不断提高。一是加大公共文化基础设施的投入。近两年，宁波博物馆、宁波书城、东部文化广场等一批标志性文化设施陆续建成，公共文化产品和服务的供给能力明显提高。二是不断完善公共文化服务体系建设。基层文化设施网络逐步完善，广播电视实现"村村通"，"万场电影千场戏"深受农村欢迎；财政大力支持公共文化机构免费开放，美术馆、公共图书馆、文化馆（站）已全部实施免费开放。全市有 72 家国有博物馆、纪念馆，13 家民办博物馆、纪念馆也实施免费对外开放。三是设立文化产业专项资金，重点扶持新型文化产业的发展。近两年，宁波设立了动漫产业发展专项资金支持宁波的动漫游戏产业发展。同时设立了文化产业专项资金支持文化产业的发展壮大。2011 年，市财政安排 5000 万元支持国有文艺院团改革和广电有限网络公司的组建。财政文化投入方式的转变，突出了财政扶持的重点，提高了资金投入的针对性和高效性。

二、宁波文化产业发展面临的问题分析

宁波文化产业发展已经起步,而且发展势头良好,但是在文化产业逐渐成为国民经济支柱性产业的进程中,文化产业发展的大环境竞争日趋激烈,加之宁波文化产业自身存在的一些问题,其发展速度有放缓的趋势,而且与相关城市的差距也在逐渐拉大。

(一)文化产业发展的大环境竞争日趋激烈

一方面,经济全球化的大趋势下,区域之间的竞争日趋激烈,不仅需要强大的经济实力、科技实力,更要有足够强的文化产业竞争优势。因此,各地政府和投资开始重视文化产业,文化产业发展的大环境也逐步开始完善,如市场机制、支持的政策措施等。另一方面,文化产业辐射经济、社会,以其强大的吸附力和扩张力改变着区域之间竞争的格局。在与杭州、深圳、青岛、苏州等城市的比较中可以看出,宁波的文化产业在规模等各方面均缺乏竞争优势,加之文化企业家不足和文化产业高素质人才匮乏,在人才等文化产业发展要素方面,宁波文化产业发展将面临激烈竞争。

(二)宁波文化产业呈现小、散的特点,产业链整合能力较低

首先,宁波的文化企业普遍规模偏小,实力弱,同质化经营问题严重,也导致了资源的极度分散,产业集约化程度不高,大多处于产业链的中下游。其次,缺乏高素质专业人才,创新能力不足,缺乏核心竞争力。再者,文化行业被行政与地域条块分割,文化单位普遍市场意识不足,市场能力匮乏,经营业务单一,地域局限突出,产业化运营水平低下,导致文化原创力价值不被重视。最后,文化企业的市场开拓意识不强,营销能力普遍偏低,导致文化产品市场化程度低,即使是优质产品也难以形成产业链,产品附加值未能得到有效挖掘。宁波的动漫产业发展较快,但是也仅限于作品的创意、制作和发行,并没有形成完整的产业链,衍生品的开发、生产和销售相对较弱。象山影视城因《神雕侠侣》而建,2004年建成至今已有8年时间,吸引了众多海外剧组进城拍摄,并获得了"中国十大影视基地"等荣誉称号,但是相关的道具、美工等产业并没有发展起来,很多剧组都自带相关道具和服务人员,可见宁波文化产业的产业链整合能力较弱。

（三）宁波文化产业结构显著不合理

宁波文化产业各层次发展很不均衡，核心层发展较慢，外围层和相关层发展相对较好。以文化用品、设备及相关产品生产和销售为主体的相关层文化产业发展迅速，实力较强，每年创造的增加值占宁波整个文化产业增加值的60%以上，而以宁波日报报业集团、宁波出版社、宁波广电集团等文化传媒出版企业为代表的核心层文化产业以及文化休闲旅游、动漫、数字媒体、各类设计业等为重点的外围层文化产业所创造的增加值还不足40%。所以，宁波市仍是一个工业品（包括文化用品）生产和制造为主的城市，文化产业发展缺少文化服务（包括文化创意）上的支撑和联动。只有文化产业的核心层得到巩固，才能进一步增强宁波文化的影响力，在全省率先建成文化强市。

宁波的新兴文化产业发展落后也导致了文化产业结构不合理。宁波近两年的动漫、网游、影视制作等新兴文化产业虽有突破性发展，但是在宁波整个文化产业中所占比重仍较低。现在国际文化产业发展的一种趋势就是数字媒体，用高新技术推动文化产业的发展。然而，宁波文化产业的文化原创能力不足，产品的科技含量还很低，这大大降低了产业自身的影响力，削弱了文化产品的市场竞争力。

（四）宁波文化消费有效需求不足和有效供给不足并存

宁波的居民文化消费总量与相关城市比较，虽然处在前列位置，但与发达国家相比仍存在较大差距。西方发达国家的发展经验表明，当人均GDP达至1000美元时，人们对文化产品的消费进入较快增长期，到3000美元时，进入高速增长期，文化需求在个人消费中占到23%左右。宁波人均GDP早已超过6000美元，但居民人均文化支出占总消费支出只有15%左右。同时，宁波的文化消费结构也不合理。当前宁波的文化消费结构主要分为文化娱乐型消费和文化教育型消费两种，前者占文化消费的比重不到40%，后者则高达60%以上，而前者是文化消费的核心部分，可见多方面、多层次、多样性的文化供给严重不足。

三、宁波文化产业发展的主要方向和着力点

宁波"十二五"文化发展规划提出"1235"工程，即打造10个重点文化集聚

区,培育 20 个重点文化品牌,建设 30 个重点文化项目,扶持 50 家重点文化企业,加快推动文化产业成为宁波市国民经济支柱性产业。"1235"工程将引领宁波文化产业实现大跨越,但是在这个过程中必须把握好宁波文化产业发展的几个主要方向和着力点。

(一)加快文化产业核心层发展,带动文化产业结构调整和优化

1. 立足自身资源基础,充实宁波文化产业核心层。相比其他内陆城市,宁波具有开放融合的自然环境和地理优势,有深厚的海洋文化基础。一方面,海洋发展战略使宁波未来的经济社会主导意识将由海洋文化精神为主导,文化产业核心层的充实壮大将离不开海洋文化的发展。另一方面,文化产业核心层的充实和壮大也离不开历史文化的传承和发展。例如,以天一阁为代表的书香文化,以象山开渔节和石浦古镇为代表的渔业文化,以及佛教文化和茶文化等。同时,要通过传承地方特色技艺来充实核心层,如宁海耍牙、奉化布龙等地方曲艺,宁波"三金三雕"的民间工艺,以弘扬"十里红妆"文化。在此基础上,重点发展旅游业、会展业,使之成为宁波市文化产业发展的新亮点。重点发展古家具、越窑青瓷、竹根雕等特色文化产业,探索建立艺术品拍卖市场,使资源优势转化为产业优势。

2. 做强做大宁波具有传统优势的文化用品、设备等文化产业相关层。文化用品、设备的生产是宁波目前文化产业的支柱,以广博、得力、贝发、海伦钢琴、音王等为龙头的文化用品、设备生产企业发展迅速,在国内和国际上都具有一定的影响力,要进一步提高这些优势文化制造企业的发展水平。推动具有传统优势的文化制造业提高自主创新能力,延伸产业链,实现企业转型升级,加快培育一批文具制造、乐器制造、文化礼品、舞台设备、工艺美术等自主品牌,努力把宁波打造成国内外有较大影响力和知名度的文化制造基地和文化贸易中心。

3. 鼓励新兴文化产业发展,提高文化产业结构的技术含量。随着数字化、网络化技术的迅猛发展,文化产品的生产方式和传播途径空前丰富,文化产业内部各个行业之间的融合渗透达到前所未有的水平。在科技进步的推动下,文化产业与其他产业融合发展,既具备了技术基础,也迸发出了强大活力,展现出了广阔的发展前景。宁波应抓住产业格局调整的机遇,大力推进动漫、网游、数字媒体等新兴文化的产业发展,创新文化产品和服务的生产、储存、传播和消费形态,发展新型文化业态,开发衍生产品和服务,延伸文化产业链,使内容提供商、服务提供商、运营商以及设备制造商通过产业链条而紧紧连在一

起,互相促进,最大限度地实现文化产品和服务的经济效益。

(二)鼓励民营企业、民间资本进入文化产业领域

宁波民营企业众多,发展迅速,其中不乏各行业的龙头企业,要鼓励这些企业进入文化产业领域,实现文化产业与其他产业的融合,从开发衍生产品和服务等方面延伸产业链,使其他产业获得再生产的能力。宁波欧琳集团投资创建的千玉水晶工艺品发展有限公司,其琉璃产品已成为博鳌论坛国礼。宁波民营资本进入文化产业项目领域已成为民营资本投资的一种趋势,要进一步鼓励民营资本进入文化要素市场等文化产业的各个行业,建立演艺经济、艺术品交易等文化中介行业,促进现代文化市场体系的建立和完善。

(三)推动文化产业集约化、基地化、规模化发展

文化产业集群发展,是文化产业自身发展规律作用的结果,是发挥产业集群效应、实现规模经营的有效途径。促进文化产业集群发展,对于提高文化产业的传播能力和竞争力具有重要意义。宁波要在重大文化产业项目的带动下,加快建设文化产业创新、示范和孵化基地,形成影视制作、文化创意、文化旅游、民俗文化等一批文化产业集聚区。做大做强现有基础好、实力雄厚的文化企业,把有较大发展潜力和市场空间的文化产业项目建成文化产业示范基地,通过集约化创作、生产和营销,形成有特色的文化产业集群。依托重点文化产业集聚区和龙头企业,引进和建设一批投资规模大、辐射带动作用强、科技含量高、市场前景好的文化产业大项目,增强文化产业发展后劲。

四、促进文化产业发展的财税政策研究

发展文化产业是市场经济条件下繁荣社会主义文化、满足人民群众多样化精神文化需求的重要途径。财政和税收既是国民收入再分配的一种手段,也是国家落实产业政策的基本工具之一。通过制定对文化产业的"倾斜性"财税政策,可以吸引其他产业的过剩资本流向文化产业,从而缓解文化产业发展中的资金瓶颈,为文化产业发展加速。

(一)支持文化产业发展的财税政策原则

文化产业有别于其他产业,一是其发展以众多的相关企业为基础,把艺

家、经济人、设计师、广告人等不同参与者连接起来,能迅速带动相关产业的发展,通过将文化产品融合到其他产品的方式有效地延长产品生命周期,也因此改变相关产业的生命周期。二是文化产业比其他产业更具风险性,因为每一种文化产品对于消费者需求来说,存在着时尚潮流、个体嗜好、时机选择、社会环境、文化差异、地域特色等多种不确定因素。三是文化建设不等于文化产业,文化产品不等于文化商品,公共文化服务体系不等于商业经营销售网络。因此,促进文化产业发展的财税政策要把握以下几个原则:

1. 加大对文化产业企业的财政支持力度。近几年,随着财政在保障和改善民生方面的投入逐年加大,文化建设投入力度不断加强,公共文化设施不断完善,但是对文化产业的投入并没有得到加强。文化事业不等于文化产业,文化产业的发展还需要财政政策的有效支撑和引导。因此,要优化文化建设财政支出结构,扩大文化产业发展专项资金,从缓解中小文化产业企业的融资困难、推进文化产业园建设、引进文化创意产业人才等方面对文化产业企业进行支持。

2. 尊重经济规律和市场机制,重视文化产业的独特规律,为文化产业发展创造积极的税收环境。文化产业因文化产品的市场需求多样性而存在一定的风险,税收政策可以在尊重市场规律和市场机制的同时,使投资者尽可能降低投资成本与风险而提高投资效益,由此产生一种示范效应,使全社会更多的资金在税收优惠的引导下流向文化产业。这就要在文化产业发展过程中保证文化产业的税负低于其他产业,而且要对人才等文化产业要素实行税收优惠,引导社会资源和生产要素流向文化产业。

(二)完善文化产业财政投入政策的路径选择

现行的文化产业财政投入政策在投入理念、资金设置和具体操作等方面还存在不少问题,制约着财政政策作用的发挥和文化产业的发展。如财政投入理念不科学,把支持公共文化事业发展的财政政策误认为支持文化产业,或者只重投入而轻管理;财政投入方式单一,缺乏对直接性、间接性、及时性与长久性等财政投入方式的综合运用;财政投入管理不到位,只强调投入总额,缺乏对财政投入的后期管理。因此,要从财政投入理念、财政投入方式等方面完善支持文化产业发展的财政投入政策。

1. 高度重视文化产业,树立科学的文化产业财政投入理念。文化产业对于推动经济增长、优化产业结构具有重要意义,"推动文化产业成为国民经济的支柱性产业"已成为各地"十二五"规划的指导意见。宁波要树立科学的文化产业投入理念,按照"财政资金引导、产业资金主导、社会资本参与"的模式,重视财政对文化产业的助推作用,以文化产业的发展带动城市文化大发展,在全省率先建成文化强市。

2. 全市要统筹设置文化产业发展专项资金,支持全市范围的文化产业快速发展。宁波市级现已设置了文化产业专项资金、动漫产业发展专项资金,以及一些科技专项资金,但是主管部门不一致,针对性不强。各县市区也陆续设置了各类文化产业专项资金。从全市文化产业发展的角度看,应该对各类和各县市区的文化产业方面的专项资金进行整合统筹,根据产业发展阶段和实际需要进行及时调整,同时建立财政投入资金的增减和退出机制,根据文化产业企业的规模、发展阶段等设立发展专项资金、引导资金、担保资金等,从而覆盖文化产业发展全过程。

3. 综合运用各种财政投入方式。针对文化产业企业处在不同行业、不同阶段以及对财政资金的不同需求,整合运用各种财政投入方式,给予文化产业全方位、多层次、多角度的支持。(1)先期补贴方式。通过严格的评审程序,把财政资金直接投入到文化产业企业,资金的使用应根据企业需要用来改善软硬件环境或启动重要项目;或采用价格补贴方式对关键性的文化产品价格进行合理保护。(2)后期奖励方式。这种方式主要是对文化产业企业获取专利、获得著名商标和驰名商标称号给予相应奖励;或对文化产业领域的杰出人才和管理者进行奖励。(3)投资引导方式。加大各类投资引导资金政策的宣传,鼓励创业早期的文化企业申请各类投资引导资金,如宁波设立的天使投资引导基金,待企业发展壮大后采用一定方式退出。(4)担保风险补偿专项资金。从文化产业发展专项资金中安排一定规模的资金,用于中小文化企业担保风险补偿,主要针对符合条件的担保公司对中小文化企业担保业务的保证金支付、担保业务奖励风险补偿,主要用于缓解中小文化企业的融资困难。(5)财政奖补。根据文化企业的发展阶段和税收贡献程度,给予企业一定的财政补贴,减轻企业实际负担。(6)政府采购。对政府企事业单位的文化产品和服务需求,利用政府采购,优先选择宁波的文化企业,帮助企业开拓市场、发展壮大。

4. 研究建立文化产业财政投入资金绩效管理制度。近两年宁波财政收入增长速度放缓,民生方面的财政支出则增长较快,财政收支矛盾突出,要增加对文化产业发展的财政投入,就必须在优化财政支出结构的同时探索建立绩效管理制度。财政绩效管理制度体现的是"少花钱、多办事、办实事"的资金使用理念,回答了"该不该花钱、该花多少钱、怎么花、钱不够怎么办"等理财问题,让资金使用主体感觉到"负责任的结果导致利益增进,不负责任的结果必然带来利益扣减",从机制上引导部门单位兼顾眼前利益和长远利益,增强责任感,同时通过有效的绩效问责和激励机制,彻底改变"重分配轻绩效"的格局,通过提高财政资金使用绩效缓解财政收支矛盾,充分发挥财政资金对文化产业发展的支撑、促进作用。

(三)进一步完善文化产业税收政策的若干建议

把文化资源优势转化为文化产业发展优势,政策的引导与扶持至关重要,尤其是税收政策。虽然我国在支持文化产业发展方面陆续出台了相关税收政策,但是由于缺乏系统性,仍然存在重复征税、税负不公的问题。例如,在数字内容和动漫行业、会展业以及新媒体等行业,缺乏体现行业特点的税收政策;对文化产业从业者没有给予适当的税收优惠政策,同时缺乏文化产品知识产权转让收入的相关税收优惠政策;文化产业税收优惠政策实施范围过窄;等等。为构建科技含量高、竞争力强的文化产业体系,地方在用足用活现有支持文化产业发展税收政策的基础上,建议国家层面从税收环境、税率、生产要素税负、优惠政策稳定性等方面进一步完善税收政策扶持体系。

1. 营造公平的文化产业税收环境。首先,要确保支持文化产业发展的税收优惠政策不打折扣的得到落实,并防止优惠政策的滥用;其次,要加强部门协调,增强税收政策的可操作性和执法透明度;再者,尽量拓宽税收优惠政策的适用范围,如将达不到一般纳税人的中小型企业通过其他税种的优惠使其享受到同等优惠,达到税负相当;最后,尽可能消除重复征税。

2. 降低税率,减轻文化产业税收负担。文化产业主要涉及增值税、营业税和企业所得税。发达国家文化企业的增值税率都相对较低,建议下调文化企业13%的增值税适用税率;扩大"营改增"的改革范围,将文化产业纳入试点,改征增值税;建议文化产业企业所得税适用高新技术企业适用的15%优惠税率,体现支持文化产业发展的税收政策导向。

3. 实施差别税率,增强税收政策的引导作用。一是依据文化产品和服务的性质实行差别税收政策。对属于文化产业核心层的新闻服务、出版发行和版权服务,广播、电视、电影服务和文化艺术服务等从低确定税率;对属于文化产业外围层的网络文化服务、文化休闲娱乐服务和其他文化服务适中确定税率;对文化产业相关层的用品、设备等制造业适用与其他产业相同的税率。二是以政府的文化导向为依据,对不同种类的文化事业和不同社会效益的文化产品以及文化服务实行不同的税率。如在文化产业布局和文化消费对象上，对政府倡导的为少年儿童服务的文化产业给予税率上的优惠，对营业性的高消费、高利润娱乐行业制订较高的消费税率，从而引导资金流向以民族文化和高雅文化为核心的产业。

4. 对文化产业从业者实施营业税和个人所得税优惠。人才是文化产业发展必不可少的重要生产要素，因此要对作家、画家、电影导演、编剧等高层次文化产业从业者以及高层次文化创意人才、文化产业企业的企业家个人给予个人所得税方面的减免。对个人的文化创新、文化内容方面的转让、使用等收入减免个人所得税；对从事文化产业的主创人员取得的各种奖金、津贴免征个人所得税，对从事文化产业的主创人员以文化创意入股而获得的股权收益免征个人所得税。对于个人版权、使用权等知识产权转让收入可实施营业税和个人所得税优惠。

5. 延长文化体制改革试点税收优惠政策的执行期限。文化体制改革的重要任务是重塑文化市场主体，提高国有文化企业竞争力。考虑到现行支持文化体制改革试点的税收优惠政策的执行期到 2013 年，建议延长到 2015 年，并将转制企业享有的税收优惠政策扩大到社会所有的文化企业，以体现社会公平，吸引社会资本投资文化产业。

6. 出台鼓励新兴文化产业发展的税收优惠政策。动漫、网游、数字新媒体、会展等新兴文化产业的迅速发展，有效带动了文化产业的发展，但是缺乏体现新兴文化产业特点的税收优惠政策。建议比照高新技术产业的税收优惠政策，根据文化再生产的创作、生产、传播、消费四个环节的特点制定鼓励新兴文化产业发展税收优惠政策。在创作环节给予全部免税以激励创作、保护原创；在生产环节制定优惠政策以丰富文化产品的表现力和提高文化产品的感染力；在传播环节给予适当税收照顾，以利于构建现代流通网络促进文化作品和文化商品的交换和转化；在消费环节以较低的税率和税收优惠引导文化消费和增加文化消费总量。

课题组组长：贺也贞

课题组成员：潘剑亮　林君伦　孟　强　张峰平　杨　阳

执笔：张峰平

扶持文化产业发展的财政政策研究

宁波市鄞州区财政局课题组

文化产业,属于"文化"和"产业"的交叉领域,是一个文化和经济的综合性概念,具有历史的传承性和发展的创新性,旨在向消费者提供以文化为内容的产品和服务,在精神文明和物质文明两大领域发挥着巨大作用。随着世界经济逐步步入知识经济时代,文化产业作为一种文化与经济、科技与创意紧密融合的新兴产业,正以破竹之势迅猛发展,成为全球公认的"朝阳产业"或"黄金产业",成为许多国家和地区的发展方略。作为政府调控文化产业的重要手段,公共财政的扶持在促进文化产业的发展中发挥着越来越重要的作用,因此,有必要对公共财政扶持文化产业发展进行思考,并在实践中不断摸索经验。本文以鄞州区为例,了解公共财政支持文化产业发展的现状及成效,探求财政资金理想投入路径,突破财政支持文化产业发展的瓶颈,以期对公共财政促进文化产业发展实现新的突破。

一、鄞州区公共财政对文化产业扶持的实践探索

近年来,鄞州区坚持社会效益和经济效益相统一、繁荣公益性文化事业与发展经营性文化产业相协调的原则,充分发挥财政职能作用,在支持文化产业发展方面进行了积极的探索。2007 年至 2011 年五年间,公共财政投入文化领域 8.8 亿元。在公共财政的支持促进下,文化市场持续繁荣,文化产业呈现持续增长的态势,已初步形成包括图书音像、印刷复制、文化娱乐、动漫游戏、工艺美术、广播影视等行业的综合型文化产业体系,文化产业成为全区经济的重要组成部分和新增长点。目前全区拥有软件动漫企业 480 余家,其中注册资金超千万的累计达到 70 家以上,软件动漫从业人数超过 6300 人,软件产业总收入达到 14.7 亿元,动漫产量居全省第二位,迪士尼动漫、水木动画等一批国内外知名企业签约落户,全区共拥有 2 家"国家级动漫企业"、6 家市文化产业示范基地和 1 家国家文化产业示范基地。

(一)鄞州区支持文化产业发展的举措概况

坚持政府引导、市场运作,坚持科学规划、统筹推进,坚持打造品牌、发展特色,重点支持文化产业中的新兴文创产业,实现了从无到有、从弱到强的跨越式发展。

1. 政策享受,发挥扶持带动"普惠效应"。加大对文化产业的扶持力度,政策享受的力度和范围较大,所有符合条件的区内外企业都可普惠共享。专门制定出台了《关于加快文化产业发展的实施细则》等一系列政策,政策资助涵盖文化企业落户补贴、房租补贴、参展补贴、人才补贴、人才奖励、播出奖励、精品扶持和税收返还等八大项目以及为部分企业提供的"一企一策"支持,鼓励和吸引软件、动漫、影视、演艺等文化产业在鄞州注册落户集聚,为区域文化产业的发展提供良好的政策环境。

2. 企业培引,发挥龙头企业"引领效应"。文化企业规模往往偏小,以小型企业或微型企业为主,为此必须加大企业培引力度,发挥龙头企业"引领效应"。鄞州区于 2007 年引进了东蓝数码公司(宁波市首家境外上市软件企业),又于 2008 年引进首家动漫企业水木动画公司,此后鄞州区的动漫产业从无到有、从少到多,在短期内吸引了北京、宁波等地的多家企业会聚,形成了以集群为特征的规模发展态势。2009 年又引进国际传媒娱乐与动漫影视界巨头华特迪士尼(上海)公司等。这些行业龙头企业带动和引领作用凸显,有效地带动了动漫软件企业的信心和区域的影响力,一批动漫软件企业不断发展壮大,也相继诞生了国家动漫游戏原创产业基地和宁波市级软件产业孵化器,产业集聚效应明显。

3. 产业发展,发挥主导产业"集聚效应"。近年来,以动漫、网游、数字新媒体等为代表的文化创意产业也从无到有,发展迅速。以乐天数码、和邦大厦、商会大厦、创新 128 等为主要集聚点,完成了以软件开发、电子商务、系统集成、动漫游戏等业务领域为主的产业集聚。动漫游戏产业发展迅速,在扩大规模、优化结构、培育优势企业等方面取得了较好成绩,现已成为文化产业的重要支柱之一和自主创新能力建设的重要载体之一,并对其他行业发展起到了一定的带动作用。目前全区拥有动漫企业 36 家,注册资金共计 1.93 亿元,从业人员 2000 人以上,产业规模居全市首位。

4. 平台搭建,发挥筑巢引凤"磁极效应"。高度重视文化产业平台建设,2008 年以原乐天数码城为基础率先在宁波市建成动漫游戏基地,当年即被授予国家动漫游戏原创基地称号,现已集聚了水木动画、卡酷动画等一批动漫企业。以"软件动漫基地"为支撑,重点打造"五个园区"建设,即国家原创动漫游戏产业基地、科技孵化产业园、清华长三角研究院宁波科技园暨浪潮宁波产业基地、软件动漫创意园和创新 128 园区,形成对高端人才、项目和资本的磁极效应,不断扩大文化产业集聚。此外,还积极推进产业服务平台建设,如建成"鄞州动漫创意馆"展示交易平台,免费为全区动漫企业提供形象展示和动漫作品推介,并开展银企对接服务,为企业提供融资渠道;组织动漫企业参加东京国际动漫展、杭州国际动漫展等国内外大型展会;2012 年还举办了首届宁波国际动漫产业博览会,为动漫企业提供了展示交易平台。

(二)公共财政支持文化产业的瓶颈制约

在取得成效和经验的同时,从政策完善的角度,更应该看到文化产业还存在着许多不足和缺陷,如文化管理体制和运行机制不健全,文化产业相关政策法规不配套、不完善,财政投入数量有限、效率不高等问题,严重制约了文化产业发展。

1. 政策体系不够完整。发展文化产业的重要性已经取得共识,但现阶段各地对文化产业的支撑政策却仅以微观优惠政策为主,且主要沿用了对高新技术产业的优惠政策。如鄞州区对发展文化产业的政府扶持指向模糊,没有从文化产业的独特性方面建构系统的政策支撑体系,不利于产业的长远发展。

2. 文化投入不足,经费短缺。虽然近年来公共财政加大了对文化的投入,但经费总体不足的问题仍十分突出。纵向上看,文化经费占财政支出比重偏低,2011 年占财政总支出的 1.5%,且文化经费中的大部分都是投向公共文化服务体系建设;横向上看,与教育、卫生、"三农"、科技经费相比,文化事业费占的比重也较低。

3. 专项资金管理不太规范。为保证文化产业发展的需要,鄞州区设立了文化创意产业专项经费,有重点、更直接地扶持文化产业和文化事业的发展。但由于专项资金因事而设,在项目设置上不尽合理且未充分细化,导致资金投入时主要用于动漫产业,与文化产业丰富内涵相背离。此外,未出台文化产业资金管理办法,导致专项资金监管缺失,出现资金使用过程中的浪费、闲置等现象,导致资金使用效率不高。

4. 配套政策不够完善。政府虽然加大了对产业的扶持力度,但对于解决融资瓶颈只是杯水车薪,商业金融机构仍旧偏向大型企业,为规避风险对中小企业贷款仍然需要抵押、担保等有形资产,更不用说是文化产业的无形资产了。很多企业在鄞州注册文化产业,源于政府对文化产业的各种扶持政策,比如说租用办公用房补助费等,但是投资之后,发现政策落实有困难,导致经营成本上升或难以为继。另外,政府出台的现有政策扶持只针对投资项目,并没有针对投资者本人的优惠政策,比如投资者原来投资办厂或从事生产经营,是否增加对投资者所在企业财税政策方面的优惠措施。

二、公共财政扶持文化产业发展的路径探讨

基于当前文化产业发展过程中存在的问题,政府通过财政手段介入市场,如提供优惠待遇、制定补贴政策、提供税收优惠等,来克服产业发展中存在的体制壁垒、政策壁垒和资金壁垒,进一步扶持文化产业的发展,是非常必要的。

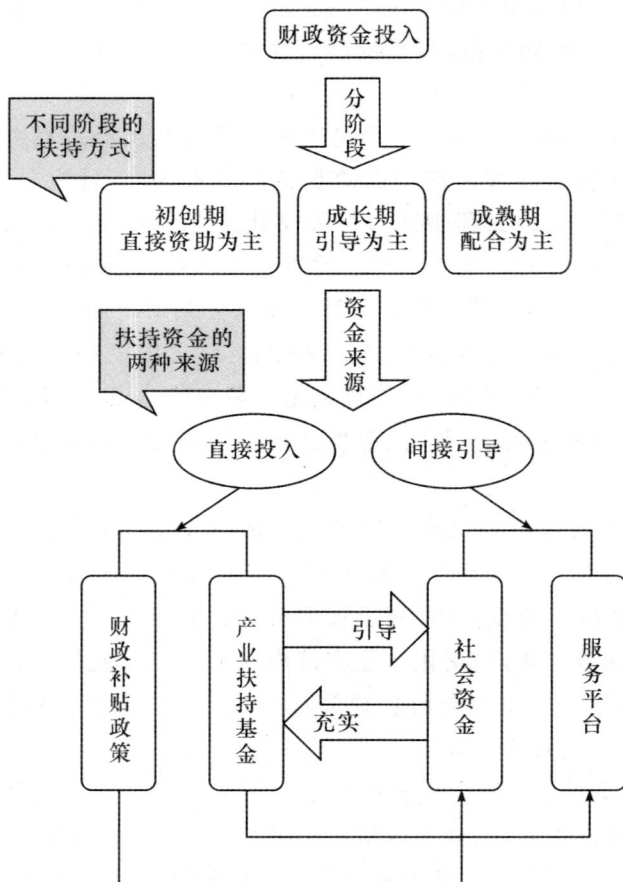

图 1　公共财政扶持文化产业发展的路径

如图 1 所示,财政资金的投入包括三个阶段和两种来源。三个阶段指企业的初创期、成长期和成熟期,两种来源指政府资金的直接投入和社会资金的间接引导。

(一)投入的三个阶段

根据企业生命周期理论,文化企业不同成长阶段的成长特征、制约因素具有显著的差异。因此,公共财政的扶持应根据企业成长的阶段性特征系统性地提供差异化的促进、扶持措施,使得文化在不同成长阶段都有相应的扶持措施,从而形成以资本激励为核心的有效、完善的文化企业扶持体系。

在初创期,以文化产业孵化器为载体,通过政府资助,引导投资机构和孵化器资金的投资,对文化企业的文化产品小批量生产、市场推广等给予支持,从源头上提高初创企业的效率和成功率,政策主要以无偿资助为主,额度较小,企业受益范围较大。在成长期,由于全面开花式的小额无偿资助无法满足一部分具有一定规模的高成长性企业的资金需求,财政扶持应由初创期的直接资助为主转化为通过政策引导社会资源支持成长企业发展。在成熟期,企业的融资需求更大,重点应鼓励企业通过资本市场进行融资,公共财政的主要任务则是配合企业进入资本市场。

(二)投入的两种来源

对于公共财政来说,为了体现公共财政扶持文化产业发展的目标,除了提供直接的投入外,包括资金资助、税费减免、专项基金等,同时也应通过间接引导的途径,为文化产业的发展创造良好的外部环境,如构建产业服务平台、鼓励社会资金投资文化产业等。

公共财政的直接和间接扶持之间及这两类扶持内部各措施之间并不是孤立、不相关的,而是密切联系和相互支持的,形成一个完整的体系支撑文化产业的发展。一方面,通过相关财税优惠政策及文化基金的设立和运营,引导社会资金的投入,以有限的财政资金撬动数量巨大的银行资金、产业资金、民间资金、国外资金;另一方面,社会资金的进入又将进一步充实文化基金,加大对相关公共平台的投入,从而促进文化企业的发展。

三、公共财政扶持文化产业的对策研究

文化产业发展是个长期累积、梯度发展的过程,为使公共财政效益最大化,必须建立完整的文化产业扶持发展政策。

(一)在政策扶持上,要制定完善复合型政策

发展文化产业是项长期的系统工程,在政策扶持上要从原来的单一型财政补助政策为主向税收优惠、土地倾斜、融资服务、软环境营造等复合型政策转变,要善于打政策"组合拳",要像扶持制造业一样扶持文化产业,把全方位扶持提高到新的水平。在财政补助方面,要统筹现有与文化产业相关的政府各类资金,采取奖励、资助、贴息等方法,实行优惠的文化税收政策,包括税金减免政策、税利返还政策、差别税率政策等;在融资服务方面,要按照市场化的资本运作方式,带动社会资金共同对文化产业项目进行股权投资,支持初创期创意中小企业发展,特别是有创新能力的个人或企业,为其提供发展所需的资金;在软环境营造方面,要加快重点文化产业园区的公共服务平台建设,支持重点文化创意项目开发和优秀作品创作,培育产业龙头企业。

(二)在投资主体上,要坚持投资主体多元化

发展文化产业仅仅依靠政府投入会给财政带来沉重的负担,发达国家文化产业成功经验之一在于实现了文化产业投资主体的多元化。应积极构建多元化的投资主体,逐步由政府一元化投入转变为政府、企业、个人、社会多元化的投入,包括银行贷款、上市融资、发行债券、社会资金投入、国外资金投入等。要打破行业垄断,降低门槛,简化手续,广泛动员外资及民间资本等各种社会力量投入文化产业。对公益性文化项目,以政府投资为主满足人民群众日益增长的文化需求;对营利性文化项目,以政府投资为引导带动社会资本进行投资;对竞争性文化项目,则以民间资本投资为主。

(三)在支持方向上,要推动文化产业与文化事业协调发展

繁荣文化事业是发展文化产业的前提和基础,发展文化产业又反过来可以对文化事业给予反哺和支撑。对于具有社会性和公益性的文化事业,财政要优先保障,不仅不能因为发展文化产业而忽略对文化事业的投入,而且还要

加大投入,对文化产业发展提供良好的社会文化基础。要在做好文化事业发展规划、清晰界定政府与市场作用边界、区分基本公共文化需求与非基本公共文化需求的基础上,优先保障广大人民群众公平享受文化的权利,支持覆盖全社会的基本公共文化服务体系建设。对于经营性文化产业,要树立文化产业是新的经济增长点、能创造精神和物质财富、能为社会提供积累的产业化观念。要在正确处理社会效益与经济效益关系的基础上,充分利用市场的作用,引导文化产业资源向公共服务领域合理流动,拓宽人民群众对公共文化产品的选择空间,为公共文化事业提供坚实的产业支撑。

(四)在资金投向上,要制定文化产业的财政分类扶持策略

要根据不同行业的不同特点,考量其具体的经济效用和社会效用,分配好财政补贴资金,使不同行业各自的经济效用和社会效用得到充分的发挥,最大化财政扶持的政策效用。首先,对于投资性强、市场化程度高、资本密集型的一些行业,如动漫、影视制作、版权发行等,仅靠财政单方面的补贴是远远不够的,应充分发挥财政的杠杆作用,多方吸引社会资金。其次,一些文化产业行业就业人员吸纳量大,规模效应较明显,产业关联性和扩散性强,如文化用品、设备及相关文化产品的生产销售行业、休闲旅游业、广告会展业等,公共财政对于这类行业的扶持应以资金投入为保障,充分发挥其经济效用,同时优化其就业保障、社会稳定的效用。再者,对于文化创作、表演、保护机构和团体这类社会效用远大于经济效益的行业,财政应在保障其基本运用经费的基础上,鼓励这些单位通过自主经营,创出特色,吸引社会资金投入,同时通过税收减免等形式鼓励企业、个人对于这些行业的资助。最后,对于一些创意性强同时又具有高风险性的项目,由于社会资金进入的顾忌和门槛较高,财政可以采取补贴初创期企业及购买成果的形式进行扶持。

(五)在资金使用上,要实行绩效预算管理,提高资金使用效益

政府财政支出的绩效评估是推动政府职能转型和创新的一个重要工具。建立健全财政投入绩效评价机制有利于加强对公共财政投向文化产业的监督约束,不仅有助于提高文化产业发展品质、改善文化服务机构职能,也有助于满足公众表达文化需求和参与国家文化治理战略。在当前财政支出"后评价"机制日趋完善的基础上,针对当前财政资金使用效益不高的情况,可对文化产业经费试行绩效预算,在预算安排时就考虑每项经费所要达到的预期绩效,细化绩效指标。推出文化产业项目经费绩效评价制度,将每一项专项经费纳入

财政支出绩效评价范围,建立考核评价体系,有明确的经济效益、社会效益和生态效益目标,根据项目特点,制定具体的绩效评价方案,对项目实施过程和结果进行综合考评,切实提高财政资金的使用效益。同时,加强绩效评价结果的应用,将评价结果作为下一年度预算安排的重要依据:对绩效好的,可以动态优先考虑安排下年度的专项资金;对绩效低下的,采取必要措施减少专项资金规模,直至取消该专项资金。

　　课题组组长:钱　芳
　　　　成员:殷明君　毛　玮(执笔)　王云燕

温州市支持文化产业发展的财政政策研究

温州市财政局课题组

经过 30 多年的改革开放,中国的经济依托以房地产业、汽车业等传统工业行业为主导的产业升级而高速增长,但此类传统行业普遍存在"高耗能、高投资"等特征,显然已无法适应当前经济结构转型的内在要求。文化产业是从事文化产品生产和提供文化服务的经营性行业,具有就业人数多、成长潜力大、创新性高和引领力强等特点的现代新兴产业,符合"低耗能、高科技"的发展模式。此外,从趋势来看,当人均 GDP 超出 5000 美元,并向 10000 美元迈进时,会出现文化产业发展的井喷现象。2011 年,温州人均 GDP 已达到 6546 美元,正处于从 5000 美元向 10000 美元迈进的重要阶段,文化产业正面临历史性的发展机遇。

党中央在"十二五"规划中明确将文化产业的发展提升到战略层面,提出要繁荣发展文化事业和文化产业。温州市委、市政府出台的《温州市文化产业发展"十二五"规划》指出,要大力发展文化产业,不断优化产业布局和结构,推动温州转型发展。可以预见,文化产业必将成为温州经济发展的新引擎。

一、温州文化产业发展现状

(一)温州文化产业总体概况

温州文化产业规模不断扩大,至 2011 年已有大约 15000 家文化产业单位,拥有资产 210 亿元。文化产业增加值逐年提高,2011 年,温州市文化产业增加值 110.44 亿元,比上年增长 9.8%,文化产业增加值占全市 GDP 总量的比重为 3.42%。随着近年来的不断发展,温州文化市场主体逐渐壮大,具体表现为:国有文化企业不断壮大,大批民营中小企业成长为文化市场的重要主体,一批规模较大、效益较好的龙头企业、品牌企业开始成长。2011 年,全市规模以上文化用品制造企业达 501 家,占全市规模以上工业企业总数 7636 家的

6.6%；营业收入在 500 万元以上的文化服务业 131 家。

(二)国有文化企业领头发展

温州国有文化企业虽然数量不多,但经济效益和社会效益良好。其中,温州日报报业集团下辖 7 个子公司,涉及户外媒体、广告创意、印刷发行等,2011年实现总收入 7.34 亿元,同比增长 10.5%,其中都市报 2011 年广告收入达2.2 亿元,同比增长 10%,居全国地市级前茅;图书发行网点 808 处,年销售额5 亿余元;音像制品批发零租售点 467 处,年销售额 1.3 亿元。温州广电传媒集团积极拓宽产业发展领域,走多元化、集团化发展道路,现下辖 8 个文化产业子公司,市、县广播电视台 9 家,2011 年实现总收入 6.01 亿元,同比增长14%,其中广告收入 3.6 亿元,同比增长 10%。

(三)民间资本积极参与

一直以来,温州民间就以资本活跃、民营企业众多著称,文化产业亦不例外。印刷、制笔、教玩具、工艺美术等多个民营文化产业在国民经济中占有较大比重,温州拥有"中国印刷城""中国制笔之都""中国教玩具之都""百工之乡"等系列金名片。现有印刷企业 2794 家,从业人员 58000 多人,年产值 230亿元,约占全市工业总产值的 4.3%;温州是"中国制笔之都",年制笔产量 120亿支,占全国的三分之一;温州是"中国教玩具之都",现有教玩具企业 280 多家,2011 年实现工业值近 30 亿元;温州是"中国商务礼品市场基地",建有龙港礼品城、瓯南礼品城、郑楼商务礼品城(街)等大型交易市场;温州是"百工之乡",共有瓯塑、瓯绣、黄杨木雕、石雕、细纹刻纸等 32 个传统工艺美术品类、120 多个品种、300 多家企业,年产值 130 亿元。

二、温州财政支持文化产业举措

(一)加强公共文化基础设施建设

财政对公共文化设施建设的投入,是一次"优质"的投资,为温州文化产业的快速发展奠定了稳固的基础。近年来,温州市财政一直加强基层文化设施建设。2011 年更是加大了投入力度:为加强各县市区的"两馆一站"建设,财政下达 1643 万元资金用于县级图书馆、文化馆、乡镇综合文化站及"东海文化明珠"乡镇建设,有50个综合文化站已达标验收;下达资金600万元大力推动农家书屋工程建设,至2011年年末,已建成农家书屋400家;投入资金近40万元完成广电监测中心大楼的装修建设,督促完成温州书画院的改建工程(见表1)。

表 1 温州市 2008—2010 年基层文化设施建设

年份	事 项	金额(万元)
2008	2008 年度农村乡镇综合文化站	580
2009	2009 年度基层文化设施建设补助经费	190.88
2009	2009 年度"两馆一站"建设补助经费	1051
2010	2010 年度"两馆一站"建设补助经费	510
2010	2010 年度基层文化设施建设补助经费	251.88

(二)保障公共文化产品供给资金

温州市财政落实资金深入开展群众文化活动,保证公共文化产品的供给。2011年,财政安排90万元资金开展全市送戏下乡、送书下乡活动;安排周末剧场演出经费120万元,演出64场,安排温州大剧院运行维护和委托演出经费1755万元,演出91场,满足社会各阶层文化需求;下拨600万元资金,推进全市的数字电视整转工作;安排250万元资金深入开展数字电影进农村"2131"工程,全市农村数字电影共放映51640场;投入310万元经费加强剧目《荆钗记》《拜月记》排练,精心打造经典瓯剧《高机与吴三春》,完成大型新编史诗历史剧《东瓯王》创作公演;投入240万元经费举办中国戏曲南戏故里行活动。

(三)加强历史文化遗产保护力度

温州是一座古城,有着悠久的人文历史和深厚的文化底蕴。2011年,财政安排200万元资金用于六城联创工作经费;安排92万元用于开展百项非遗保护"守望行动"、非遗传承人、传承基地的补助;安排30多万元用于市文物保护单位的日常管理运行;安排60万元补助资金用于补助工艺美术研究院开展温州传统项目开发;安排108万元资金用于温州传统文化民俗划龙舟竞赛;安排244万元资金成功举办"2011全国名家邀请展""黄公望原作故里展"活动;安排85万元资金隆重开展纪念刘基诞辰700周年系列宣传活动,增强文化遗产的保护意识。

(四)支持文化产业持续发展

根据市政府《关于促进文化产业发展的若干意见》文件精神,市财政会同市委宣传部出台《温州市市级文化产业发展专项资金使用管理实施细则》,规定"十二五"期间,市财政每年安排温州市文化产业发展专项资金 2000 万元,其中在文化事业建设费里安排 300 万元,主要对前景良好、已形成一定规模、能起到产业带动效应的重点文化投资项目进行贷款贴息、配套资助、奖励、项目补贴等。

三、文化产业发展中存在的不足

(一)文化产业发展不充分,占全市 GDP 比重较低

2011 年,温州文化产业增加值占全市 GDP 的比重仅为 3.42%,低于浙江省 3.7%的平均水平,与国内主要城市相比有较大差距。2011 年,北京实现文化产业增加值 1939 亿元,占北京 GDP 比重 12.1%,已成为仅次于金融业的第二大支柱产业。上海的增加值约为 1924 亿元,占上海 GDP 比重为 10.0%。深圳的增加值为 875 亿元,占全市 GDP 的 8%。杭州市文化创意产业增加值为 550 亿元,占全市 GDP 的 11%。

(二)文化产业市场机制不健全

虽然温州的文化产业已初具规模,但文化产业的市场机制仍不健全,发展文化产业必需的投融资机制、知识产权保护等制度不健全、中介市场不发达、各种专业公共交易平台的建设、产业服务体系的构建还比较滞后,严重制约了文化产业的发展壮大。这也导致了文化产业发展的一系列问题:具有传统优势的文化产业,如印刷业、文化用品制造业,大部分缺少创新能力、抗风险能力;传统工艺美术与主流文化融合不够,文化资源市场开发力度不足;对非遗项目重保护、轻开发,忽略与市场开发、旅游开发相结合。

(三)缺乏专业人才

温州文化人才严重缺乏,在创意产业方面,就业人数为 72429 人,仅占全市二三产业就业人数的 3.4%;而纽约、伦敦、东京这类文化产业发达的地区则

依次为 12％、14％和 15％。此外,温州不仅在人才总量上偏少,而且在层次和结构上也存在一定差距,尤其缺少能融合文化资本运营、文化艺术商务代理、网络及多媒体文化服务等多种领域的优秀人才和文化与经营复合型人才。创意人才特别是高层次创意人才的匮乏,是温州创意产业的发展瓶颈。

(四)财政支持文化产业发展中同时存在缺位与越位

文化产业目前仍处于发展初期,在公共技术平台、公共信息平台以及人才建设等方面存在着明显的市场缺陷,因此需要公共财政介入以弥补市场失灵和市场缺陷。但是在信息不对称和供给资金有限的情况下,现阶段财政对文化产业的支持强度是远远不够的。以温州市出台的细则为例,该细则规定的财政资金支持对象皆为符合国家、省、市有关规定的重点文化项目和已具备成型规模等有实力的文化企业,而许多急需资金支持的中小文化企业因其自身硬、软件不达标而被排除在补助范围之外,得不到应有资金的支持。相较而言,后者更需要财政资金的扶持,它们基本处于自生自灭的无助状态,这不利于文化产业的资金积累和未来发展。

四、国外促进文化产业发展的财政政策借鉴

(一)财政大力支持文化产业

美国是当今世界上文化产业最发达的国家。美国联邦政府对文化机构的投入,包括从其他文化单位获得的资助,每年直接的文化开支估计超过 20 亿美元,这还不包括美国其他联邦政府机构、各州文化机构和地方艺术机构的资助。日本则是采取政府财政与民间资本共同投资政策:日本中央政府对文化事业的投资逐年增加,并于 1990 年设立了艺术文化振兴基金,作为持续性支持艺术文化活动的基础,艺术文化振兴基金约有运营资金 642 亿日元(其中国家出资 530 亿日元,民间捐款 112 亿日元),此后每年筹集到的资金大约在 14 亿日元左右。

(二)主要针对公共文化领域

美国政府支持文化的资金,主要用于表演艺术和展览艺术等具有公共产品属性的非营利性文化领域,这些支出主要是通过类似国家艺术基金、史密斯

学会等组织审核发放,另外州政府和社区地方文化艺术机构也对非营利性文化产业提供资金支持。法国政府对于非营利性文化产业的财政拨款规模庞大,各个文化团体的主要经济来源,其经费主要来自政府拨款。日本政府的资金投入主要也用于公益性文化项目,如支援培养创造歌剧、芭蕾舞、电影等方面的人才和优秀作品,支援儿童体验文化艺术,改建和扩建文化设施,等等。

(三)设立文化奖项激励

在日本,为鼓励文化产业人才脱颖而出和已取得的成就,政府财政出资设立多种文化奖项以激励各种产业形态的快速发展。如日本经济产业省与东京放送株式会社共同出资每年主办"TBS数字内容大奖"比赛,不仅为动画艺术家提供获奖机会,同时也为专业和业余的艺术家搭建向公众展示才能的舞台,获奖作品需为原创作品,大赛的主办者和总部承诺为具有前途的艺术家提供各种商业机会和为他们的发展寻求到新的途径。如此做法不但可以鼓励和发展动漫产业,而且能挖掘出新的动画人才并提供商业支持。

五、完善财政支持文化产业发展的建议

(一)加大财政支持力度,保障公共文化产品的供给

一个新兴产业的发展离不开政府的引导和财政资金的扶持,文化产业的发展,迫切需要财政政策的支持。尤其是对于一部分私人企业或个人不愿投入的非营利性特征的公共文化产品或文化服务领域,如纯公共文化产品和某些准公共性文化产品和服务,由于市场在提供这些公共文化产品或文化服务方面是失灵的,需要由政府财政来提供,这部分包括文化基础设施的建设投入、基础性的文化科研机构、少数民族文化遗产(遗迹)、民族特色的艺术院团、科普教育艺术类文化产品、公共广播影视等,财政应保证为全社会提供公共产品和服务的非营利性的公益性文化行业的使用经费。

(二)财政支持要以市场调节为主,政府干预为辅

财政资金应该在加大文化投入力度的同时,还要注意调整和优化财政支出结构。财政支持文化产业发展不是简单的财政拨款和财政投资,而是在遵循市场经济客观发展规律的基础上,以市场为导向的文化产业运作模式。最

根本的是以文化产业发展规律来经营文化产业。特别是在市场竞争机制下，通过财政政策必要的、适度的干预与支持，依靠商业运作，让最佳的文化产品流行于市场，凭借市场竞争来逐步发展壮大文化产业。

（三）支持中小文化企业壮大发展

中小文化企业一直是文化市场发展的主体，其作用、地位、发展情景、贡献、产业结构均对一国文化产业的发展起着举足轻重的重要作用，应在财政政策上给予极力地扶持与促进。政府可以采取一系列的财政政策措施，从资金、信息、知识产权保护、场地、技能以及文化网络等方面给予扶持，鼓励中小型文化企业在文化领域创业。如安排中小企业发展专项资金和科技型中小企业创新资金等财政资金；给予财政资金支持中小文化企业创业园的基础设施建设；建立服务中小文化企业的全国性信贷担保机构，协助中小文化企业筹资融资，财政给予低息贷款和贴息贷款，弥补文化产业内部投融资的不足；在收费和税收政策方面，要在国家政策允许范围内，给予文化企业和机构更多的财税政策优惠，以降低它们经营的成本。

（四）加强文化产业应用型人才的培养

大力引进文化产业发展需要的各类创新型、高层次人才；帮助文化企业培训急需的上岗人才，帮助学校进行师资队伍的实践培训；利用温州高校现有教学科研资源，通过建立若干产学研基地，推动广告学、艺术设计学、文化创意学等温州市重点学科和专业建设，加快文化产业需要的人才培养，提升高校服务地方文化产业发展的能力。文化企业引进的高层次创新人才，参照政府引进人才的相关规定享受优惠政策。

课题组组长：陈胜利
　　　成员：李　侠

嵊州市促进文化产业发展的财政政策研究

嵊州市财政局课题组

一、文化产业发展现状

嵊州地处古越中心地带,文化源远流长,地域气息鲜明的传统文化与品牌文化为发展文化创意产业创造了坚实基础。竹编、雕刻、泥塑、戏剧服装等特色鲜明的民间工艺产业,为文化产业的发展壮大提供了人文积淀,也为嵊州发展创意文化产业提供了许多独特的空间与内涵。目前嵊州文化产业总值超过6亿元,其中,民间演艺产业总值约为1.5亿元,民间工艺产业总值约为1.6亿元,广告传媒、网络产业等新兴文化产业总产值约为3亿元,且连续几年保持上升趋势。

尤其是以民营剧团为龙头的演艺产业和以根雕及仿古木雕为品牌与龙头的民间工艺产业已经初具规模。民营剧团产业化发展成果在全国产生了较大影响,曾受到习近平等国家领导人的肯定与批示,是全国演艺界走产业化道路的一个先进典型。目前,全市共有民营剧团120多个,从业人员5000余人,全年演出26000场左右,实现相关产业年总产值达1.5亿元以上。2005年建成嵊州艺术村,集创作、展示、交流、交易与休闲娱乐等功能于一体,成功孵化了嵊州的民间工艺产业,发挥了良好的集聚作用、平台作用、窗口作用与辐射作用,带动了全市民间工艺产业的蓬勃发展,在国内产生了一定的品牌效应,2008年被评为浙江省文化建设示范点。目前,嵊州有大小民间工艺企业180多家,行业涉及根雕、木雕、仿古家具、石雕、泥塑、竹编、紫砂等,从业人员6000人左右,民间工艺产业总值约2亿元。

二、文化产业发展遇到的瓶颈

嵊州的文化产业正处于发展机遇期,氛围浓郁,基础良好,但文化产业在发展过程中还存在诸多问题。如各级政府如何有效发挥作用的机制还有待探索;在规划引导、政策扶持、园区建设、企业孵化等方面的重点需要进一步明晰;作为文化产业核心要素的创意人才还比较缺乏;产业升级的任务很重;文化产业园区公共服务平台建设还相对滞后;信息集散、人才培养、成果转化等配套服务能力不强;文化经济政策有待进一步研究与落实;投资渠道比较单一;等等。这些都有待于进一步解放思想、坚持改革、锐意进取,采取有力措施,着力推动嵊州文化创意产业快速健康发展。显而易见,在这么多的瓶颈中,财政政策在解决问题中起到了关键性作用。

三、促进文化产业发展的财政政策综述

依托特色和优势,着眼发展与提升,嵊州市多年来一直高度重视文化产业的发展。截至目前,嵊州在促进文化产业发展的财政政策上,先后出台了《关于加快文化事业发展的若干政策意见》《嵊州市文化事业发展规划》《关于进一步加强越乡文化名市建设的实施意见》《关于支持社会力量兴办文化促进民办民营文化发展的若干政策意见》《关于推动文化大发展大繁荣的实施意见》《关于进一步加快越剧事业发展的实施意见》《关于印发嵊州市文化创意产业发展规划的通知》和《关于加快文化强市建设的若干意见》等一系列支持文化产业发展的政策意见,既营造了良好的政策环境,又推动了全社会对发展文化产业共识的形成。

2004年3月16日,嵊州市委、市政府出台了《关于加快文化事业发展的若干政策意见》,对演艺娱乐业、文化旅游业、现代传媒业、教育文化培训业、会展文博业等文化产业发展作出了具体规定。文件鼓励企业、个人、社会团体、境外资金等社会力量参与兴办文化企业。对文化经济开发区的建设,除享受市经济开发区相关优惠政策外,在财政扶持、土地使用、招商引资、税收政策、配套服务等方面给予优惠;对文化产业单位依据不同类型、不同行业,按国家和省有关规定,分别实行相应的税收、价格等优惠政策;对民办职业剧团给予相

应的财政补助。市财政适当安排财力,扶持文化产业启动,支持演艺娱乐业、文化旅游业、现代传媒业、教育文化培训业、会展文博业、艺术中介业等的开发。对公益性文化事业单位的国有非经营性资产,用于弥补文化事业经费不足的,经市财政及国有资产管理部门批准,可减免国有资产占用费。

同日,嵊州市委、市政府下发了《嵊州市文化事业发展规划(2004—2007年)》,提出了"大力发展文化经济"的目标,具体包括拓展文广产业领域、规划建设文化产业开发园区、培育发展文化企业、统筹发展越乡文化产业等。

2005年11月7日,嵊州市委、市政府印发了《关于进一步加强越乡文化名市建设的实施意见》,提出文化产业成为重要支柱产业,占GDP比重达8%,力争在五年之内实现民间工艺产业年总产值2.5亿元。在保障措施上要根据2000年国务院关于支持文化事业发展若干经济政策精神和2002年省、绍兴市关于深化文化体制改革,加快文化产业发展的若干意见,继续实施2004年市委、市政府出台的《关于加快文化建设发展的若干政策意见》,严格执行财政投入、优惠扶助、融资投资、劳动和社会保障、人事制度等各项政策措施,并加以完善。

同日,嵊州市委办、市府办出台《关于支持社会力量兴办文化促进民办民营文化发展的若干政策意见》。意见指出,政府鼓励的新办民营文化企业,从工商注册登记之日起,符合国家有关文件规定的可免征3年企业所得税,注册资本在50万元以下、一次出资有困难的,可在三年内分期到位,首期出资额应达到注册资本的10%以上,且最低不少于3万元。民办民营文化产品出口可按照国家税法规定享受出口退税政策;文化劳务出口境外收入不征营业税,可根据国家有关文件规定免征企业所得税;民办民营文化单位引进先进技术或进口所需要的自用设备及配套件、备件等,按国家税法规定免征进口关税和进口环节增值税。积极推动建立文化产品生产、销售和消费于一体的民营文化产业园区。入驻园区的民营文化高新技术企业,经科技部门认定后,在财政扶持、土地价格优惠、标准厂房租用、项目申报、技改贴息等方面享受政府高新技术项目的优惠政策。对省认定的高新技术企业,经市财政审核,根据其当年实缴税收贡献大小,给予相应奖励。鼓励、支持、引导社会资本以股份制、股份合作制、合伙制和民营独资等形式参与兴办经营文化产业,并在项目审批、资质认定、融资等方面与国有文化企业享受同等待遇。对投资在1000万元以上的民办民营文化产业项目,市财政给予投资额1.5%的贷款贴息。对国有企业下岗失业人员从事民办民营文化个体经营的,凭劳动社会保障部门核发的《再就业优惠证》,自工商部门批准其经营之日起,经税务部门核准符合规定的,可以自领取税务登记证之日起 3 年内免征营业税、城市维护建设税、教育附加费和个人所得税；免收属于登记类、证照类和管理类的各项行政事业收费；各类中介机构的服务性收费，要按最低标准收取。民办演出团体在广场、剧院举办公益性演出时，适当减免场租费。凡符合税法规定，向宣传文化事业的捐赠，经税务机关审核后，纳税人缴纳企业所得税时，在年度应纳税所得额 10％ 以内部分，可据实在计算应纳所得额时予以扣除；纳税人缴纳个人所得税时，捐赠额未超过纳税人申报的应纳税所得额 30％ 的部分，可从其应纳税所得额中扣除。进一步扶持民营剧团发展，市财政对民办职业剧团按其当年实缴税收的额度予以资金返还补助；对民营剧团每年组织一次演出评比，设立若干个一、二、三等奖，分别奖励 10000 元、5000 元、2000 元，并授予品牌证书；对当年投资 10 万元以上、演出场次在 100 场以上的新办民营剧团，给予 30000～50000 元的奖励。进一步扶持民间工艺产业的发展。对进入市艺术村的工艺美术大师在创作精品和打响品牌方面给予政策上的支持（具体按《嵊州市加快文化人才培育和文化精品创作的若干政策意见》执行），经市财政审核，根据其当年实缴税收贡献大小，给予相应奖励。对当年投入在 100 万元以上的其他民间工艺生产企业，经市财政审核，根据其当年实缴税收贡献大小，给予相应奖励。鼓励民间工艺生产企业积极参加各类民间工艺品展销会，对列入年度计划，并经市文化工作领导小组审核同意的意见实行展位补贴，国内展销给予 2000～5000 元的补助，国外展销给予 5000～10000 元的补助。

2008 年 8 月 5 日，嵊州市委、市政府印发《关于推动文化大发展大繁荣的实施意见（2008—2012 年）》，意见提出全力推进文化产业的发展要进一步做强做大特色文化产业，积极筹建"文化创意产业园"。意见明确了完善政策的办法，加大文化建设投入，进一步加大公共财政对文化事业的投入力度，建立稳定的投入增长机制。各级财政加大对文化建设的投入，其中市级财政投入的增幅应不低于本级财政经常性收入的增幅，宣传文化事业发展基金和文化事业建设费年度预算应逐年增加。进一步加大财政投入向基层农村的倾斜力度，促进城乡和区域文化统筹协调发展。完善文化建设政策保障，进一步完善相关配套政策，深化文化体制改革，建立完善国有资产处置、人员分流安置、社会保障、劳动分配等政策。围绕文化产业发展，完善文化市场准入、财政支持、税收优惠、工商管理、投融资、人才建设等方面的政策措施，鼓励个人、企业、外资、社会团体进入国家政策未禁止的文化领域。完善国有文化资产管理政策，推动国有资产的合理配置和有效使用，实现国有资产的保值增值。完善文化发展宏观调控政策，充分运用财政、税收、价格、信贷等经济杠杆，大力扶持文化事业和文化产业发展。

2008年8月26日,嵊州市委、市政府出台《关于进一步加快越剧事业发展的实施意见》,意见对实施越剧演出产业提升工程作出具体规定,即充分利用嵊州民营剧团产业化品牌,进一步加大对民营剧团的扶持、服务和管理力度。开展星级民营剧团争创活动,对获得一、二、三星级民营剧团称号的分别奖2万元、3万元、5万元;对获得国家、省、绍兴市级调演比赛奖项的给予一定奖励;举办民营剧团演员、舞美灯光音响等各类培训班;对当年投资10万元以上、演出场次在百场以上的新办民营剧团给予3万~5万元的奖励。拉长产业链,发展戏剧服装业,努力打造越剧之乡越剧产业集群品牌。

2010年5月11日,嵊州市委办、市府办出台《关于印发嵊州市文化创意产业发展规划的通知》,通知对文化创意产业分为民间工艺、越剧演艺、文化娱乐、工业设计、文化会展、文化旅游、信息软件与数字传媒、广告策划、动漫游戏9个大类进行了编制规划,进一步加大政策扶持和执行力度,并明确指出,在资金投入、立项、用地、税收、融资、进出口、社会保障等政策方面支持文化创意产业的发展,适时制定出台专门扶持政策,引导文化创意产业的资本、技术、信息、人才等资源集聚。创造条件设立文化创意产业发展基金,对符合产业导向的重点项目和公益性质的创意项目进行扶持。加强金融机构对文化创意企业的融资支持,对符合条件的文化创意企业进行贷款贴息,支持和引导担保机构为中小文化创意企业提供担保。对文化创意产业拓展海外市场给予出口退税、协助宣传等支持政策。

2012年4月26日,嵊州市委、市政府印发了《关于加快文化强市建设的若干意见》,意见提出深入实施"文化产业提升工程",要大力培育发展民间工艺、越剧演艺等9大产业。明确进一步完善政策保障,落实国家现行对文化产业发展的各项税收优惠政策,加大财政投入,进一步完善文化事业投入稳定增长、文化发展专项资金逐年递增机制。鼓励创建文化产业集聚区(基地),对成功创建国家级文化产业集聚区(基地),以及浙江省、绍兴市文化产业示范基地的企业,分别给予50万元、10万元、5万元的一次性奖励。对企业参加经市文建办组织的中国(深圳)国际文化产业博览交易会、中国义乌文化产品交易博览会等境内外重点文化产业博览会的摊位费给予全额资助。支持发展新兴文化产业,对自带动漫、文化创意等大型文化产业项目入驻嵊州市的企业,一次性给予30万元以内创业资金的资助。对经国家新闻出版总署核准的出版社发行的原创文学、艺术类作品(转让作品除外),视其质量和影响力,一次性给予10万元以内的奖励。对企业及个人投资和创作获国家级、省级以上政府奖项的其他文化创意原创作品,一次性给予 5 万～10 万元的奖励。鼓励文化龙头企业上市发展,对完成股份制改造并实质性启动上市工作的文化企业,参照嵊州市委〔2012〕2 号、3 号文件给予相应的扶持和奖励。加大税收扶持,鼓励发展高新技术文化企业,按照《高新技术企业认定管理办法》和《高新技术企业认定管理工作指引》的规定,减按 15％的税率征收企业所得税。由财政部门拨付事业经费的文化单位转制为企业,自转制注册之日起对其自用房产免征房产税。对电影放映企业在农村的电影放映收入免征增值税和营业税。

综观嵊州近年来出台的许多政策,分别从不同角度大力支持文化产业发展,主要体现在三个方面:一是在加大政府投入方面,明确市级财政投入的增幅不低于本级财政经常性收入的增幅,予以了充分保障;二是在加强政府服务方面,明确工商登记、项目审批、土地征用、规费减免、投资融资以及为从业人员职称评定、成果评奖等提供了较大便利;三是在加大奖励力度方面,明确提出对文化产业的免税退税贴息力度较大,尤其鼓励大力发展民营文化产业,对不同类别的文化成果和人才获奖及发展会展业等更是奖励很大。这些都在很大程度上刺激了嵊州的文化产业有序快速健康发展。

四、下步促进文化产业发展的财政政策建议

一是进一步加大财政对文化产业的扶植力度。随着嵊州经济的快速发展和财力的不断增强,财政将积极筹措资金,着力调整支出结构,不断加大对文化产业的投入力度。重点加大以下领域的投入:加强文化产业基础设施项目建设,加大信息化建设力度,加强重要的文化遗产和优秀民间艺术的保护工作。在条件成熟时设嵊州市文化产品和服务创新专项资金、嵊州市推进高科技文化产业和动漫产业发展专项资金、嵊州市振兴文化旅游产业专项资金、嵊州市文化产业人才培育专项资金等。

二是进一步运用财政政策引导社会资金投向。把支持文化产业发展纳入整个经济发展的大局,积极运用财政政策引导资金的投向,完善文化产业布局。利用财政政策引导文化产业合理布局,扶持社区和乡镇基层文化设施建设,奖励具有较强集聚和孵化功能的新型文化产业基地,发展前景好、竞争能力强的重点文化企业,在条件成熟时筹划设立嵊州市文化产业投资控股公司,安排一定数量国有股权,同时带动社会资本进入,用于重大文化产业项目投资,并采取市场运作方式滚动发展,逐步扩大投资规模,引导社会资金投向文

化旅游、创意设计、影视传媒、演艺娱乐、印刷复制、动漫游戏与数字传输、工艺美术、文化培训与文化经纪等优势文化产业项目和重点行业。

三是进一步完善财政补贴和奖励政策。制定规范的奖励政策,对省级以上或经市委、市政府明确的文化产业示范基地一次性给予定额补助;获得国家、省引导资金支持的文化产业项目,上级规定需配套补助的,给予相应的配套补助;对获"国家级文化产业示范基地"和"省级文化产业示范基地(园区)"等称号的单位给予重奖;对被列为市级以上传统特色的、非遗文化资源产业化开发利用的项目,对培育形成具有一定集聚功能并体现嵊州特色的工艺品、收藏品和文化旅游产品专业市场有贡献的单位和个人等进行一定金额的一次性奖励;对年主营业务收入规模达到亿元以上的文化企业的法人代表给予奖励等。

四是进一步推动文化产业投资融资机制创新。通过政策引导,引入市场机制,鼓励社会资金兴办文化产业,逐步形成多元化的文化产业投融资机制。在国家政策允许范围内,重点给予那些完全市场竞争性的文化企业和机构更多的财税政策优惠,吸引、鼓励社会资本投资文化产业,消除民资和外资进入文化领域的体制性障碍,使不同所有制文化机构都能享有平等的投资机会和权益保障。

五是进一步完善有利于吸引文化产业人才的财政政策。积极落实引进、扶持和培育优秀文化产业人才的各项优惠政策和奖励政策,重点引进文化产业政策研究、重大项目策划设计、重点行业管理、重点产业推进等战略型、领军型人才,重点培育创意设计、文化旅游、网络传媒、体育服务、演艺娱乐、广播影视、数字动漫、会展广告、印刷复制、休闲体验、文化制造、艺术教育等文化经营管理人才,重点扶持长期扎根嵊州的各类专业型创意、创业、创新型文化产业人才。建立培训合作计划,组织有效的教育资源,实施文化产业人才培养培训计划,加大基层文化骨干培训力度。通过多种途径引进急需的各类高层次文化人才,并建立起留住人才、发挥人才作用的长效机制。

课题组组长:唐忠建
　　　成员:王秋军　黄小明

新形势下文化产业发展及其扶持政策

岱山县财政局课题组

近年来,各级政府为促进地方文化产业繁荣和发展出台了一系列财政扶持政策,取得了较好的效果,但由于各地差异大,执行过程中也暴露出了一些问题。现结合岱山县实际,从文化产业现状和存在的问题等方面调查入手,分析当前文化产业发展的条件、环境和机遇,就如何进一步完善市县级文化产业财政扶持政策提出意见和建议。

一、岱山县文化产业现状和存在的问题

目前,在浙江省杭州等大中型城市文化产业已初具规模,基本形成了演艺业、影视业、音像业、文化娱乐业、文化旅游业、网络文化业、图书报刊业、文物和艺术品业以及艺术培训业等九大文化行业。而在小微城市、集镇,虽然文化事业发展较快,但是文化产业尚未形成规模和气候,尚处于起步阶段。

(一)岱山县文化产业的发展现状

1. 文化产业有较快发展,但底子依然薄弱。随着群众对文化需求的日益增长,以文化产业为主的经营主体,如卡拉OK厅、舞厅、网吧、音像制品经销以及广告策划、装潢设计等行业得到了较快发展,门类有所拓展,规模逐渐扩大。据文化部门统计,截至 2011 年年底,全县各类文化经营单位 162 家,其中网吧 25 家、舞厅 6 家、卡拉 OK 厅 15 家、综合娱乐场所 1 家、电子游戏室 6 家、出版物经营单位 31 家、音像制品经营单位 35 家、印刷企业 25 家、打字复印 18家,从业人员 2500 多人,总产值近 2 亿元(不包括文化旅游业),仅占 GDP的 1.31%。

2. 新的文化产业亮点不断挖掘,但文化底蕴不够深厚。节庆业逐步形成,从 2005 年起岱山县连续举办了七次中国海洋文化节,邀请专业团队策划举办了一系列具有鲜明海洋文化特色的节庆活动,扩大了岱山对外的知名度和美

誉度,也培养了举办大型文化活动的人才队伍。博物馆业从无到有,创办了海洋渔业博物馆、台风博物馆、灯塔博物馆、盐业博物馆等一批博物馆群,在长三角地区有一定影响。但总体上,由于文化底蕴不够深厚,历史文化沉淀浅,历史名人和文化名人资源缺乏,文化产业的社会效益和经济效益有待进一步的挖掘。

3. 文化旅游发展较快,但文化产品品牌缺少。近年来,岱山县文化旅游业发展形势大好,一是游客量从 2001 年的 31.88 万人增加到 2011 年的 231 万人,增加了 6.2 倍,年增长 15% 以上;收入从 1.56 亿元增加至 22 亿元,年增长 20% 以上。二是初步形成了自己的风格,具有纯朴自然的海岛民俗和海洋文化、宁静清新原始怡然的环境、鲜活丰富的海洋饮食文化等特色的文化旅游业不断发展,如秀山岛景区集田园风光和海浪沙滩礁石于一岛,"我为泥狂"的泥文化主题公园,东沙古渔镇的历史人文气息为旅客所认可。三是旅游环境和要素保障持续改善。吃住行游购娱,旅游的六要素逐步配套和完善,社区文化、广场文化、"农家乐""渔家乐"、夜排档和小吃街等带有鲜明海岛风味的饮食文化逐步形成,游客接待能力逐步增强。

(二)我县文化产业发展中存在的问题

1. 重文化事业而轻文化产业。在文化产业与文化事业的关系上,过去一直存在二元对立的思维误区,过分强调文化经营单位的事业性质及其公益性,从而忽略了文化的产业性质,给文化产业发展带来了思想障碍。后来"事业单位,企业管理"的双重定位,也难于完全做到规范的企业化管理和运作。重文化事业而轻文化产业,抑制了文化产业的市场发育,影响了产业经营管理人才的自我成长,致使文化产业整体发展不充分。

2. 文化产业发展机制不活,体制不顺。传统的文化单位尚在事业管理体制中运营,文化产业与文化事业相互胶着,难以将文化事业与文化产业真正分离,严重影响了文化产业的市场化、产业化、企业化进程,阻碍了文化产业按市场化要求实现自我发展。

3. 文化产业的经济总量较小,人均经济效能较低。2011 年,全县文化产业总产出约 2 亿元,仅占 GDP 的 1.31%,远低于全省 4% 和全市 3.6% 的水平。从业人数 0.25 万人,人均产出 8 万元,经济效益低下。

4. 文化产业处于发展的初始阶段,缺乏大规模产业集团。岱山县文化产业单位的规模偏小、人员偏少。全县年营业额上千万元的经营企业只有娱乐行业、卡拉 OK 等两三家,年营业额在百万元以上的也是屈指可数。经营单位的综合竞争能力、创新能力不强;缺乏有核心竞争力的大规模文化产业基地和产业园区,缺少有示范带动作用的文化产业龙头企业。

5. 产业发展缺乏长期发展规划和明确的发展目标。目前,岱山县尚未形成文化产业发展明确的趋向。在产业发展目标上,没有具有突出优势的企业和行业,没有可以确立为重点扶植和发展的产业。文化旅游业、节庆会展业、文化娱乐业等虽有较好的发展基础和实力,但与相类似的地区比较没有明显的优势和竞争力。由于文化产业没有形成明晰的发展规划和实施计划,导致了社会投资文化产业的不稳定性,其投资积极性和发展的稳定性减弱,从而影响了文化产业的发展。

6. 群众文化消费力弱,水平较低。现代文化产业发展受市场和政府引导的作用,但归根到底遵循的是市场法则,市场是决定文化产业发展的根本。据初步统计,岱山县城镇居民年人均文化消费支出低于 700 元,占居民消费总支出的比重在 5% 以下;渔农村居民年人均文化消费的支出不到 300 元,文化娱乐支出占渔农民消费总支出在 3% 以下,文化娱乐消费仍处于弹性较大的次要位置,缺少主动花钱消费文化产品的观念和习惯。

7. 文化产业发展的扶持政策不完善,体系尚未形成。目前,岱山县从市场准入、财政支持、税收优惠、工商管理等方面为文化产业的发展提供的产业扶持政策体系还不够完善,特别是在投融资、高端人才引进和培养等方面明显不足,相关配套政策出台不及时,致使有些文化产业项目在申报办理中步履艰难,甚至出现半途夭折的情况,抑制了发展的积极性。

二、岱山县文化产业发展的条件、环境和机遇

文化产业发展与当地社会经济、人文历史环境和时代发展背景紧密相连。客观分析全县文化产业的资源、环境及与周边地区的竞争与合作关系,有利于扬长避短、错位发展,逐步形成有区域特色、有竞争力的文化产业。

(一)文化产业发展的资源环境方面

岱山县海洋人文气息较为浓厚,长期的海洋生产生活培养了海岛人坚韧不屈、豪情开放与包容兼收的性格特点,留下了一批既有农业文明又有海洋文明的海洋民俗文化。据文化部门统计,全县有省级文物保护单位 3 个、市级 4 个、县级 15 个;衢山孙家遗址、岱山北畚斗遗址有着河姆渡遗址一样悠久的历

史;国家级非物质文化遗产舟山渔民号子和谢洋节 2 个、省级非物质文化遗产 11 个,谢洋节等民俗文化活动逐渐在渔民群众中流行;群岛文学作品在文学界声名鹊起;"东海明珠""海岛百花"等文化乡镇诞生,基层群众文化活动已日益丰富,从自娱自乐向更高需求方向发展,这些都为全县文化事业和产业发展提供了资源基础和社会条件。

(二)文化产业发展的物质基础方面

近年来,岱山县沿港工业和船舶工业快速发展,全县的经济实力、财政收入和人民的生活水平大幅提高。地方财政收入达到近 10 亿元,人均 GDP 超过 10000 美元。经济的发展一方面体现在文化投入上,文化基础设施改善上有了较为强大的资金支撑;另一方面体现在整个社会对精神文化的需求也更加强烈。从发展经验看,文化产业的发展与经济发展高度相关,当一个地区经济发展到一定阶段,文化产业会有一个快速发展,岱山县也正是到了这样一个发展期。

(三)文化产业发展的外部机遇方面

一方面,舟山群岛新区的设立为岱山县文化产业发展搭建了更广阔的舞台。舟山群岛新区作为国家级海洋经济试验区,受中央高层的重视、全国投资者的关注,一些先行先试的举措都能引来关注,会带来更多更优惠的政策。同样也有利于拓展视野,夯实基础,规划未来,在文化产业发展上走得更好、更远。另一方面,全球性的经济危机给文化产业发展带来了新机遇。据专家分析,经济高速增长后的萧条,人们需要精神消费来缓解压力,需要通过一定的生活方式反思调整心态,通过文化娱乐、文学艺术来增强对未来的希望和信心。目前,岱山正处于该阶段,这必将给文化产业发展带来新的机遇。

三、现行文化产业财政补助政策及进一步完善
市县级文化产业财政扶持政策建议

由于各地区文化产业发展的现状、存在的问题不同,所面临的发展条件、环境和机遇也不同,各级政府为加快文化产业发展,提升文化产业综合实力,相继出台了各种文化产业扶持政策。

(一)省、市、县现行文化产业财政补助政策

2006 年 12 月,省财政设立浙江省文化产业发展专项资金。省财政每年安排文化产业发展专项资金 4000 万元,资金采取项目补助、贴息和奖励形式,专项资金主要用于文化单位转换经营机制和对产业发展有显著作用的技术改造和设备更新项目;文化产业基础设施建设和改造项目;重点文化产业基地、文化产业示范区块及示范企业;重点文化活动、文化品牌扶持;具有示范性、导向性的文化产品生产和文化服务项目;省属艺术表演场所引进国内外高水平演出的场次补贴;其他文化产业项目。市、县也相继出台了相关补助政策。

2008 年岱山县出台《岱山县文化建设资金管理暂行办法》,每年新增安排 500 万文化专项资金用于全县文化建设,主要用于基层公共文化建设,其中一项内容就是文化产业扶持,具体补助办法参照省规定。

(二)进一步完善市县级文化产业扶持政策建议

1. 要促进全省各地文化产业均衡发展。省文化产业扶持政策可按照"突出重点、兼顾一般、效率优先、奖补结合"的原则实施,在考虑地区全面发展的同时,适当向欠发达(海岛)地区、特色文化发展地区倾斜;在加大对重点龙头企业扶持的同时,兼顾小微文化企业,可以根据各市县文化产业扶持情况给予奖补,促进各地文化产业均衡发展。

2. 要坚持政策导向和市场机制相结合。财政文化产业扶持资金具有公共性,它不是一般的产业投资资金,而是政府通过财政扶持政策鼓励引导企业促进文化产业发展,具有"四两拨千斤"的作用,所以扶持资金规模应适当:规模过大将对市场自然机制造成破坏,影响文化产业健康发展;规模过小导向性作用就不够,所以要根据当前各地文化产业规模和阶段内提升需求安排。此外,扶持政策要弥补市场机制缺陷,如文化产业的基础设施建设、重要公共文化行业扩大再生产的贴息补助等,要有利于社会主义文化产业发展方向,有利于较快形成生产力,如文化产业园区建设、行业链中的关键点和项目的发展及文化品牌建设,有利于产业的整体发展,有利于财政扶持资金更好地发挥"四两拨千斤"的作用,有利于欠发达地区的文化产业更快更好地发展。

3. 要坚持文化产业各环节共同发展。目前文化体制改革处于转型时期,各地所处的发展阶段又不同,相同的是都把解放和发展文化生产力作为财政扶持文化产业扶持政策的核心目标和根本任务。所以文化产业财政扶持政策要充分考虑文化的经济属性,将公共财政重点投向对于培育各地文化生产力

具有战略意义的环节,并在文化产业发育、发展的不同环节,出台相应的、有针对性的财政扶持政策措施。首先在文化创意环节,这是当前比较重视且是扶持政策最多的环节,应重点用于各地文化资源的保护和开发、各类文化人才的培养和激励以及原创文化的奖励等;其次是文化产品资本化和科技化环节,应促进金融资本和文化资源对接,对文化企业利用银行、非银行金融机构等渠道融资发展给予重点支持,对地方文化产业融资平台建设给予重点支持,对文化企业改制重组给予重点支持,对高新技术研发与应用、技术装备升级改造、数字化建设、传播渠道建设、公共技术服务平台建设等予以重点支持;最后是文化产品产业化和国际化环节,应加强对文化产业骨干和龙头企业的扶持和文化产业的战略性投资,促进文化产业国际化发展。每个地区都有需要财政扶持的重点环节和项目,需要各地根据自身特点出台相应的扶持政策。当然所有这一切发展都离不开群众文化市场,离不开群众文化消费水平的提高和消费结构的调整,离不开对基层公共文化服务的投入。只有继续加大这方面投入,才会促进文化产品供求关系的和谐发展。

4. 建立科学的财政文化产业扶持政策绩效评价体系。由于各地文化产业发展进程不同,财政文化产业扶持政策的实施效果也不尽相同,只有通过对财政文化产业扶持项目的绩效评价分析,才能对整个文化产业财政投入的效果有个综合认识,为进一步完善相关投入政策提供依据和参考,从而提高文化产业扶持资金的使用效益,促进文化产业健康快速发展。财政文化产业扶持政策绩效评价体系应采取在不同文化特色、不同经济水平地区中进行,指标的设置应充分考虑各方面因素,提高财政扶持资金效益。

课题组组长:蒋伟若
　　组员:林明海　　石燕娜
　　执笔:林明海

欠发达地区财政文化投入的思考

丽水市财政局课题组

文化是一种精神,源远流长、博大精深;文化还是生产力,能在日益激烈的国际竞争中不断增强国家竞争力。为深入贯彻党的十七届六中全会精神,省委十二届十次全会提出了建设文化强省的重大战略目标,市委二届十七次全会作出了推进文化强市建设的决定,丽水市文化建设迎来了大发展大繁荣的黄金期。作为欠发达地区,财政部门如何支持推动文化事业发展面临着新的任务和挑战。

一、丽水文化投入和文化建设基本情况

"十一五"以来,随着国民经济的持续快速增长,丽水市各级政府财政部门努力调整支出结构,不断增加财政文化投入,文化投入呈现持续增长的态势。据统计,"十一五"期间,全市各级财政文化与体育传媒支出投入总计达 12.36 亿元,是"十五"时期的 2 倍,年均增长 22.65%,占同期财政支出的比重为 2.7%;市级财政文化与体育传媒支出总投入 2.95 亿元,年均增长 27.74%,占同期财政支出的 2.5%。在增加投入的同时,各级财政部门与相关部门密切配合,积极支持文化体制改革和机制创新,促进文化事业和文化产业发展。

(一)保障重点领域和重大项目实施,文化基础设施有效改善

一是市本级重大文化设施建设成果明显,新建了市广播电视中心、市体育中心、丽水大剧院,改建了市摄影博物馆,市博物馆土建项目已完成,市图书馆项目前期已完成。二是全市县、乡、村三级文化设施建设全面推进,建成了缙云博物馆、景宁畲族文化中心、景宁畲族博物馆、松阳博物馆、龙泉青瓷博物馆等新馆舍,龙泉文化馆、龙泉图书馆、青田文化会展中心等一批项目正在抓紧建设中;建成 500 平方米以上乡镇综合文化站 161 个,100 平方米以上村文化活动室 1327 个。三是文化信息资源共享工程建设稳步推进,已建有市级支中

心(二级)1个,县级支中心9个,与农村党员干部现代远程教育系统联合共建基层服务站点3585个。四是"广电惠民"工程深入实施,全市广播电视对农节目每周达到50档以上,乡镇有线电视联网率达到100%,行政村有线电视联网率达到96%以上,行政村广播响率达到95%以上,80%的农户可以收听到广播,农村低保户免费收看电视率达到90%。

(二)加大农村文化投入,群众文化活动丰富多彩

一是"送文化"和"种文化"工作全面推进,全市每年组织送戏下乡1000场以上,送电影下乡2万场以上,送书下乡10万册次以上。"以乡村为舞台、农民当主角"的三届乡村文化艺术节,每届时间跨度达8个月,累计吸引40多万名群众参加,极大地丰富了农民的文化生活。二是重大文化活动亮点纷呈,成功承办了省首届体育大会开幕式和撤地设市10周年等大型文艺表演活动,丽水国际摄影文化节、景宁中国畲乡三月三等重大节庆文化活动影响力不断扩大,提升了城市的魅力。三是群众文化活动品牌逐步打响,市级"绿谷之声"音乐会、"绿谷大舞台"广场文艺演出、"绿谷风"文化大篷车每年开展活动150场以上,形成了深受群众欢迎的"三大文化活动品牌";松阳"文艺轻骑兵"、庆元"月山春晚"大批优秀群众文化活动丰富了群众文化生活。此外,外来务工人员、残疾人等特殊群体的公共文化服务也得到了政府的高度关注,公共文化服务均等化正在逐步实施。

(三)支持精品文化创作,加强文化遗产保护和传承

一是通过"一奖二展三赛"推进本土文化元素精品创作。"十一五"期间,丽水市共有178件文艺作品获省级以上金奖。二是以打造瓯江文化"四大"群众文化品牌为载体,进一步提升瓯江文化的民生服务力、经济推动力和国际影响力。5年来,全市各级开展省际、市际、县际等各类"文化会亲"交流活动600多项,龙泉青瓷、遂昌昆曲茶艺、青田鱼灯、青田石雕等10多个项目(节目)走上世博会展览展演,走出国门进行国际交流,有力提升了瓯江文化的国际影响力和知名度。三是支持开展第三次全国文物普查和非物质文化遗产普查,全市共登记文物点8399处,其中新发现6670处,共有国家级非遗名录15项,省级非遗名录67项,市级非遗名录193项。龙泉青瓷烧制技艺入选联合国人类非物质文化遗产代表作品名录,庆元木拱廊桥营造技艺获联合国教科文组织的"急需保护的非物质文化遗产名录"。2007年,丽水市被评为全国第一个地级市综合性"民间艺术之乡"。

（四）落实税收优惠政策，推进文化产业发展

一是贯彻落实国家、省有关税费优惠政策。经营性文化事业单位转制为企业，自转制注册之日起至 2013 年年底止免征企业所得税；出口图书报纸、音像制品、电子出版物等按规定享受增值税出口退税政策；鼓励拥有自主知识产权的文化企业申报高新技术企业，对通过认定的高新技术企业及时落实所得税优惠政策。二是形成了大力发展文化产业的浓厚氛围。市级设立每年 1000万元的文化产业发展资金，部分县、市制定了《文化产业发展规划》，设立了文化创意产业发展资金；已建成剑瓷、石雕和木制玩具等三大文化产业园区，形成了文化用品生产业和工艺美术品制造业两大优势产业，推动了全市文化主导产业和文化产业框架的形成。据统计，2009 年年底止全市文化产业共有法人单位 1163 个，全市文化产业的增加值占 GDP 比重为 3.9％。

二、存在的问题和困难

丽水市属浙江省欠发达地区，财力薄弱，从支出结构上看，还是典型的"吃饭型"财政，财政支出主要用于机构运转和民生保障。"十一五"时期虽然财政支持文化发展成效明显，但现阶段文化发展水平与建设文化强市目标要求还有较大差距，公共文化产品和服务与人民群众日益增长的精神文化生活需求还不够适应，文化体制改革与市场经济的发展相比还比较滞后。

（一）财政投入总量仍然不足，支出结构不尽合理

一是财政文化与体育传媒支出占财政支出的比重相对较低，与教育、卫生等社会事业相比增长速度相对较慢。二是对照国家、省、市对农村公共文化服务均等化"十二五"要求，丽水市在基础设施、文化产品和服务提供等方面投入差距仍然不小。三是全市城乡之间、县域之间文化投入还不平衡，文化支出中基础设施建设和人员经费支出比重较高。

（二）公共文化投入机制还不健全，文化融资渠道缺乏

一是认识不够，认为公共文化投入就是国家、政府事情的观点普遍存在，长期依靠政府单一投入，使得欠发达地区财政文化投入难以持续。二是研究不够，对建立文化多元化投入机制，以及如何引导社会资本和产业资本进入公

共文化服务领域,如何利用市场机制改革公共文化服务的资金投入和运作方式,如何鼓励企业、社会组织举办公益文化活动等内容研究、探索、实践较少。三是文化企业融资渠道缺乏,文化实体与金融机构对接合作项目较少,多元化的文化信贷产品和贷款模式还待开发。

(三)现有财政、税收、金融等各项政策缺乏衔接,政策引导作用不强

一是目前缺乏统筹考虑的文化全行业税收优惠政策。现有优惠政策主要集中于转企改制国有文化单位和出口文化产品退税等方面,在地区性优惠政策、对文化产业从业人员税收优惠、鼓励个人和企业投资文化基础设施优惠等方面国家、省级层面政策较少。二是推进文化强市配套政策不明确,鼓励社会力量参与公共文化服务建设的实惠政策不多,社会力量参与公共文化服务体系建设的积极性不高,参与的程度非常有限。

(四)文化投入评价机制缺乏,文化投入效益难以准确评估

一是重投入轻产出意识普遍存在,各级政府、部门对项目建设十分重视,项目建成后使用效益却少人过问。二是文化事业管理体制上还存在多头管理、条块分割,导致公共财政资金投向难以集中,公共文化资源存在地方化、部门化、行政化的现象,造成资源分散、重复建设,影响资金整体效益。三是文化投入评价缺乏制度建设,另外由于文化投入的社会性质,文化投入评价指标设置在科学性、合理性上也存在一定困难。

三、政策建议

财政支持文化发展要以邓小平理论和"三个代表"重要思想为指导,全面贯彻落实中央十七届六中全会《决定》和丽水市委、市政府《大力推进文化强市建设的决定》精神,遵循社会主义文化建设的特点和规律,准确定位、突出职能,积极探索、大胆创新,促进文化事业全面繁荣和文化产业快速发展。

(一)进一步加大文化投入力度,完善文化投入稳定增长机制

一是要深刻认识文化发展在推动科学发展、促进社会和谐中的重大作用。在"十二五"期间进一步加大财政对文化的投入力度,为文化强市建设提供强有力的资金保障。二是建立科学合理的文化投入激励约束机制。可将文化投

入纳入"十二五"期间地方党政工作考核内容,明确地方政府责任,努力完善文化投入稳定增长机制,确保"十二五"期间财政文化投入增幅不低于财政经常性收入的增幅,确保"十二五"财政文化投入占财政支出比重不低于"十一五"时期比重。三是要积极发挥财政资金的引导和示范作用。借鉴国际成功经验,推动面向公益性文化事业单位的捐赠制度改革,加大面向公益性文化事业捐赠的激励力度,对各种社会力量参与公共文化服务体系建设做出更为明确的政策安排,如鼓励企业、社会组织举办公益文化活动,对符合条件的企业、社会组织举办的公益文化活动,在经费等方面予以支持;鼓励企业、社会组织和个人赞助政府主办的公益性文化活动,通过冠名或其他方式对赞助单位予以回馈;鼓励支持社会力量兴办公益文化设施,对免费或优惠对社会开放的给予补助等,探索建立起符合欠发达地区发展实际的文化投入多元化机制。

(二)进一步优化财政支出结构,加强文化重点领域经费保障

在加大投入的同时,不断调整和优化财政文化支出结构,扩大公共财政保障范围,突出支持文化重点领域、重点项目。一是支持公共文化基础设施建设,按照文化强市建设目标要求,加快实现县有三馆(文化馆、图书馆、博物馆),乡有一站(综合文化站),村(社区)有一中心(文化活动中心或文化活动室),打造"城市 15 分钟文化服务圈"和"农村 30 分钟文化服务圈",同时要创新文化设施运行机制,努力提高设施使用效率。二是支持公共文化服务体系建设,保障博物馆、图书馆、文化馆(站)等公共文化设施免费开放工作,落实送戏下乡、农家书屋、送电影下乡等文化惠民和"文化低保"等工程,扶持农村进城"文化走亲",加快城乡一体化发展。三是加强文化遗产传承和保护,加大对文物保护和非物质文化遗产保护的投入,支持市本级历史文化名城创建。同时,要重视文化遗产利用,通过瓯江文化精品展、瓯江文化走亲等活动,推动文化遗产保护成果最大限度地惠及全体人民,丰富人民群众精神文化生活。四是支持加强对文化精品的创作生产的引导,整合各类文化专项资金,加大精品创作和奖励经费投入,面向全社会文化机构和个人择优进行资助,支持优秀作品创作和人才培养,引导文化产品创作生产。五是支持文化产业发展,根据地方财力,逐步增加文化产业发展资金规模,采取财政补助、贷款贴息、政府奖励等多种方式,扶持、培育优秀文化企业和文化产业项目,支持文化创作和文化新产品、新技术研发,支持参加、举办文化会展,支持文化产业特色基地、文化创意和创业园区建设等。

(三)进一步完善文化投融资政策,推动文化体制改革和文化产业发展

一是积极落实宣传文化事业财税优惠政策,鼓励社会力量对宣传文化事业的捐赠,对符合规定的文化捐赠支出及时给予所得税免征优惠。二是积极鼓励支持多种形式的融资活动,鼓励金融机构加大对文化企业的信贷投入,探索利用专利权、商标权、著作权、版权等无形资产开展质押融资业务,建立文化企业融资担保体系,鼓励担保和再担保机构开发适应文化产业的贷款担保服务。三是积极发挥财税政策导向作用,加强对新办文化企业和符合高新技术条件的文化企业等企事业单位的税收支持,及时落实相关优惠政策。根据国家税收有关规定,对文化创意生产、非物质文化遗产项目经营实行税收优惠,支持文化产业发展。四是继续落实文化体制改革配套政策,充分利用有利的政策环境,积极开展文化体制改革试点工作,享受试点单位的税收优惠政策,以新的机制拓展发展空间,加快文化事业和文化产业的发展。五是鼓励文化企业"走出去",对出口的文化产品和文化服务,及时按照国家现行税法规定落实出口退(免)税政策,充分利用现行财政、税收、信贷等经济杠杆,做大做强一批对外交流的文化品牌,将特色文化产品和文化艺术展览推介到国际市场。

(四)进一步建立健全文化投入绩效评价机制,努力提高资金使用效益

按照财政精细化管理要求,加强财政资金管理,有效整合和优化文化资源配置,努力提高文化资源使用效益。一是加强文化专项资金管理和制度建设,加大专项资金整合力度,打破专项资金部门化、行政化格局,突出财政支持重点原则,努力提高资金效益。二是加快推进以结果为导向、市场化的文化绩效评价体系建设,建立健全适合公共文化服务的指标体系和评价方法,提升公共文化资源的共享性和有效性,避免重复建设和闲置浪费。三是逐步建立资源配置、资金分配与服务绩效挂钩的激励约束机制,把向社会提供更多更好的文化产品和服务作为增加财政投入的重要依据,根据绩效评价的结果调整财政资金支出方向。

课题组组长:魏叶华

成员:汤延武(执笔)　叶双梅　彭　荔　宋丽芬

庆元县促进文化产业发展的财政政策研究

庆元县财政局课题组

　　文化产业是为社会公众提供文化、娱乐产品和服务的活动,以及与这些活动相关的活动的集合。文化产业主要包括新闻服务,广播、电视、电影服务,文化艺术服务,文化用品、设备及相关文化产品的服务等八大类。作为新经济浪潮中文化与经济相互渗透形成的特殊产业,文化产业具有历史的传承性和发展的创新性,在精神文明和物质文明两大领域发挥巨大的作用,在文化建设和经济发展中的作用也日益突出,同时对政府财政投入提出新要求。

一、庆元县文化产业发展现状

　　支持文化产业发展是政府提升民众文化生活、精神文明的重要载体。近几年,庆元县委、县政府对文化产业不断投入,积极培育文化产业体系建设,重点发展特色文化产业、非遗文化产业,将民间民俗文化和风景旅游有机结合起来,形成各具特色的文化产业群。

　　1. 影视文化及相关产业有效丰富了群众文化生活。全县共有文化相关经营单位 70 家,数字影院 1 家。以浙江宏泰影视文化传播为例,2010 年由该公司引进,庆元县自行投资拍摄了以庆元特色文化为主线的故事电影《其乐融融》,影片 90％以上场景取自庆元的美丽山水和文化遗产,数百名庆元群众演员参与演出,充分展现了庆元生态、廊桥、香菇三大文化及风土人情,是庆元县真正意义上的第一部影片。该影片摄制上映后,中国电影发行公司新农村数据院线放映 13000 多场次,有效提升了庆元的知名度和美誉度。

　　2. 积极培育地域特色的生态旅游文化产业。庆元县积极发展特色文化旅游产业,发挥"中国生态环境第一县""中国香菇城""中国廊桥之乡"等品牌效应,挖掘生态文化、香菇文化、廊桥文化、人文文化等系列文化内涵,将"菇神庙会""月山春晚""合湖田螺节"等民间民俗文化和风景旅游有机结合,初步形成百山祖 4A 景区、巾子峰省级森林公园、大济历史文化村、龙岩香菇文化村、月山历史文化村及如龙桥、兰溪桥、西洋殿等各具特色的文化旅游区块和亮点。生态旅游、休闲养老等体现庆元县资源特色的文化产业正在兴起,成为庆元县经济转型升级的新兴产业及新的经济增长点。

3. 有序推进特色文化产业园区建设。庆元县从香菇经济快速发展到竹筷制品、木门行业蓬勃兴起,现在竹木行业向竹木家具产业扩展,食用菌行业开始向食用菌精深加工方向发展,铅笔行业逐步从贴牌生产、由外地企业代理出口向自主品牌、本地企业自营出口转变,竹木、食用菌、铅笔已成为庆元县战略性文化产业支柱。目前庆元县的竹木文化产业、铅笔文化产业、食用菌文化产业在全省、全国同行业均具有一定的知名度,曾先后被授予中国竹制品基地、中国铅笔生产基地、中国食用菌产业基地等称号。8家企业获得中国驰名商标,10家企业获"浙江省著名商标",6家企业获国家级高新技术企业称号。

4. 完美打造庆元县三张"名片"。2010到2012年分别建成中国庆元香菇博物馆、廊桥博物馆和百山祖自然博物馆,为全省欠发达县市中唯一拥有三个特色专题博物馆的县。庆元县以博物馆建设为支点,深度挖掘庆元香菇、廊桥文化内涵,合理利用丰富、独特的森林物种资源,通过开发特色文化产品、开展博物馆学术研究交流、组织各式精品展览等形式,塑造特色拓展载体,打造集特色文化展示、历史文化研究、生态环保、城市文化休闲等于一体的庆元特色文化博物馆,成效明显。香菇博物馆获2011年度浙江省博物馆陈列展览精品奖,廊桥博物馆被列为浙江省非遗宣传展示基地。香菇、廊桥博物馆已成为对外展示庆元城市形象的窗口,蕴藏的文化产业品牌效应更进一步提升了庆元的知名度和美誉度。香菇、廊桥、生态成了庆元县对外宣传的三张"城市名片"。

二、庆元县文化产业发展的难点

由于庆元县域经济总量小,文化产业类别少、规模小、总量低,文化产品单一、层次不高,文化园区建设刚刚起步,推动文化产业发展的协调机制尚未建立,促进文化产业发展的优惠政策未成体系,文化品牌优势向产业优势的转化有待加强。

1. 经济发展水平较低,文化事业投入相对较少。"十一五"期间,县级财政共安排文化支出6000万元,占县级财政总支出的比重为3.2%。同时,重大文化产业项目的投入渠道单一,多元化投入格局难以形成。如百山祖景区的招商引资工作难度大,一方面说明了庆元区域劣势,另一方面也体现了庆元的知名度有待提高。

2. 基层文化传播设施落后,农村地区难以覆盖。近年来,通过实施广播和有线电视村村通工程,在一定程度上有所缓减,但县、乡镇、村三级基层文化网络构建还有待加强。随着农民下山脱贫工程的实施,一方面是"空壳村"在文化产业建设投入上的乏力,另一方面是中心村文化产业建设投入上的不足,文化产业资源整合工作难度大。

3. 文化产品单一,形式上缺少创新。由于管理体制不顺畅,文化产业创新人才待遇低,流失严重,队伍不稳。以原生态文化为素材的文化创作产品少,开展艺术创作的力量不足,很多好的资源创作素材未能得到很好的开发利用,难以有大的品牌影响力。

4."三大融合"即文化与经济、文化与旅游、文化与科技的融合度低。文化产品少,产业化水平低,特色文化产业难成规模,经济效益不明显。

三、充分认识庆元县文化产业所处的发展阶段

开创有庆元特色的文化产业的发展道路,应该充分认识庆元县文化产业所处的历史发展阶段优势。

1. 时代创造的科技水平优势。21世纪的科学技术水平使得文化产品的创造、制造以及传播和贸易变得更加便利和快捷,为文化产业在创意和发展方面提供了前所未有的技术空间和条件。

2. 庆元县文化产业的后发优势潜力。庆元县文化产业,相比发达地区,虽然起步晚,基础弱,但由于劳动力成本低以及吸纳先进技术和其他地区不同发展模式的经验,发展速度可能要快得多,只要认识清晰、目标明确、机制科学、勇于创新,则完全可以形成后发优势,实现快速发展。

3. 走新兴工业化道路,使文化产业成为县域经济复兴的重要环节。中国的发展思维已经从过去以经济指标为核心发展到今天的全面统筹协调可持续的科学发展观阶段。文化产业符合资源节约型和环境友好型特点,已经被纳入许多地区的整体发展战略中,特别是庆元县民族文化、特色文化、旅游文化资源丰厚,更可能在发展文化产业方面走出一条新的路子。

4. 市场需求巨大。我国经济及人民生活水平的提高、人民文化教育素质的提高带来的对精神文化产品的需求,以及国际上对中国文化产品兴趣的增

长为文化产品创造了巨大的市场需求。

四、促进庆元县文化产业发展的财政政策研究

1. 制定发展长远规划,建立平稳的财政投入机制。加强发展战略、发展方式、执行实施、绩效考核等宏观层面的组织领导工作,推动各部门建立文化产业工作责任制。在文化产业的发展规划、知识产权保护和市场拓展等方面建立一个综合的行动方案,保证政府产业政策的有效性、连贯性、一致性。优化财政文化支出结构,进一步加强重点文化领域经费保障。加大公共财政对文化发展的投入力度,确保文化投入高于经常性财政支出增幅,进一步拓宽文化投入来源渠道,努力增加政府非税收入用于文化的投入,提高各级彩票公益金用于文化事业比重,建立财政投入稳定增长机制,做到每年跨小步、发展不停步。设立适应庆元县情的文化产业发展专项资金;支持食用菌、竹木文化产业重点基地建设,加强规划引导,避免各门类区域间的结构趋同、同质竞争现象;支持庆元县文化特色的吴式方言、二都戏等民俗文化传承;支持文化领域新产品、新技术等专利技术保护奖励;支持文化重点行业科技创新平台、文化产业公共服务平台等方面建设;支持文化创意人才、作品等评选和奖励;支持文化产业相关论坛、展会的举办和广告宣传;等等。

2. 理顺管理体制,加强人才培养。人永远都是第一要素,有人才有文化产业的创造和发展。结合庆元实际,进一步理顺电影公司、艺术中心等文化机构的体制,制定财政补助措施,加快改制步伐。面对庆元县食用菌段木人工栽培技术、廊桥技术非遗人员面临失传的窘境,应以庆元县"人才兴县"的实施意见和"十二五"人才发展规划为契机,加大非遗大才培养和引进力度。支持有关高校、中职学校建立人才培养基地或实训基地,鼓励传统文化的技艺大师、传人收徒授业,对以师承关系学习传统技艺、取得相应职业资格的,可以享受相应的人才待遇。办好李玉院士工作室,启动"文化创意人才梯队工程",支持外来人才在庆元县创办创意工作室,组建创意团队。按财政投入的人才发展专项资金占一般预算支出比例 0.5% 以上且当年增长幅度不低于一般预算支出增幅的要求,配足人才发展专项资金,建立人才储备制度。

3. 制定落实财税优惠政策,扶持文化产业企业的发展壮大。产业是企业的集合体,文化产业同其他产业相比具有个性化强的特点,文化产业也需要有数量众多的文化企业支撑。浙江文化产业在产业结构上趋于合理,在业态分

布上重点发展新闻出版行业、会展业、文化旅游和休闲服务业、新兴动漫游戏等产业,在发展路径上逐渐形成以园区为中心的集群化发展特征。要遵循创作生产规律,兼顾集约化与个性化、社会化生产与分散化创作之间的关系,贯彻落实国家、省有关文化产业发展的相关财税优惠政策,最大限度地整合政策资源,推动庆元县文化产业发展。一方面,要培育市场占有率较高的骨干企业,促进文化资源和要素向优势企业适度集中,提高产业集中度;另一方面,则要大力发展机制灵活、市场反应快、适应力强的中小企业,不断拓展文化产业的广度和深度。培育骨干文化企业,扶持中小文化企业,形成较为完善的、配套协作的分工协作体系。充分利用"科技强县富民"政策,鼓励攻克文化产业发展课题,促进庆元县产业转型,不断发展壮大庆元县地方文化产业,推动文化产业向精、深发展,倡导地方特色文化产业经济服务于地域经济总体发展的理念,让文化产业成为庆元县新经济增长点。

4. 加大对文化产业企业的融资补助支持。近年来,中央实施的战略部署和政策措施中,把深化文化体制、加快发展文化产业作为重要组成内容。根据省多部门联合发文的《转发〈中央宣传部、中国人民银行、财政部、文化部、广电总局、新闻出版总署、银监会、证监会、保监会关于金融支持文化产业振兴和发展繁荣的指导意见〉》精神,加快庆元县支持文化产业融资补助财政政策研究,引导文化产业融资多元化、多层次的投入模式。比如,对文化产业企业的产能、税利规模,进行分级别、分层次财政贴息,以减轻庆元县中小微型文化产业企业融资难、融资贵的问题。

5. 制定切实可行的文化产业招商引资财政引导政策。由于庆元县财力薄弱,公共财政支出主要是为保障政府机器正常运转及民生重点项目。怎样整合更多资金用于政府文化产业方面的投入,需要发挥政府财政政策的引导作用,利用庆元县地理、人文、资源环境优势,把庆元县特色文化产业推向市场,进行市场化运作,制定相关的招商引资政策,吸引民营资本注入,以多渠道拓展庆元县文化产业投入,壮大庆元县文化产业发展的资金保障后盾。特别应该加大百山祖 4A 景区及茶木菇、黄皮上下湖、银坑洞生态资源的宣传力度,招进外地有实力、有能力的开发商进行商业开发,整体开发生态资源,真正实现庆元县生态旅游上档次、上规模。

課題组组长:叶　斌
　　成员:姚红英(执笔)　范红燕(执笔)

义乌市财政支持公共文化事业发展的现状与对策

义乌市财政局课题组

为深入贯彻党的十七届六中全会和省委十二届十次全体会议精神,义乌市委、市政府作出了《关于大力推进文化强市建设的决定》,努力实现义乌从"文化大市"向"文化强市"的跨越。在此背景下,研究义乌市财政支持公共文化事业发展的现状与对策,对财政如何更好支持公共文化事业发展,进一步完善公共文化服务体系有着积极、重要的意义。

一、财政支持公共文化事业发展取得的成效

加快构建覆盖城乡的公共文化服务体系建设,满足广大人民群众日益增长的文化需求,是公共财政义不容辞的职责。"十一五"期间,义乌市财政用于文化体育与传媒支出累计达 16.5 亿元,年均增长 18％以上,高于财政经常性收入的增长幅度,为促进全市公共文化事业跨越式发展提供了资金保障。

1. 大力支持文化基础设施建设。一是以国际文化中心为龙头,先后建成体育场、体育馆、游泳馆、婺剧团新团部、新华书店新大楼等一批功能齐全、适度超前、设施一流的公共文化服务设施。2011 年,财政投资 4.8 亿元新建的图书—档案馆投入使用。2012 年,财政投资 3.6 亿元新建的广电大楼投入使用。二是以"村村通""村村响"为目标,实现了广播电视及文化信息资源共享工程的全覆盖。截至 2011 年 5 月,财政累计投入 2 亿元用于数字电视网络平移改造,在浙中地区率先完成数字电视整体转换工作。三是以奖励补助形式,支持镇(街道)、村(居)文化基本设施建设,"十一五"期间,财政奖励补助资金累计达到 3500 万元。目前全市有 3 个镇(街道)创建成为省级"东方文化明珠",4 个镇(街道)建立了图书分馆,全市 792 个村(居)基本建立了较为齐全的室内外文体活动场所,共创建全国文化示范社区 1 个、省级文化示范村(居)10 个、市级文化示范村(居)227 个。文化基础设施的不断完善为实现群众基本文化权益提供了切实保障。

2. 大力支持文化惠民系列工程建设。一是支持"送文化"活动。财政每年安排 100 万元用于免费送戏、送电影,每年组织送戏 300 场,完成送电影 6500 场以上;市财政投入 1500 万元,援建农家书屋 501 个,每个农家书屋配置图书不少于 1500 册,报刊不少于 30 种,电子音像制品不少于 100 种。二是支持开展农村小康健身工程建设。财政每年安排 220 万元用于农村健身路径建设,共建成 832 个标准篮球场、排球场和 1000 多条健身路径。三是支持培育节庆文化活动。财政每年安排专项经费,支持四大博览会期间广场文化周活动,并打造了"农村文化节""红糖节""民俗文化节""丹溪文化节"等镇(街道)富有特色的文化节庆活动品牌。四是扶持业余文艺团队建设。每年开展"二十佳"业务文艺团队评选,每支团队财政给予 1 万元奖励,在丰富人民群众文化生活的同时,引导群众自办文化和自主文化活动。

3. 大力支持文艺精品创作。财政将义乌市婺剧团纳入综合预算管理单位,加大财政资金保障力度。在确保单位正常运转的基础上,财政投入 500 万元,用于创新精品剧目编排,其中大型历史剧《铁血国殇》获得了浙江省"五个一"工程奖、《赤壁周郎》获得了浙江省第十届戏剧节剧目大奖,现代婺剧《鸡毛飞上天》充分展示了义乌的人文精神,成为人民群众喜闻乐见的优秀剧目。同时,财政积极支持婺剧团对外文化交流活动,义乌婺剧团已赴韩国、土耳其、香港、上海、杭州及周边县市,多次跨地展演,婺剧文化和剧团的精彩演出受到社会各界的广泛好评。

4. 大力支持文化遗产保护。义乌历史悠久,文物资源较为丰富,财政每年安排 600 万元文物抢修维修经费,用于对文物保护单位、历史遗留古迹等的保护和抢修,现有全国重点文物保护单位 2 处、省级文物保护单位 11 处、市级文物保护单位 106 处。在非物质文化遗产保护方面,积极支持优秀民间艺术团队和非遗传承人进行展演,大力保护文化遗产有序传承。义乌道情列入国家级非物质文化遗产保护名录,罗汉班等 12 项列入省级非物质文化遗产保护名录。

二、财政支持公共文化事业发展存在的问题

财政在支持公共文化事业发展中虽然取得了一定成效,但与市委、市政府建设"文化强市"的要求和人民群众日益增长的文化需求,还存在一些差距。

1. 公共文化产品和服务供给尚有欠缺。近年来,随着财政高增幅的投入,

人民群众的基本文化权益得到了有效保障,但与不同群体对公共文化的期望相比,文化基础设施还缺少地方特色和精品工程,高雅文化培育、引进、普及难度大,对高雅文化艺术、外来建设者等不同层次的文化需求投入也明显不足,提供多层次公共文化服务的能力有待提升。

2. 公共文化事业建设资金来源单一。目前,公共文化事业基本依赖财政资金投入,而义乌市正处于经济社会发展的关键时期,在农业、教育、科技、计生、社会保障、医疗卫生等支出法定增长考核的情况下,财政可用资金有限。如何发挥财政杠杆作用,充分调动社会力量参与公共文化建设,已成为加大文化投入亟待解决的问题。

3. 公共文化事业建设资金使用效率不高。审计发现,2011年年底全市急需维修保护文物132处。据统计,2007年至2011年实施文物维修保护项目仅27项,而2007年至2011年财政安排文物抢修维修经费3027万元,实际支出1657万元,结余1370万元,预算执行率仅为55%。新建图书馆、档案馆维护成本高,利用率低。

4. 公共文化资源后续管理不佳,人才培养引进难度大。镇(街道)综合文化站通过验收后,基本闲置或移作他用;大部分文物保护单位、农家书屋也处于无人管理状态,不能发挥出应有的社会效益。文化人才培养、引进难度较大,公共文化资源亟须加强业务文化人才队伍建设和建立长效管理机制。

三、加强公共文化事业发展的对策与建议

1. 建立健全公共文化事业投入保障机制。进一步加大财政投入力度,确保文化事业投入高于同级财政经常性收入增长幅度,形成稳定的财政文化支出增长机制。拓宽文化建设资金来源渠道,从城市住房开发投资中提取一定的比例资金用于公共文化设施建设,建立同财力相匹配、同人民群众文化需求相适应的政府投入保障机制。

2. 明确财政文化投入重点。按照"文化强市"建设总体要求,优化财政文化支出结构,加大对重点文化领域的经费投入。一是支持国际文化中心建设、佛堂古镇开发、古村落保护,重点建设一批富有义乌历史风貌和文化气息的精品工程。二是支持音乐厅、科技博览馆、IMAX影院、群艺馆、全民健身中心等文体设施建设,并采用政府购买文化服务的方式,引进国内优秀的文艺演出团队,使人民群众在家门口就能欣赏到高雅的文化艺术产品。三是实施外来建

设者文化服务工程,丰富外来建设者的业余文化生活。

3. 鼓励社会力量参与公共文化事业建设。转变公共文化产品和服务的供给方式,在坚持政府主导的同时,充分发挥财政杠杆作用,通过出台对文化类民办非企业单位的财政扶持政策,鼓励和引导社会力量以多种方式参与和出资兴办各种公共文化服务项目,扶持一批开展活动好、提供服务佳、有重要影响的文化类民办非企业单位,促进民办博物馆、民办图书院、民办艺术院团、民办收藏馆、民办美术馆等文化类民办非企业单位的繁荣发展,形成公共文化服务提供主体多元化、提供方式多样化的新格局。鼓励社会力量参与公共文化事业建设,既可以解决因财政资金有限、文化投入不足的问题,又可以通过营造良性竞争氛围,促进文化部门提高财政资金使用效益和提供公共文化服务的能力。

4. 加强财政文化投入的绩效管理。进一步完善公共文化资产管理制度,充分整合并有效利用现有的文化资源,提升公共文化资源的使用效率,减少财政重复投入。健全财政文化投入绩效评价机制,加强对财政投入绩效考评结果的运用,把向社会提供更多更好的文化产品和服务作为财政增加投入的重要依据。

5. 加快文化人才队伍建设。人才队伍建设关系到公共文化事业发展全局,要打造一支懂文化、会管理、善经营的基层文化队伍,为“文化强市”建设提供人才支撑。一是支持镇(街道)、村(居)文化队伍建设,完善机构编制、待遇保障等方面的政策措施。二是支持对文化队伍的培训工作,进一步提高文化队伍的服务意识、业务水平和工作能力。三是建立激励机制,对长期从事文化工作,并在各个领域取得突出成绩的人员给予特殊奖励,以吸引更多的人才投入公共文化事业。

课题组成员:张树人　蒋俊然

索　引

图书在版编目(CIP)数据

促进文化产业发展的财税政策研究 / 浙江省财政学会编.
—杭州:浙江大学出版社,2013.12
ISBN 978-7-308-12610-6

Ⅰ.①促… Ⅱ.①浙… Ⅲ.①文化产业—产业发展—
财政政策—研究—中国 ②文化产业—产业发展—税收政策
—研究—中国 Ⅳ.①G124 ②F812.0

中国版本图书馆 CIP 数据核字(2013)第 289033 号

促进文化产业发展的财税政策研究

浙江省财政学会 编

责任编辑	吴伟伟 weiweiwu@zju.edu.cn	
封面设计	续设计	
出版发行	浙江大学出版社	
	(杭州市天目山路 148 号 邮政编码 310007)	
	(网址:http://www.zjupress.com)	
排 版	浙江时代出版服务有限公司	
印 刷	杭州日报报业集团盛元印务有限公司	
开 本	710mm×1000mm 1/16	
印 张	13.75	
字 数	247 千	
版 印 次	2013 年 12 月第 1 版 2013 年 12 月第 1 次印刷	
书 号	ISBN 978-7-308-12610-6	
定 价	40.00 元	